BOUND

Anne Luise P.

1

INHALT

BOUND

ARC 1

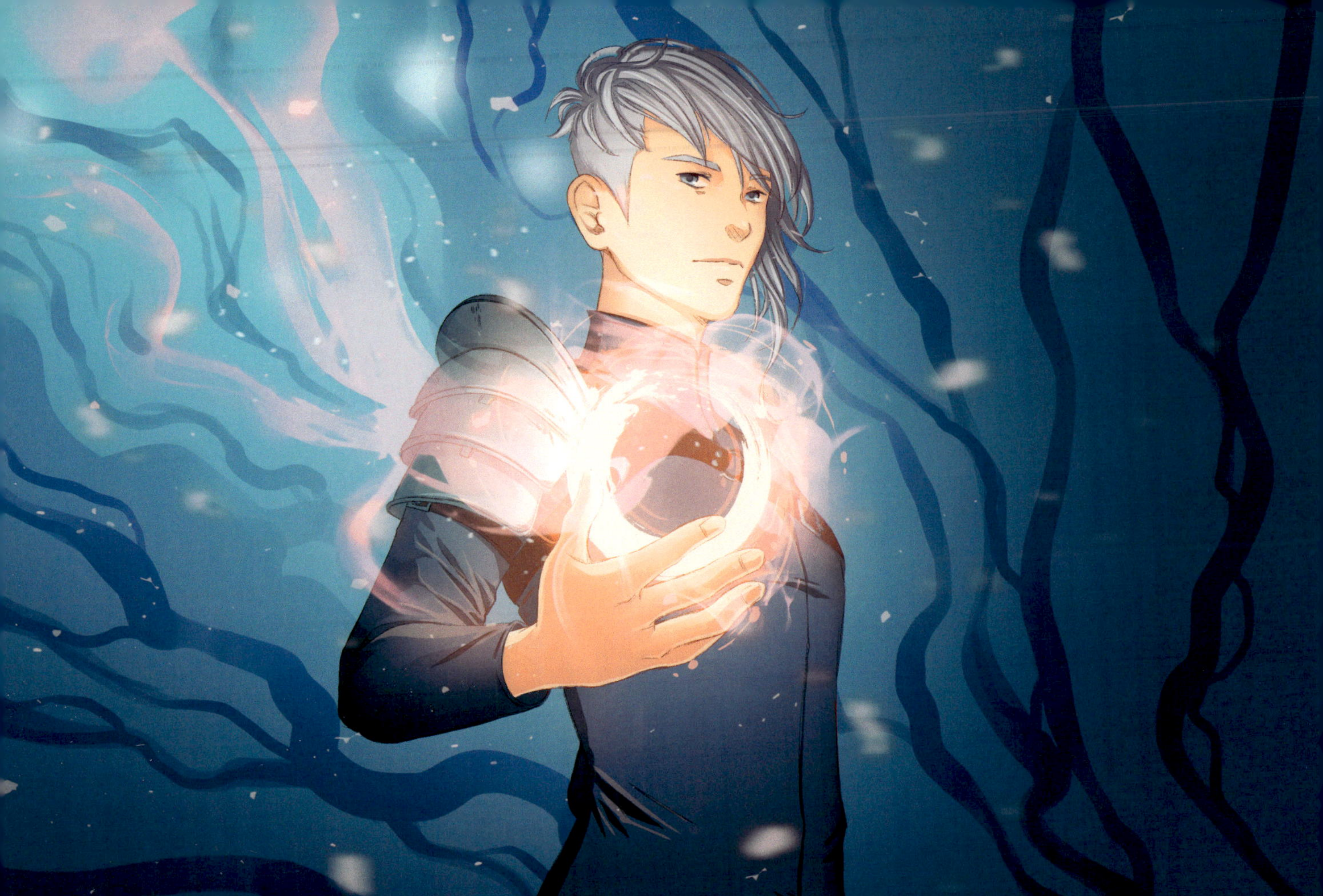

Der Magier & seine Magie

Ein Magier zieht Energie aus seinem Umfeld und verwandelt diese Energie in Magie. Je älter und stärker ein Magier wird, umso mehr Magie kann er erschaffen. Auch wenn ein Magier seine Magie beherrschen lernen kann, wird sie immer stärker, je älter er wird, was schließlich zwangsläufig zu einem Ausströmen der überschüssigen Energie führt. Die Magie strömt unkontrolliert aus und hinterlässt eine Spur totaler Verwüstung, bevor sie schließlich beginnt, den Magier selbst zu gefährden.

Die einzige Kraft, die die Magie des Magiers in Zaum halten kann, ist die Fähigkeit des Funkens eines Pagen, überschüssige Energie in sich aufzusaugen, um stärker zu werden. Der Magier ist zwar der stärkere Partner in diesem Pakt, doch lenken ihn die natürlichen Grenzen seiner Kräfte in eine gewisse Abhängigkeit. Manche Magier beschämt das, während andere ihren starken Pagen voller Stolz als Zeichen ihrer eigenen Stärke präsentieren. Letztlich führt dies dazu, dass ein Magier, der sich einem Vertrag mit einem Pagen verweigert, die Kontrolle über seine Magie verliert und dem Tode geweiht ist.

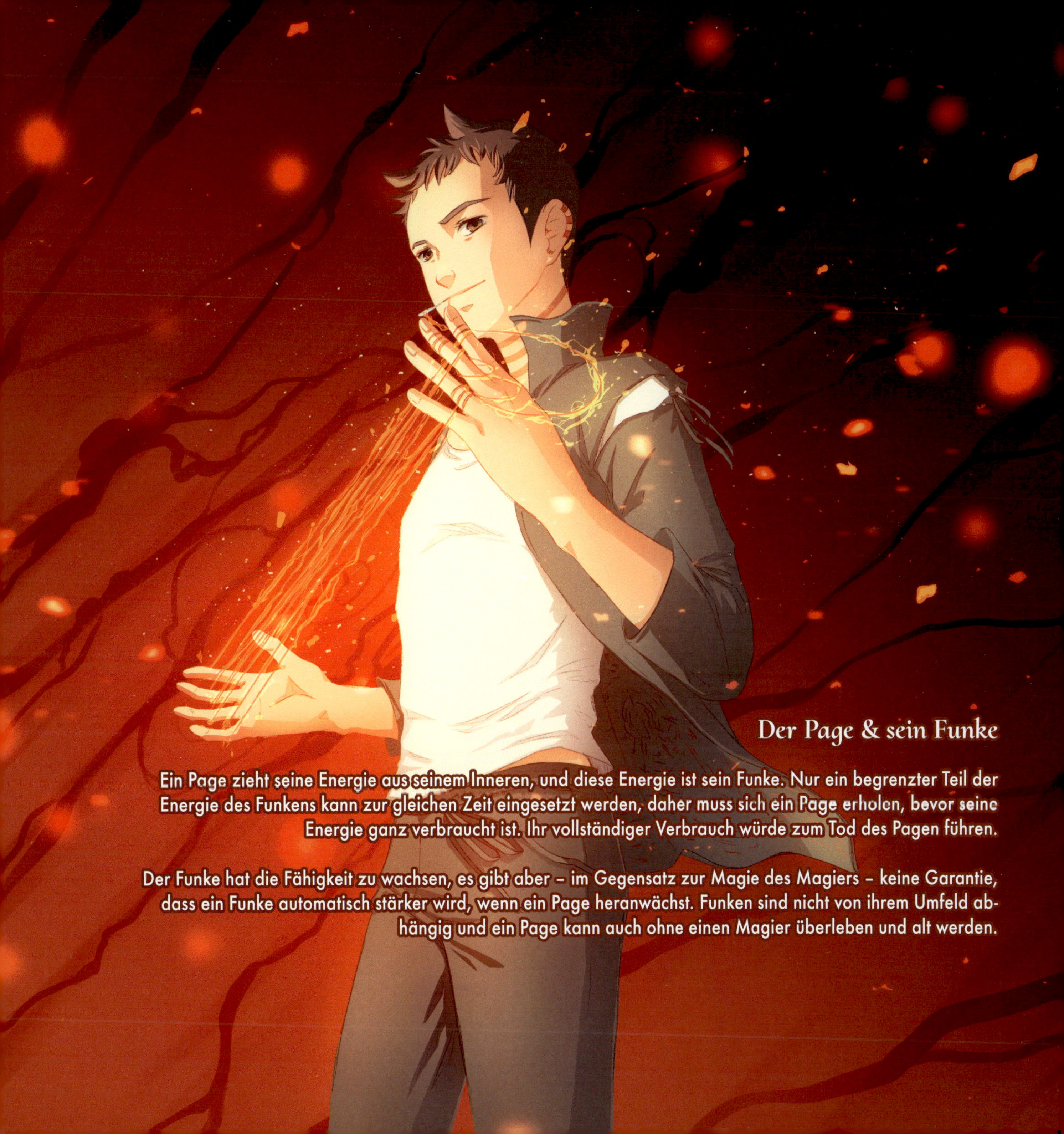

Der Page & sein Funke

Ein Page zieht seine Energie aus seinem Inneren, und diese Energie ist sein Funke. Nur ein begrenzter Teil der Energie des Funkens kann zur gleichen Zeit eingesetzt werden, daher muss sich ein Page erholen, bevor seine Energie ganz verbraucht ist. Ihr vollständiger Verbrauch würde zum Tod des Pagen führen.

Der Funke hat die Fähigkeit zu wachsen, es gibt aber – im Gegensatz zur Magie des Magiers – keine Garantie, dass ein Funke automatisch stärker wird, wenn ein Page heranwächst. Funken sind nicht von ihrem Umfeld abhängig und ein Page kann auch ohne einen Magier überleben und alt werden.

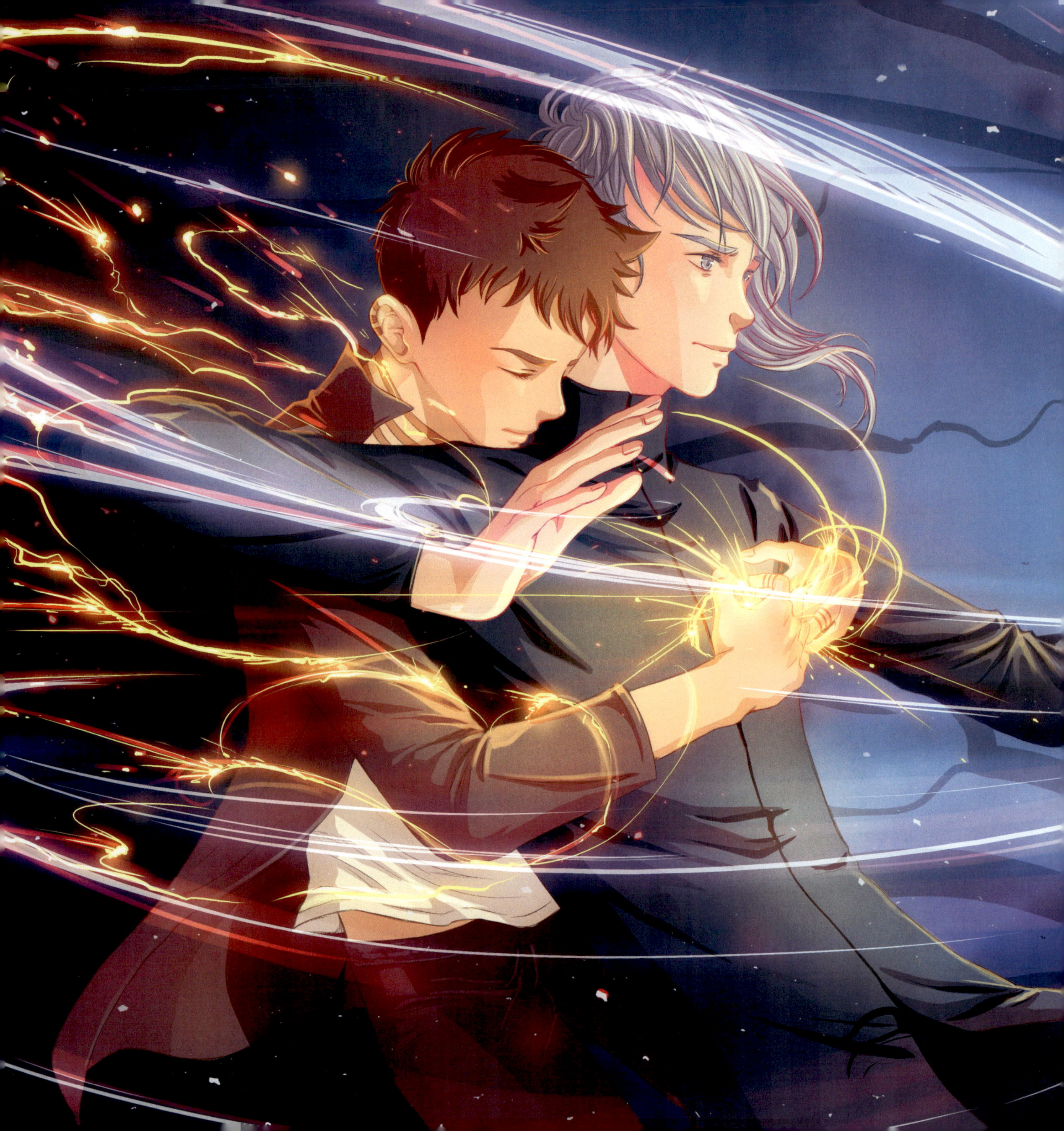

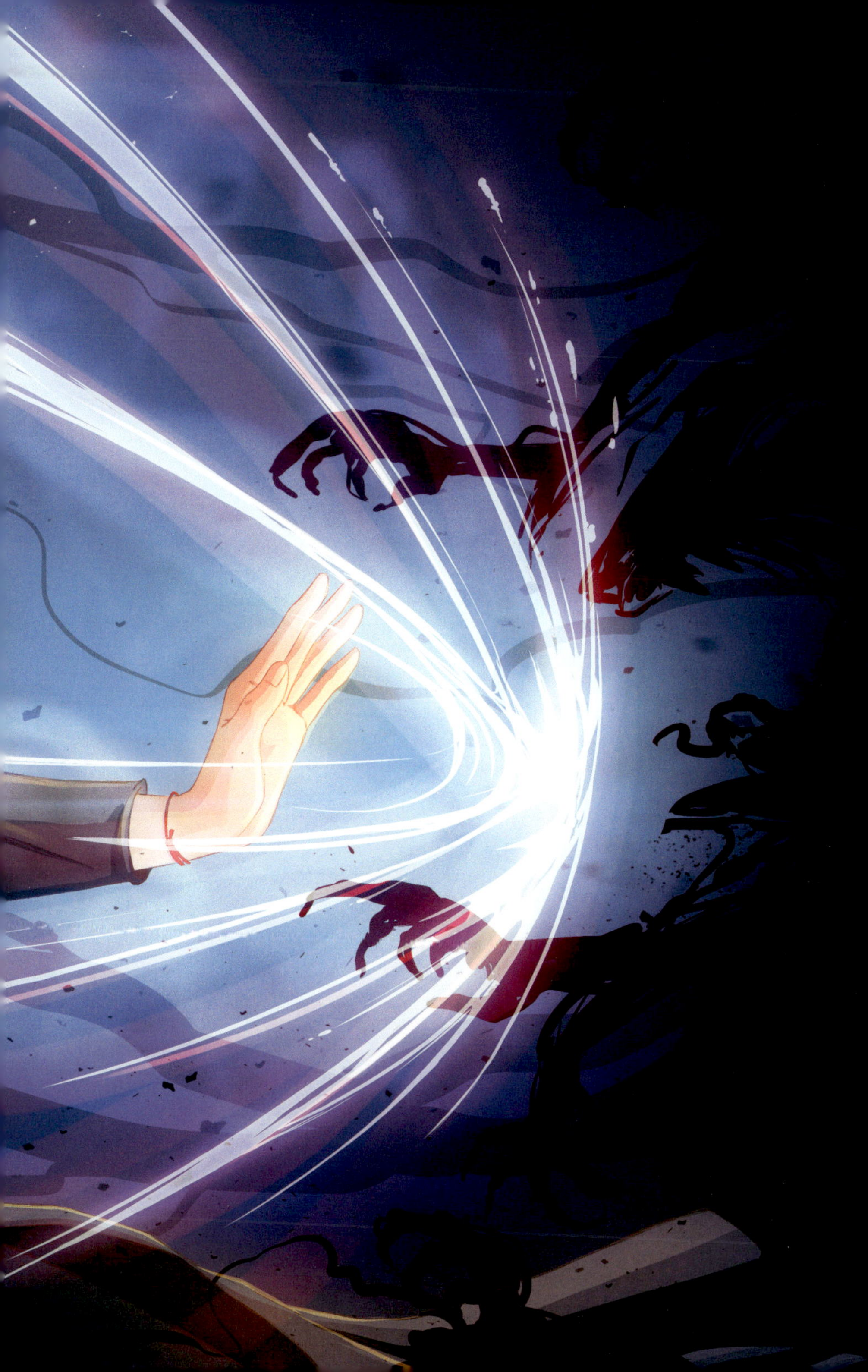

Der Vertrag

Wenn ein Magier und ein Page einen Vertrag abschließen, saugt der Funke die überschüssige Magie auf und nutzt sie, um größer und stärker zu werden, während die Magie kurzfristige Schübe von Energie von dem Funken erhält.

Je stärker der Funke, umso mehr überschüssige Magie kann er in sich aufnehmen und zu einem späteren Zeitpunkt auch wieder abgeben, bevor ein Magier die Kräfte eines Pagen verbraucht hat.

Der Page kann nur den Überschuss an Energie nutzen, um den Funken wachsen zu lassen, daher sollte der Magier nur kontrolliert auf die Kräfte des Funkens zurückgreifen.

Die Menge an Magie, die ein Magier von seinem Pagen entleihen darf, wird während der Zeremonie bestimmt, wenn der Vertrag geschlossen wird.

Ist die Menge zu groß, wird also mehr entliehen, als während der Zeremonie vereinbart wurde, kann dies – ganz gleich, ob es aus freiem Willen geschieht oder erzwungen wird – zum Tod des Pagen führen. Der Magier würde dann seinem Pagen die gesamte Lebenskraft entziehen.

BOUND

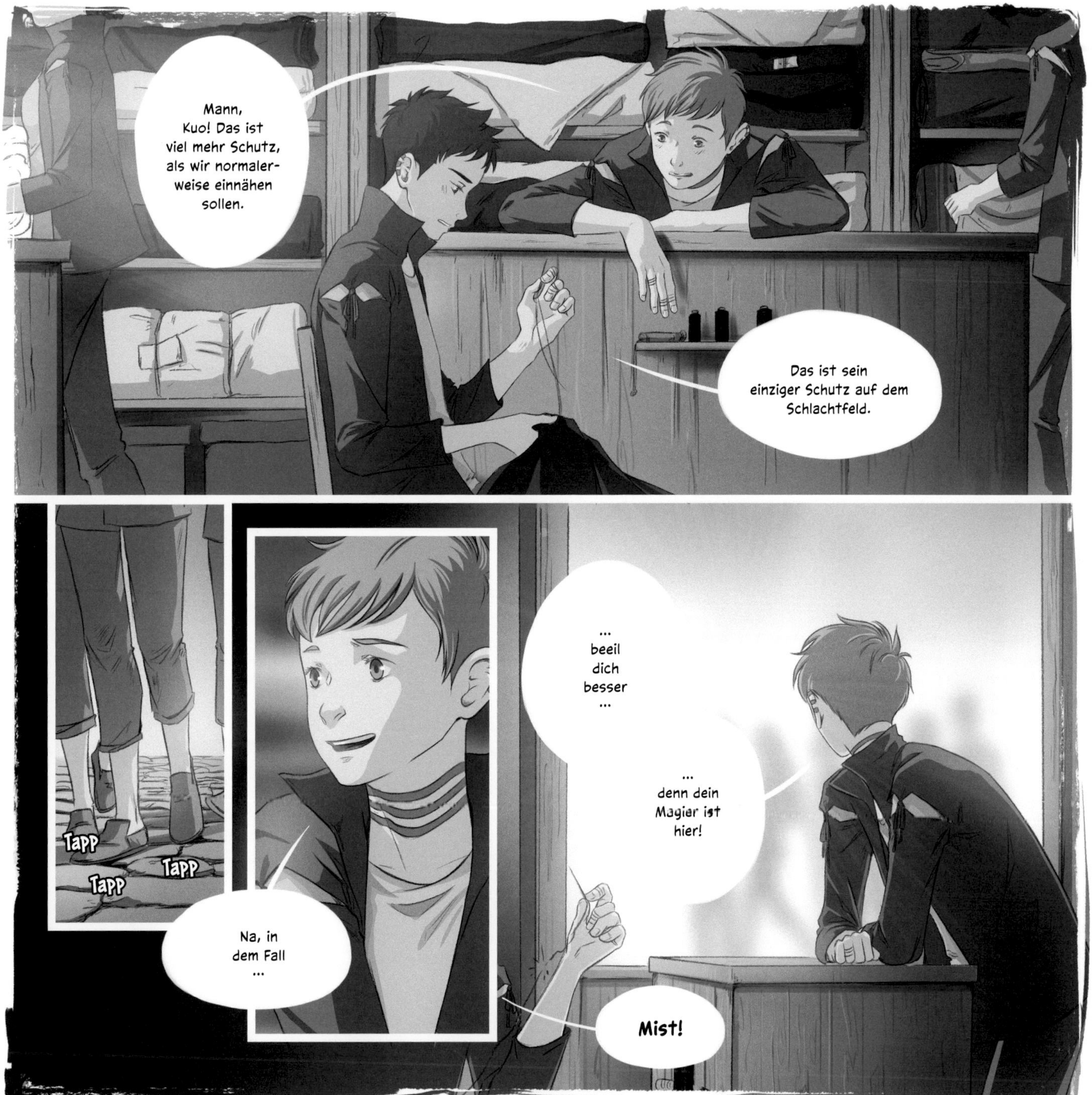
Mann,
Kuo! Das ist
viel mehr Schutz,
als wir normaler-
weise einnähen
sollen.
Das ist sein
einziger Schutz auf dem
Schlachtfeld.
Tapp
Tapp
Tapp
... beeil dich besser ...
... denn dein Magier ist hier!
Na, in dem Fall ...
Mist!

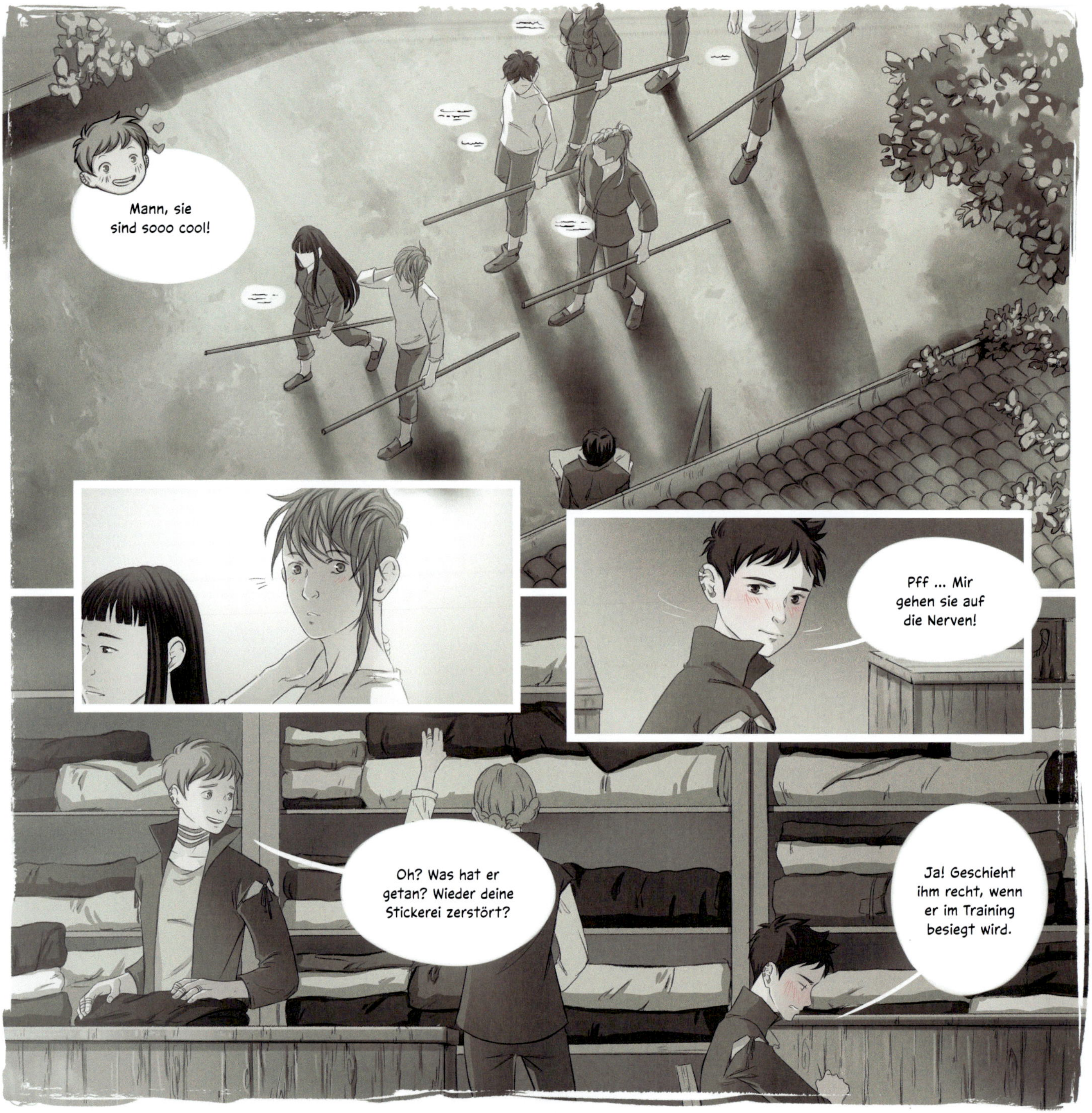
Mann, sie sind sooo cool!
Pff ... Mir gehen sie auf die Nerven!
Oh? Was hat er getan? Wieder deine Stickerei zerstört?
Ja! Geschieht ihm recht, wenn er im Training besiegt wird.

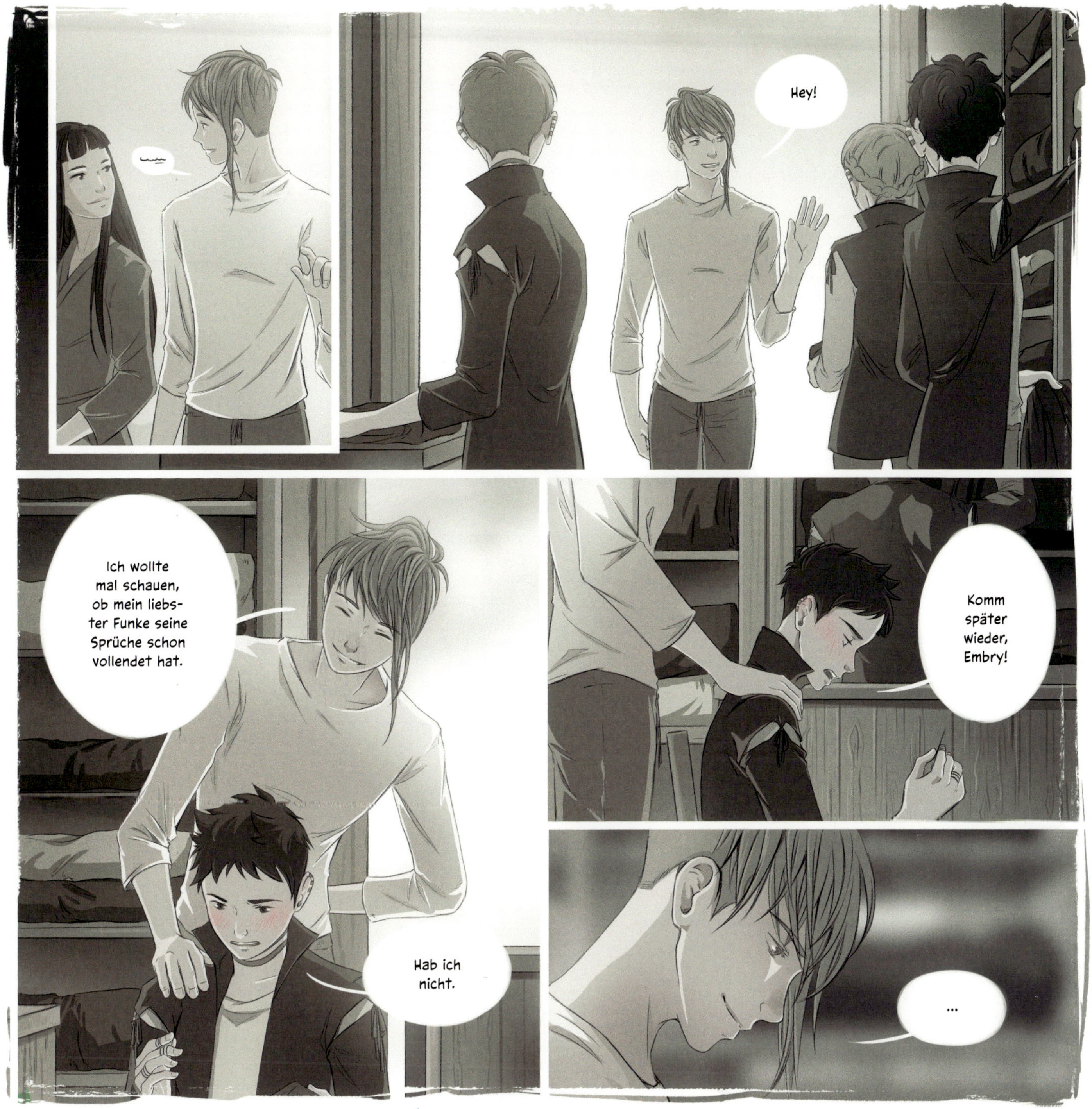
Hey!
Ich wollte mal schauen, ob mein liebster Funke seine Sprüche schon vollendet hat.
Hab ich nicht.
Komm später wieder, Embry!
...

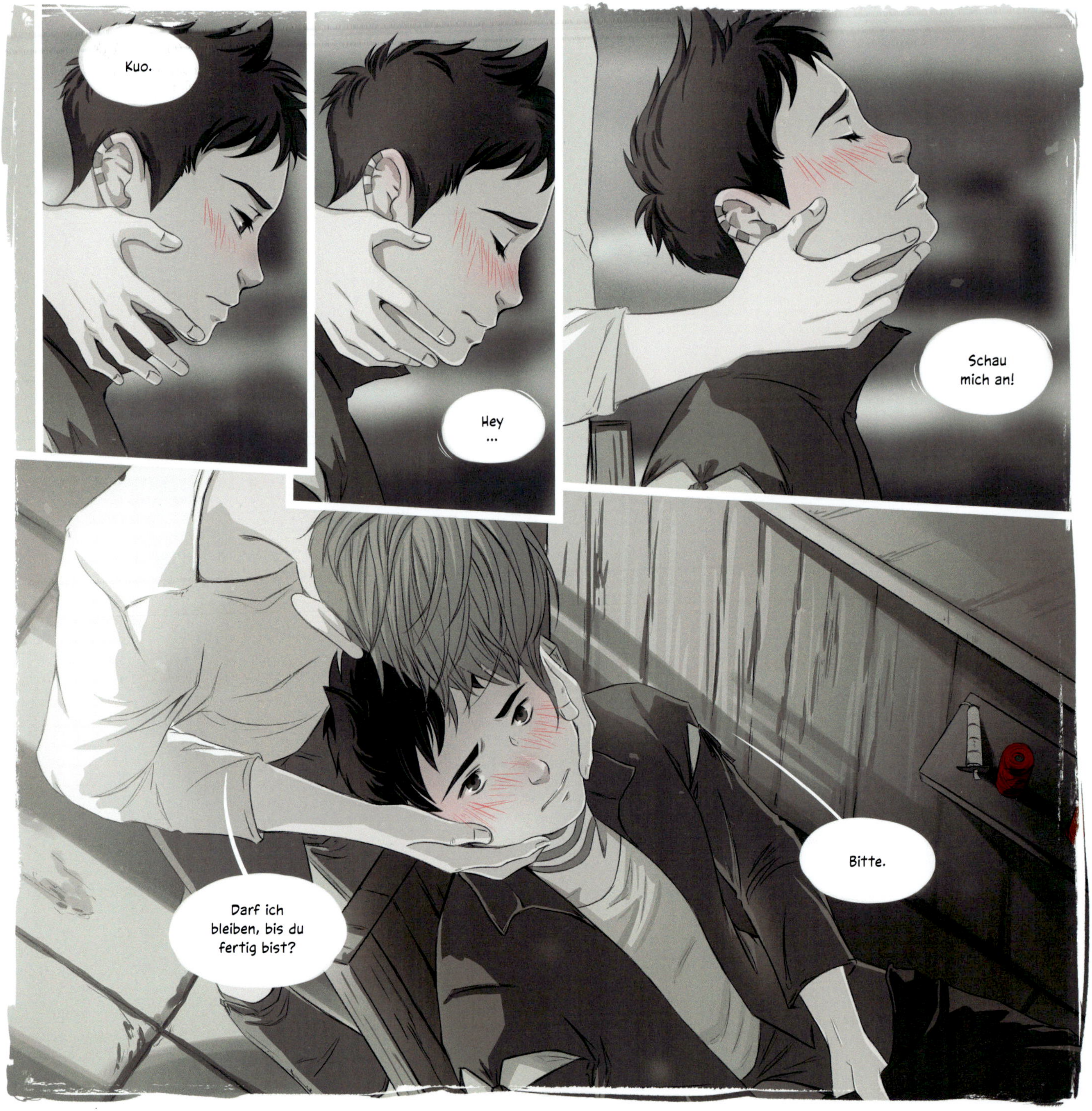
Kuo.
Hey ...
Schau mich an!
Bitte.
Darf ich bleiben, bis du fertig bist?

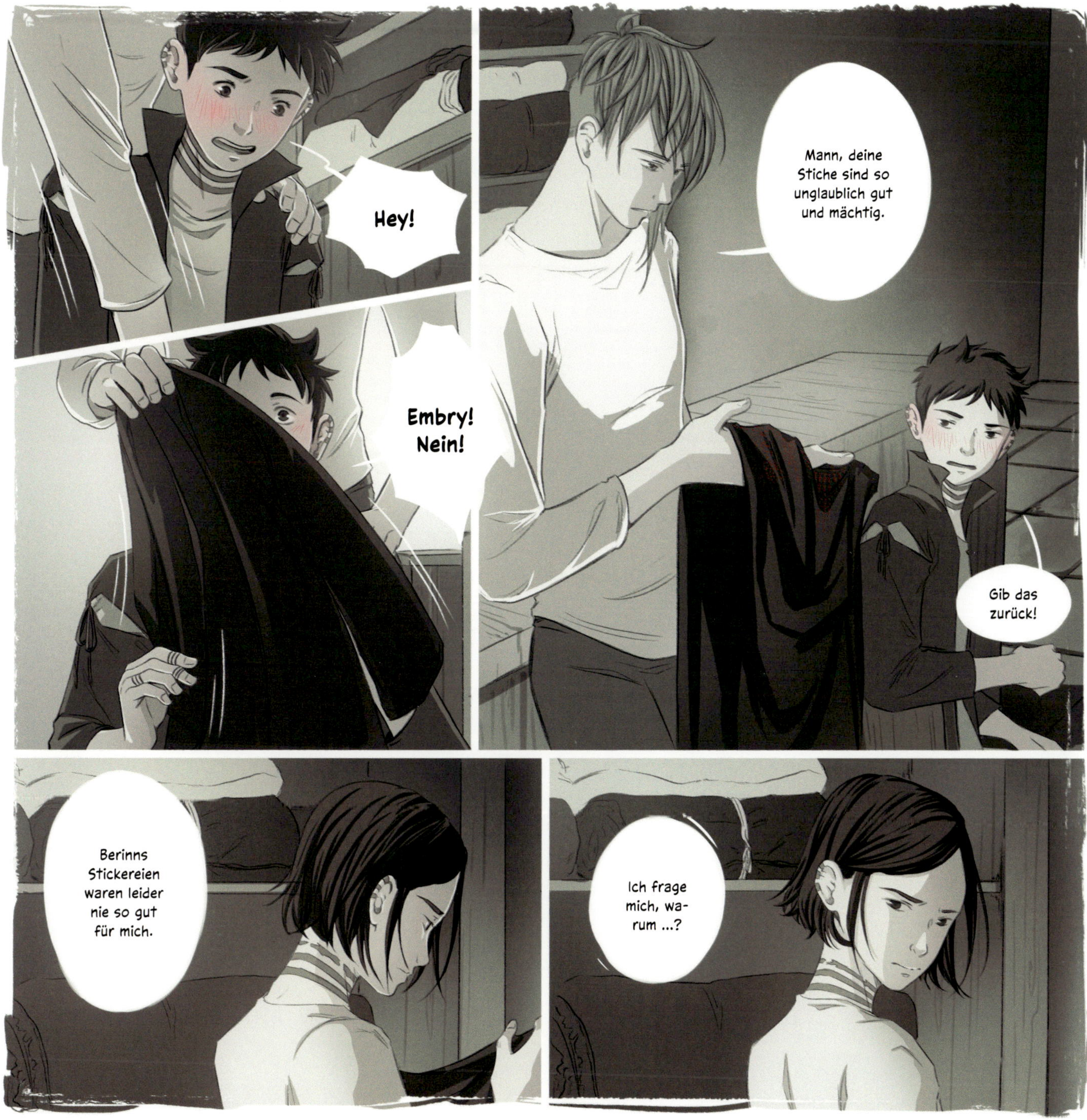
Hey!
Embry! Nein!
Mann, deine Stiche sind so unglaublich gut und mächtig.
Gib das zurück!
Berinns Stickereien waren leider nie so gut für mich.
Ich frage mich, wa-rum ...?

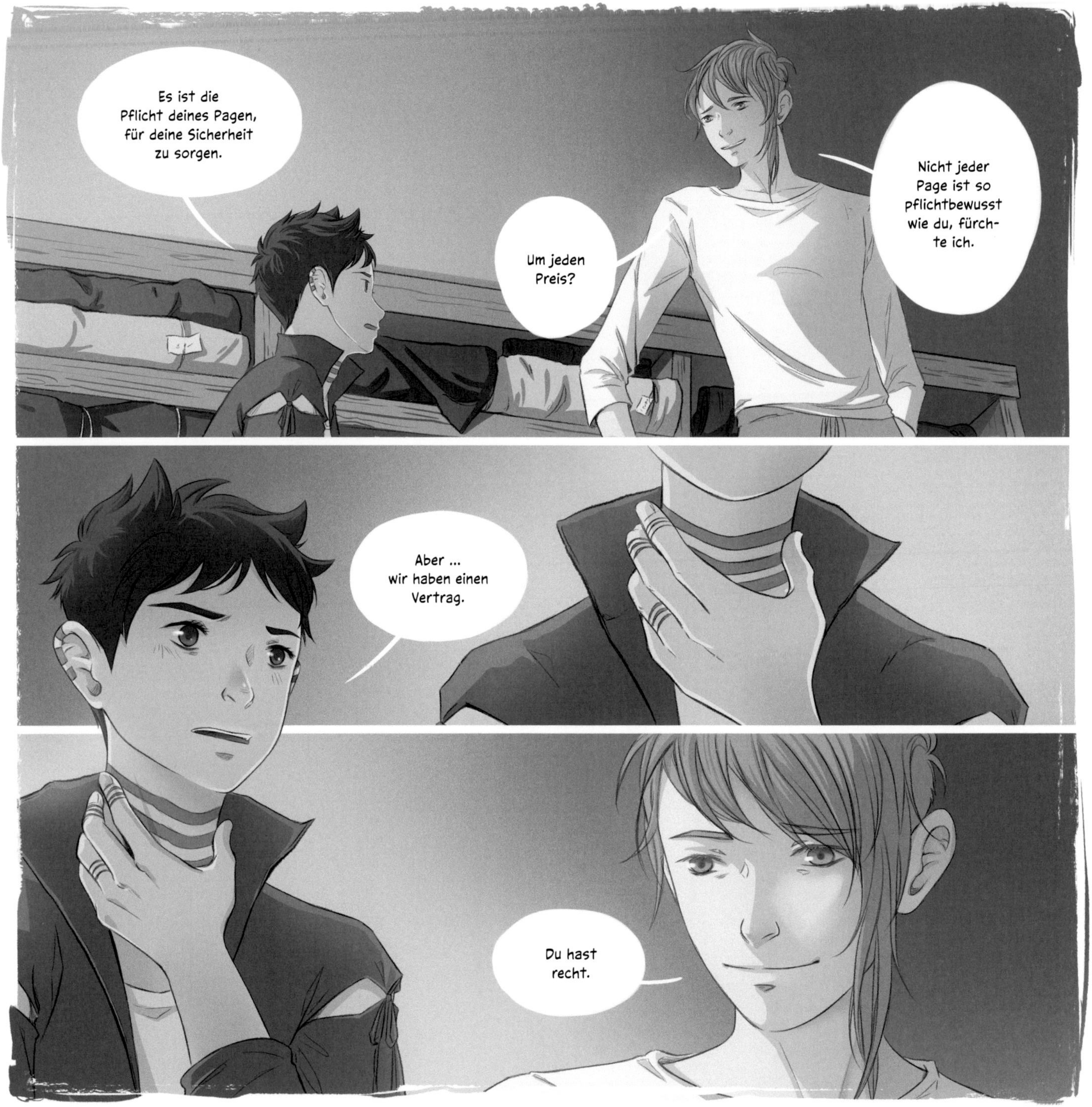

Es ist die Pflicht deines Pagen, für deine Sicherheit zu sorgen.
Um jeden Preis?
Nicht jeder Page ist so pflichtbewusst wie du, fürchte ich.
Aber ... wir haben einen Vertrag.
Du hast recht.

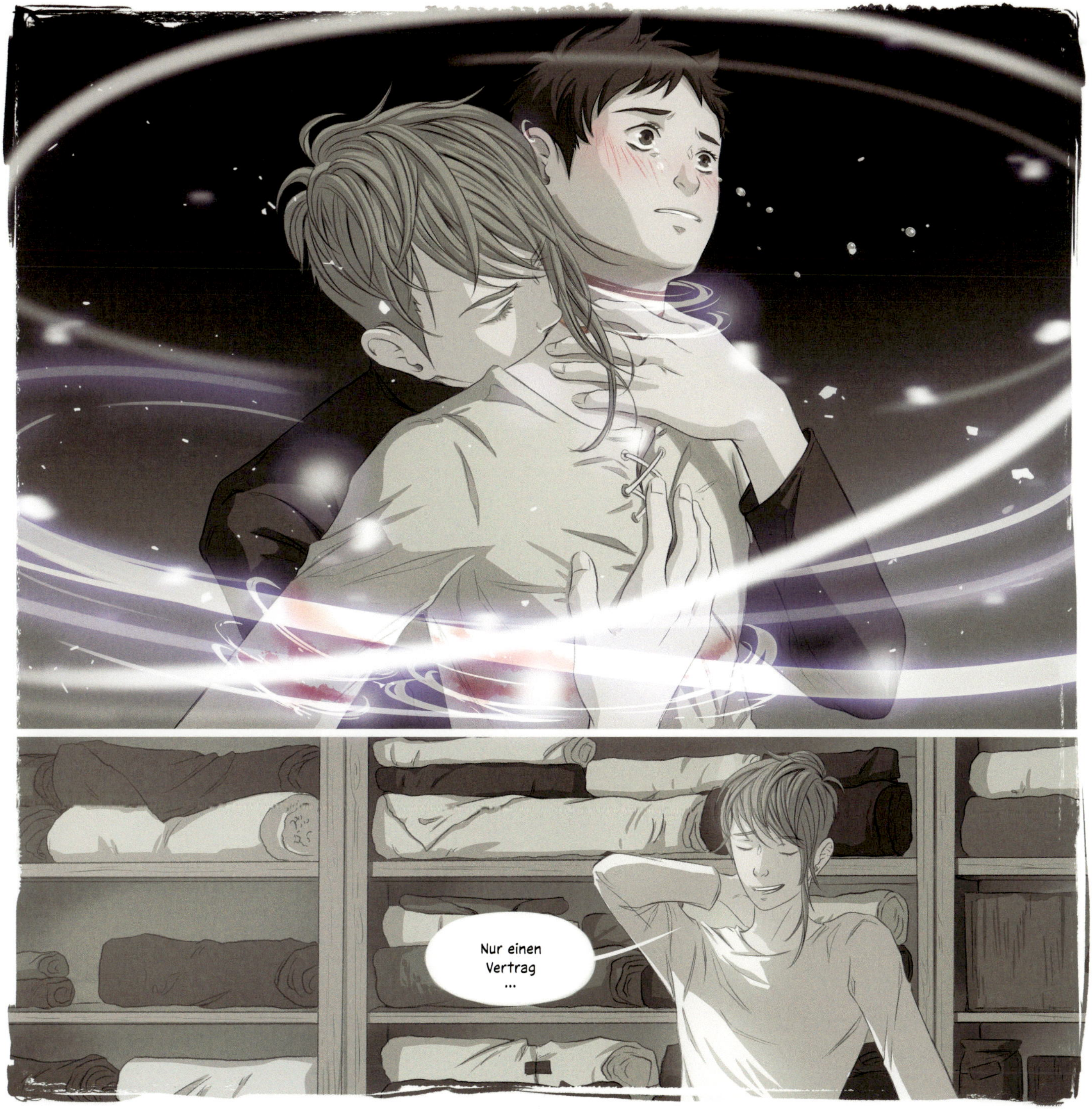
Nur einen Vertrag ...

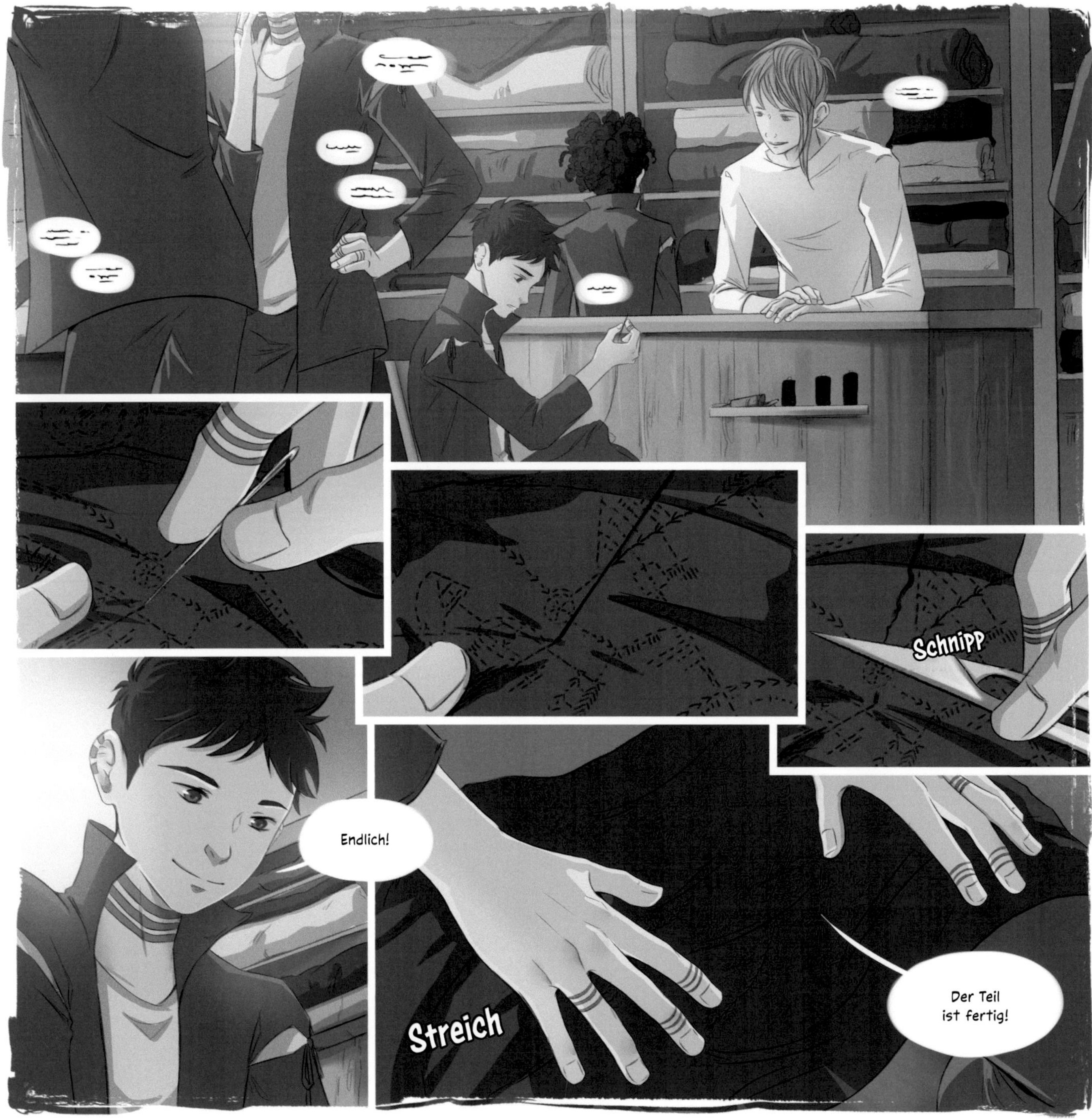
Schnipp
Endlich!
Streich
Der Teil ist fertig!

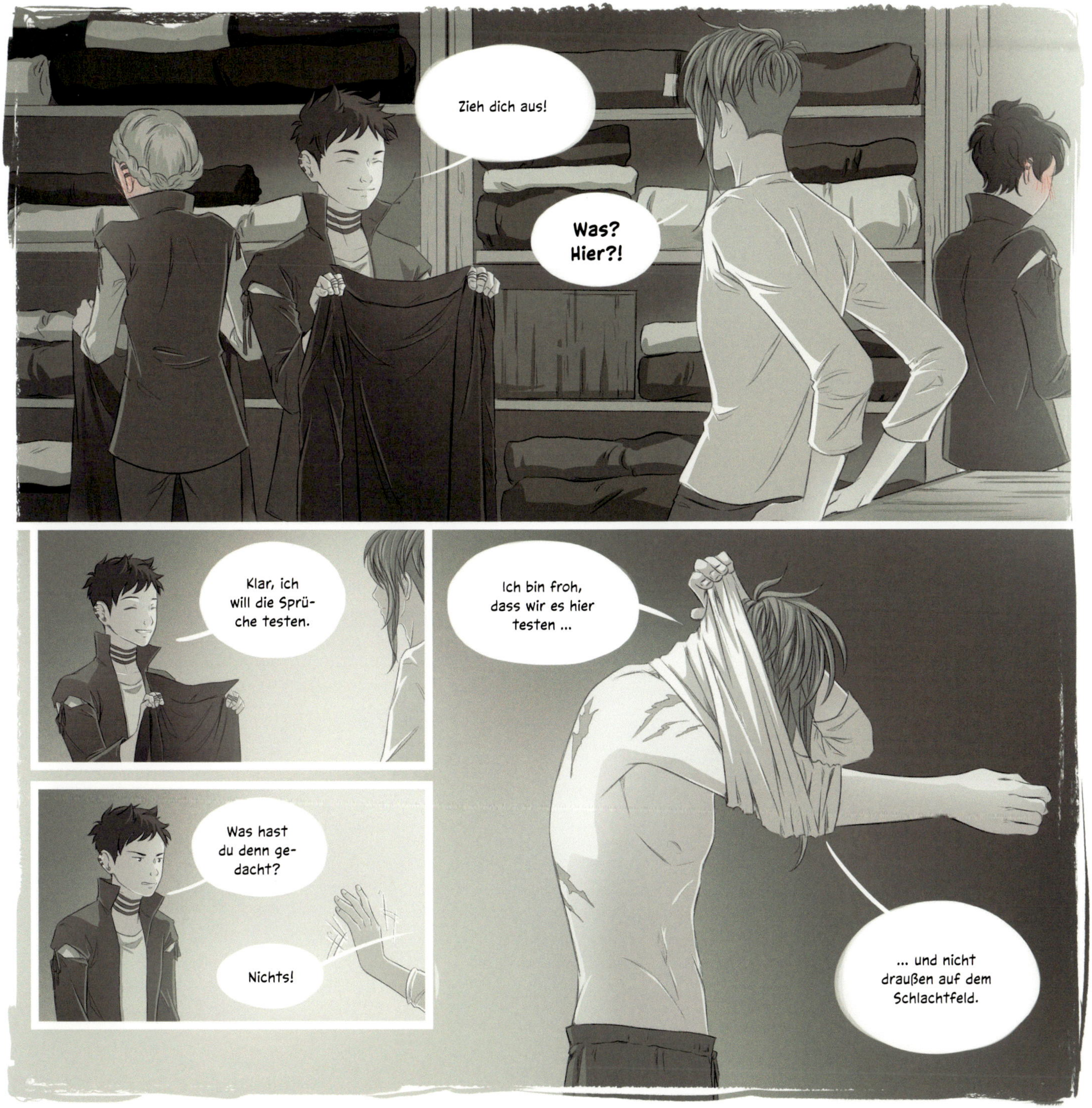
Zieh dich aus!
Was? Hier?!
Klar, ich will die Sprü-che testen.
Was hast du denn ge-dacht?
Nichts!
Ich bin froh, dass wir es hier testen ...
... und nicht draußen auf dem Schlachtfeld.

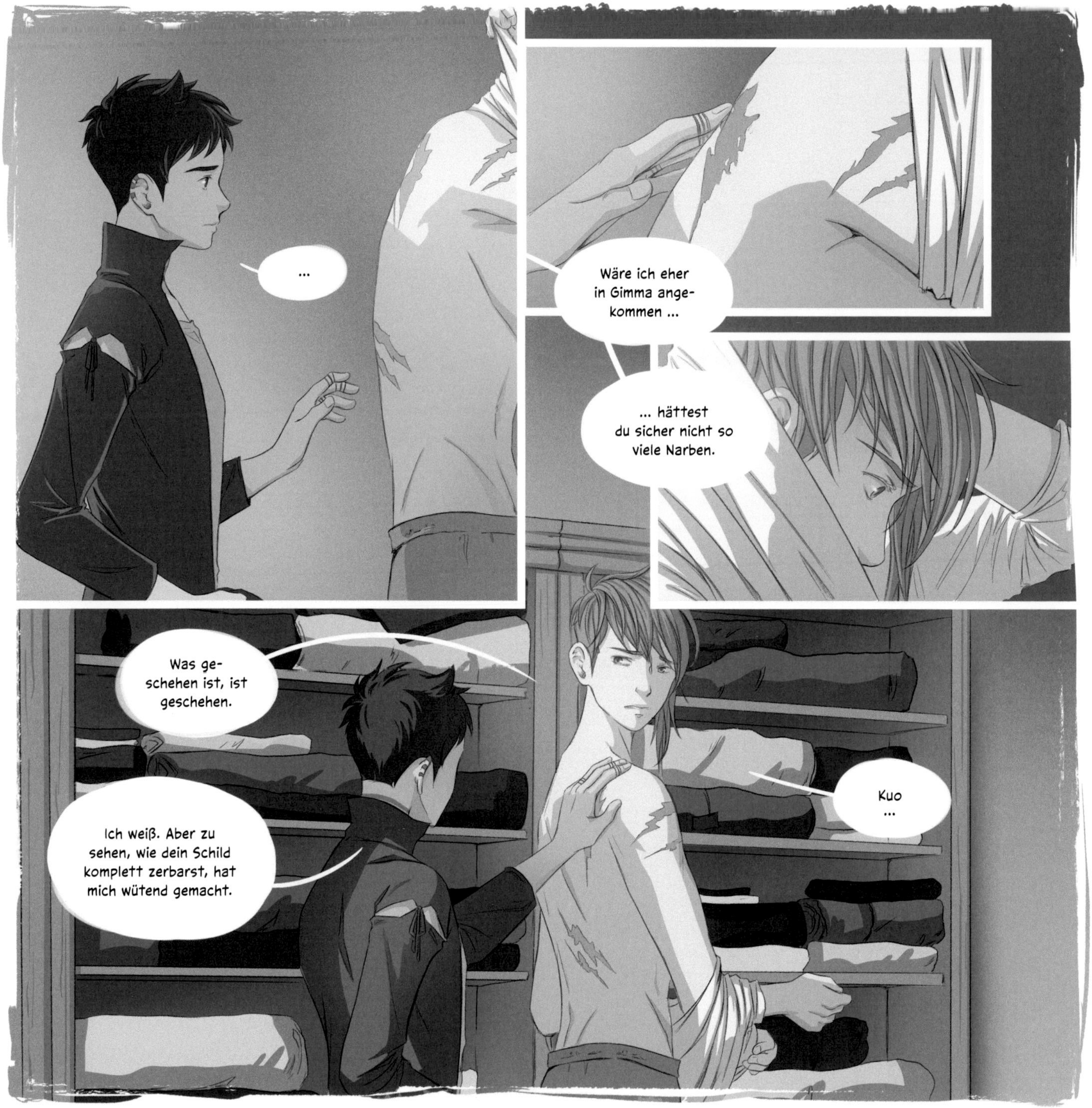
...
Wäre ich eher in Gimma angekommen ...
... hättest du sicher nicht so viele Narben.
Was geschehen ist, ist geschehen.
Kuo ...
Ich weiß. Aber zu sehen, wie dein Schild komplett zerbarst, hat mich wütend gemacht.

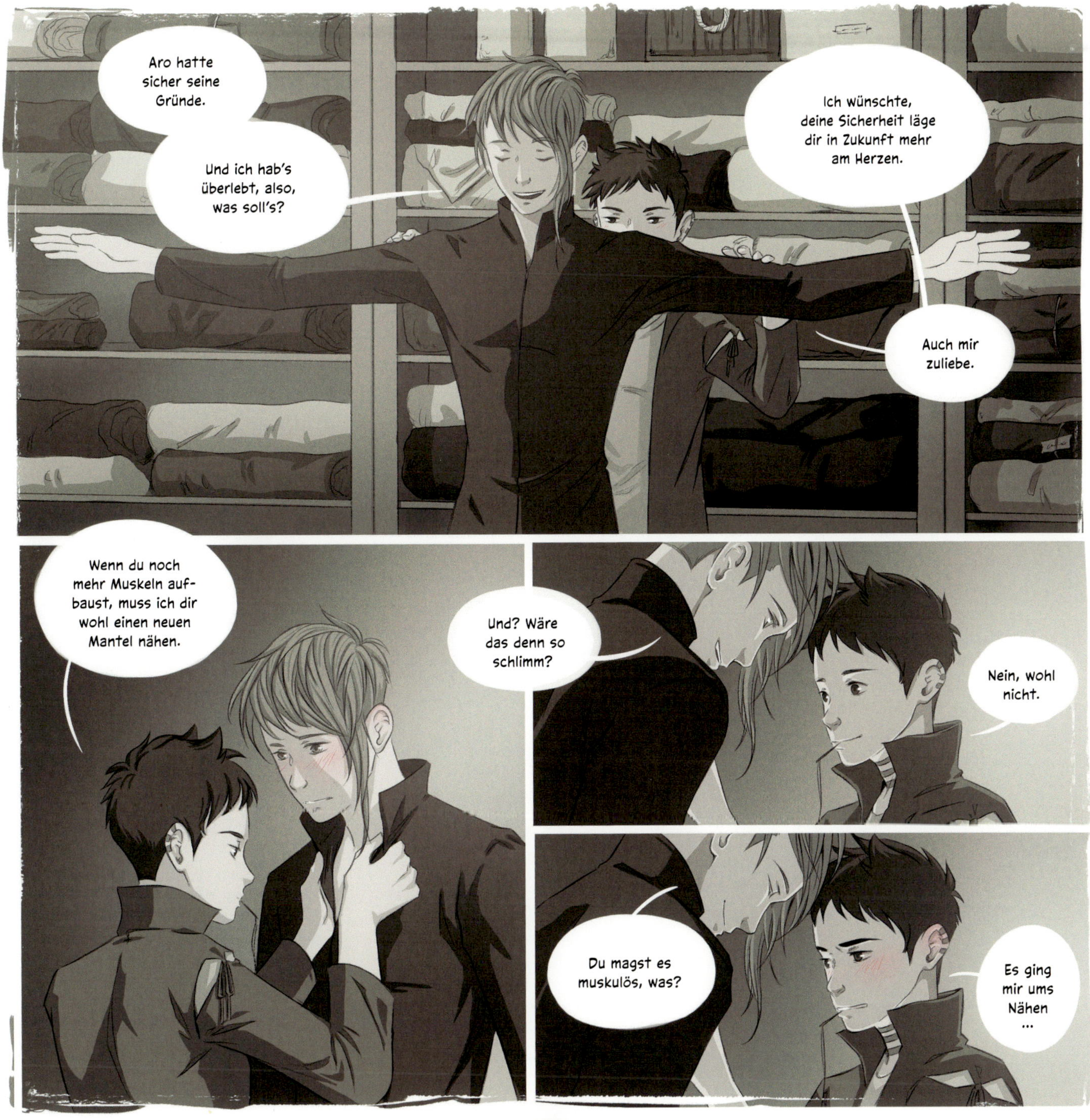

Aro hatte sicher seine Gründe.
Und ich hab's überlebt, also, was soll's?
Ich wünschte, deine Sicherheit läge dir in Zukunft mehr am Herzen.
Auch mir zuliebe.
Wenn du noch mehr Muskeln aufbaust, muss ich dir wohl einen neuen Mantel nähen.
Und? Wäre das denn so schlimm?
Nein, wohl nicht.
Du magst es muskulös, was?
Es ging mir ums Nähen ...

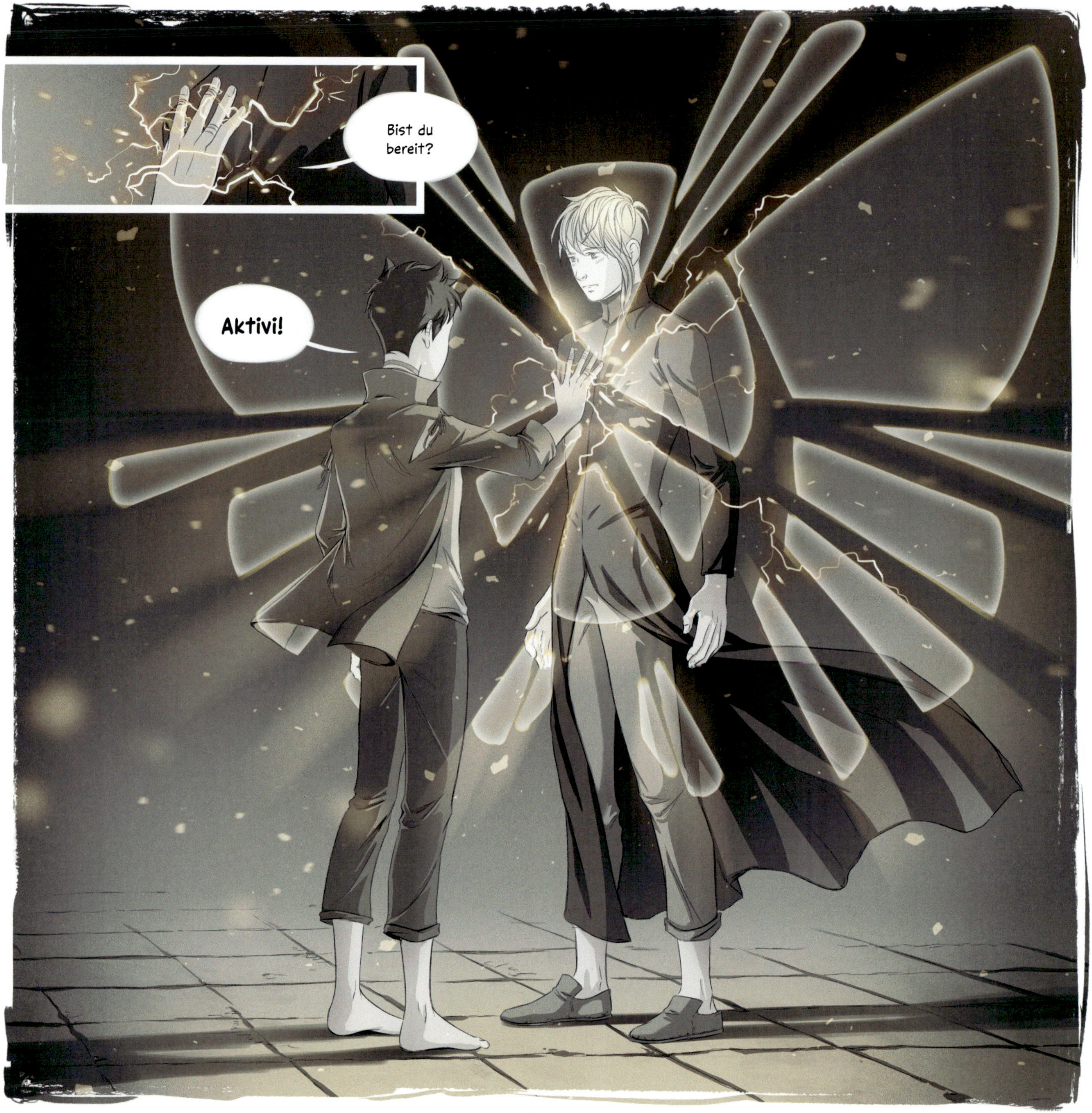
Bist du bereit?
Aktivi!

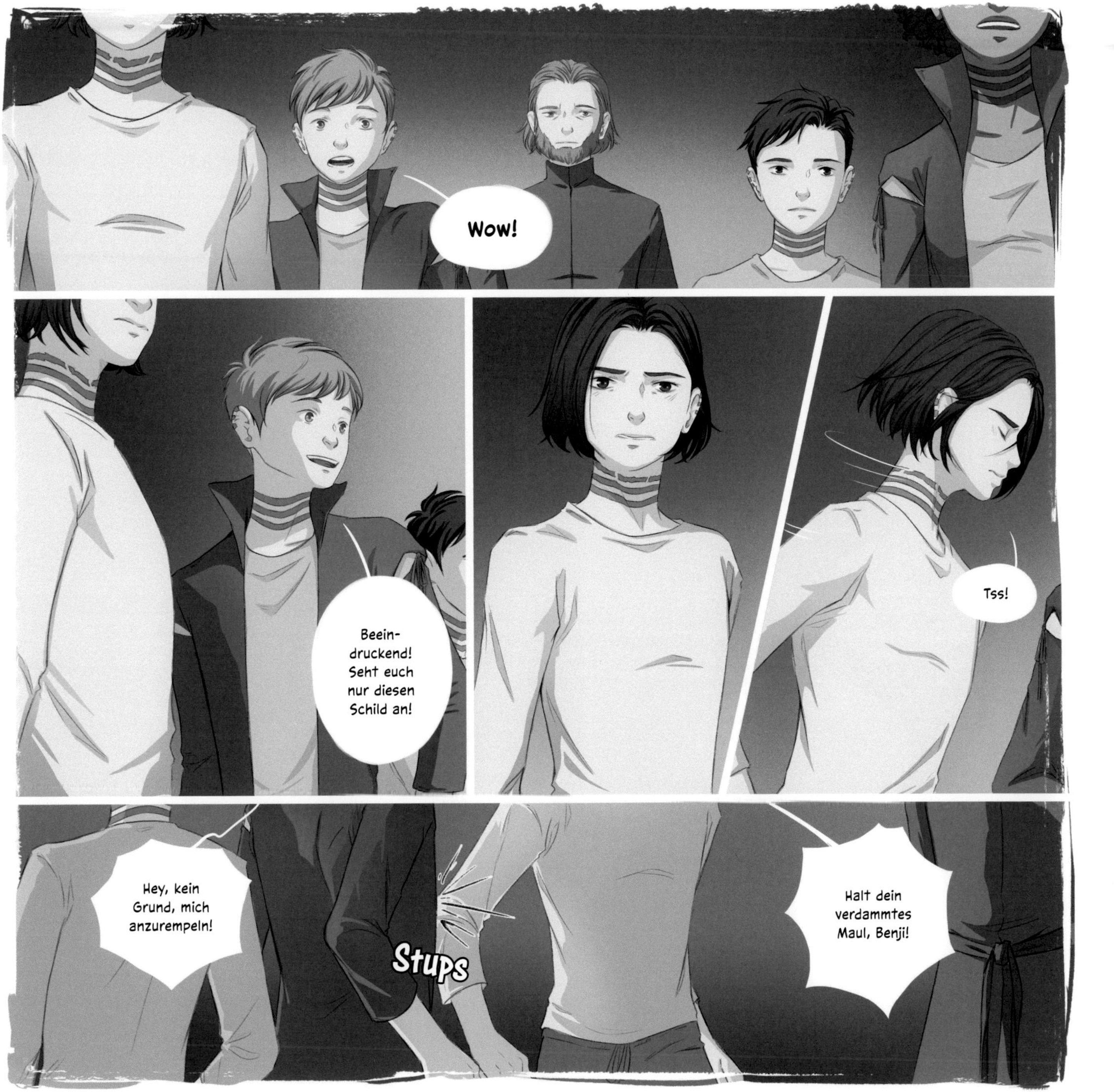
Wow!
Beeindruckend! Seht euch nur diesen Schild an!
Tss!
Hey, kein Grund, mich anzurempeln!
Stups
Halt dein verdammtes Maul, Benji!

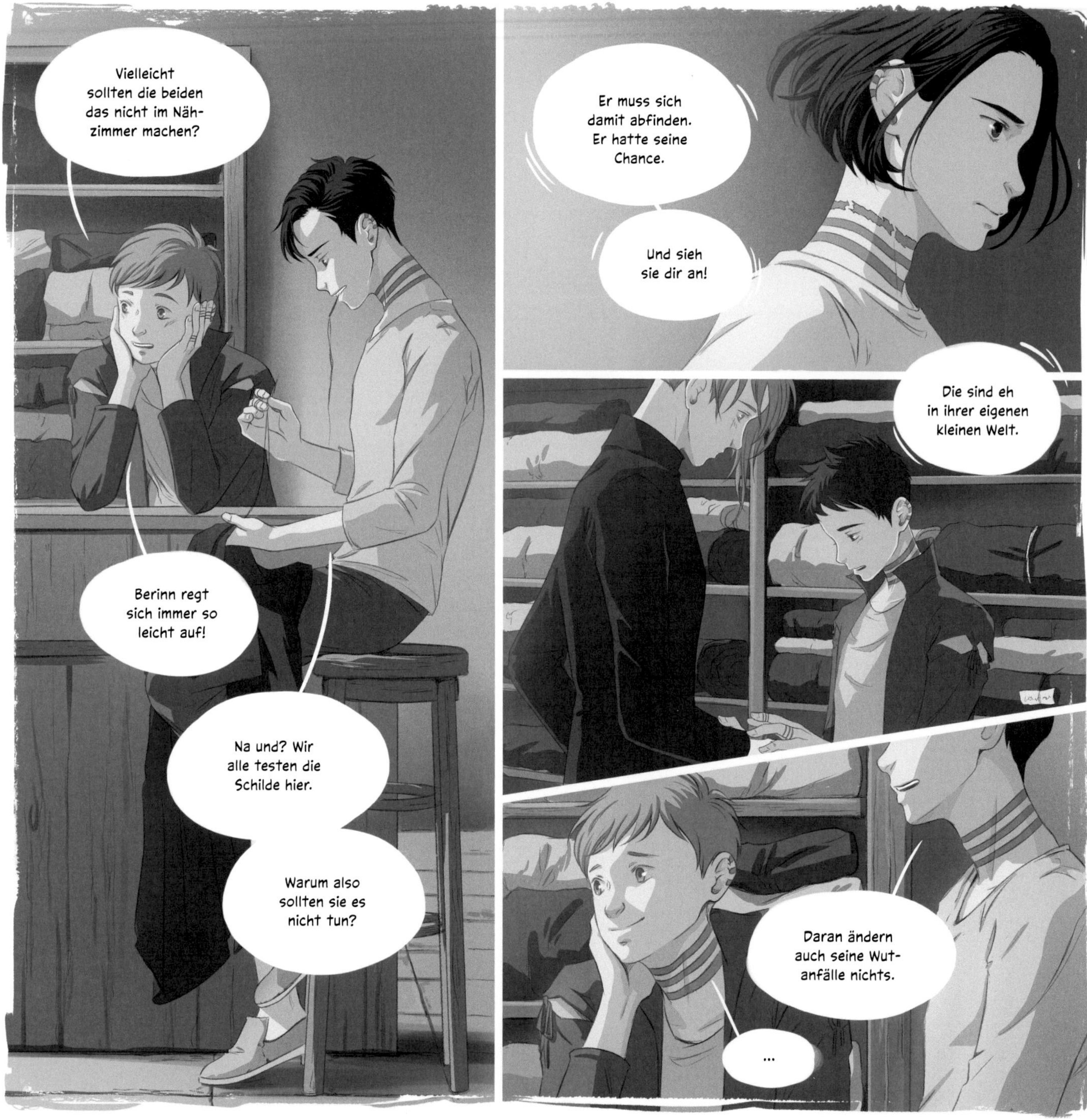
Vielleicht sollten die beiden das nicht im Näh-zimmer machen?
Berinn regt sich immer so leicht auf!
Na und? Wir alle testen die Schilde hier.
Warum also sollten sie es nicht tun?
Er muss sich damit abfinden. Er hatte seine Chance.
Und sieh sie dir an!
Die sind eh in ihrer eigenen kleinen Welt.
Daran ändern auch seine Wut-anfälle nichts.
...

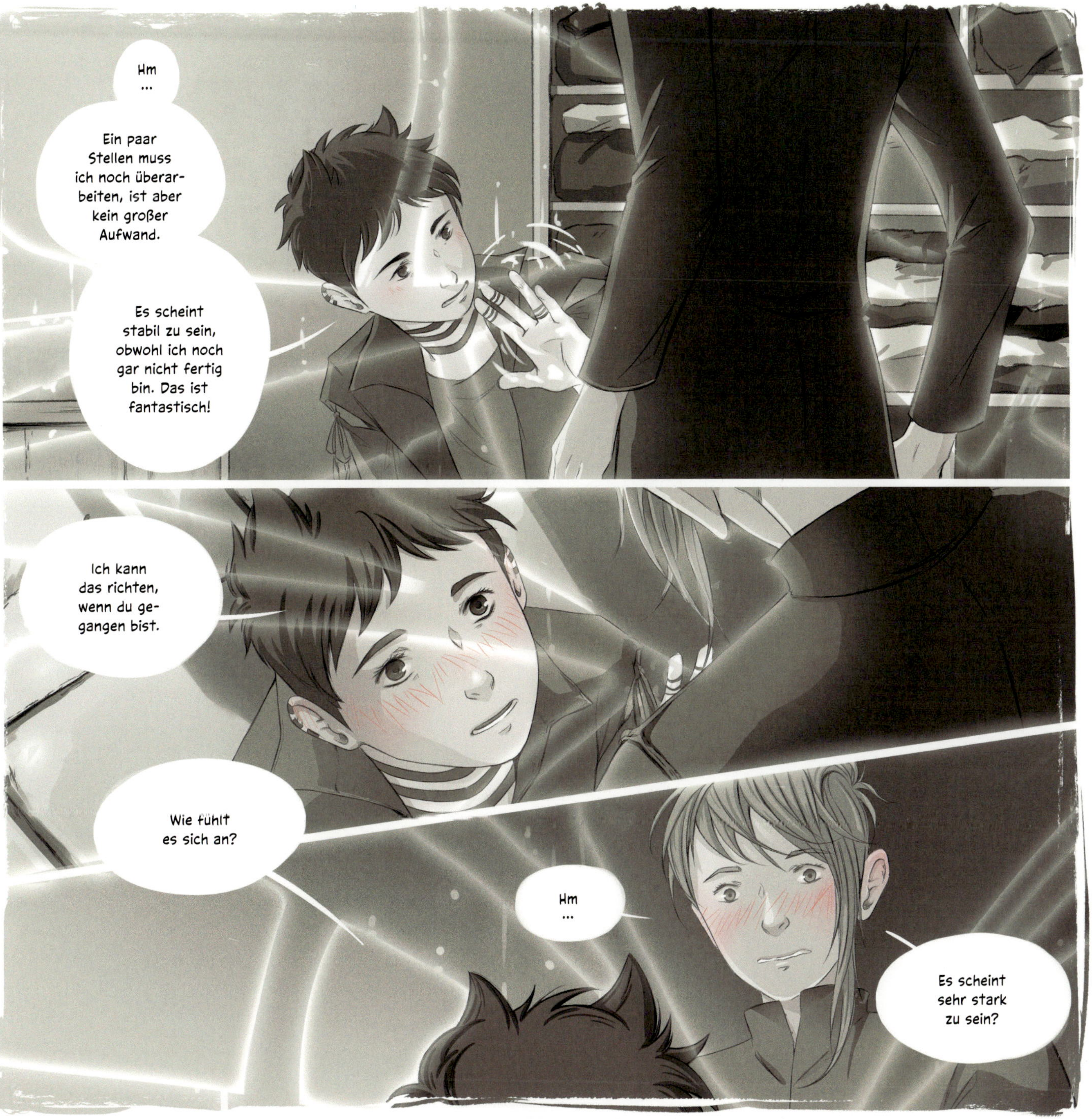
Hm
...
Ein paar Stellen muss ich noch überarbeiten, ist aber kein großer Aufwand.
Es scheint stabil zu sein, obwohl ich noch gar nicht fertig bin. Das ist fantastisch!
Ich kann das richten, wenn du gegangen bist.
Wie fühlt es sich an?
Hm
...
Es scheint sehr stark zu sein?

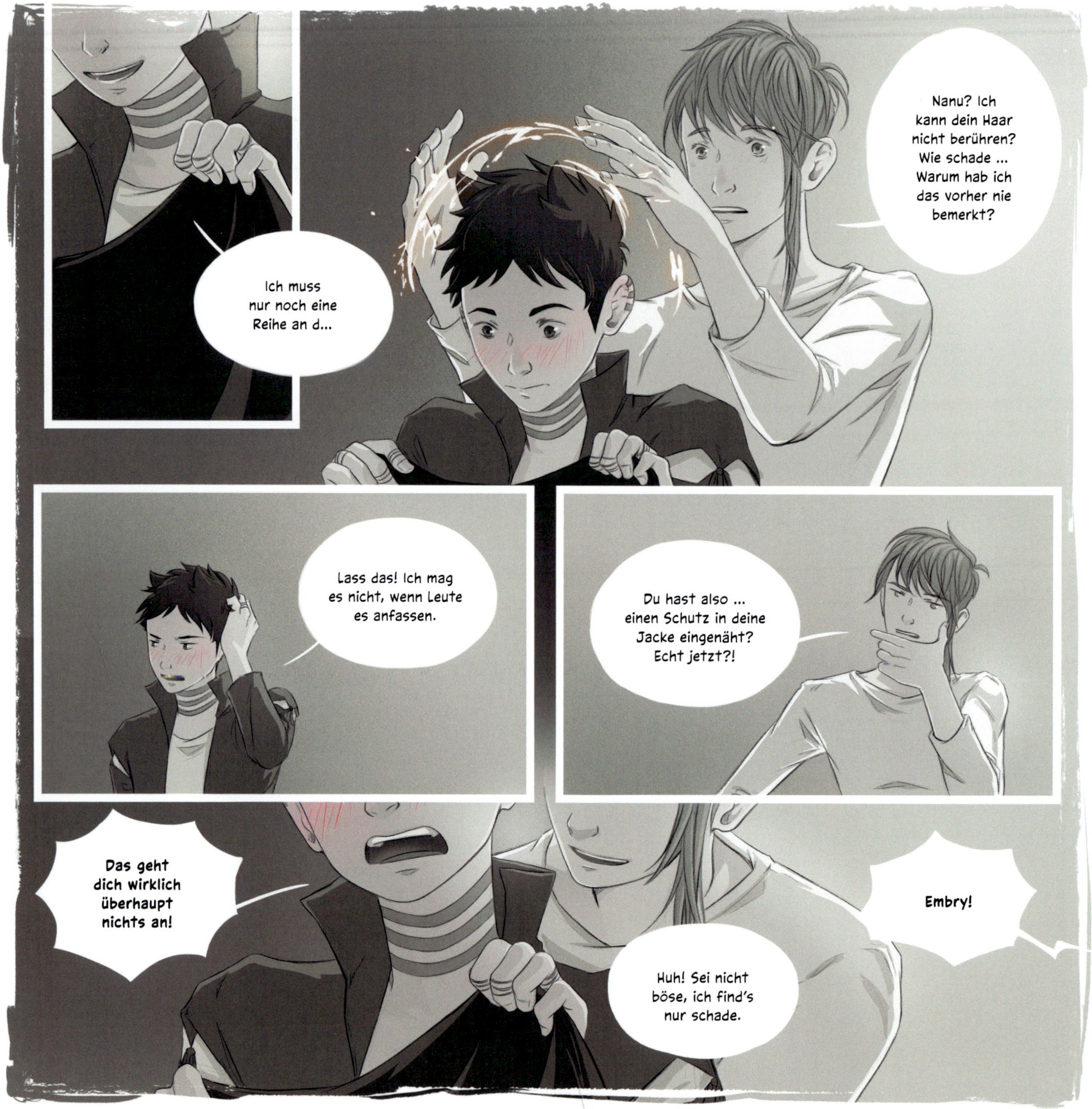
Ich muss nur noch eine Reihe an d...
Nanu? Ich kann dein Haar nicht berühren? Wie schade ... Warum hab ich das vorher nie bemerkt?
Lass das! Ich mag es nicht, wenn Leute es anfassen.
Du hast also ... einen Schutz in deine Jacke eingenäht? Echt jetzt?!
Das geht dich wirklich überhaupt nichts an!
Embry!
Huh! Sei nicht böse, ich find's nur schade.

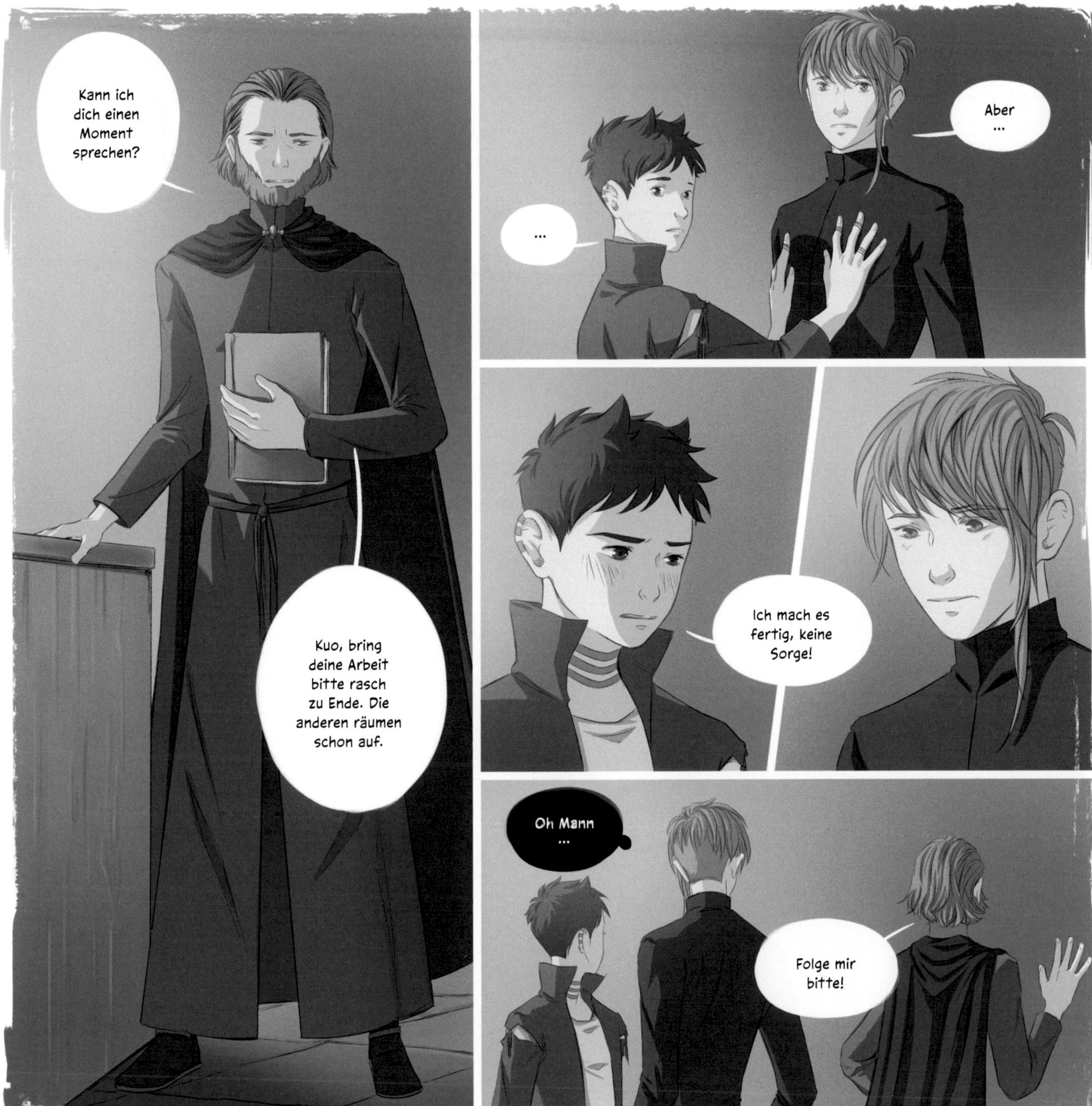
Kann ich dich einen Moment sprechen?
Kuo, bring deine Arbeit bitte rasch zu Ende. Die anderen räumen schon auf.
...
Aber ...
Ich mach es fertig, keine Sorge!
Oh Mann ...
Folge mir bitte!

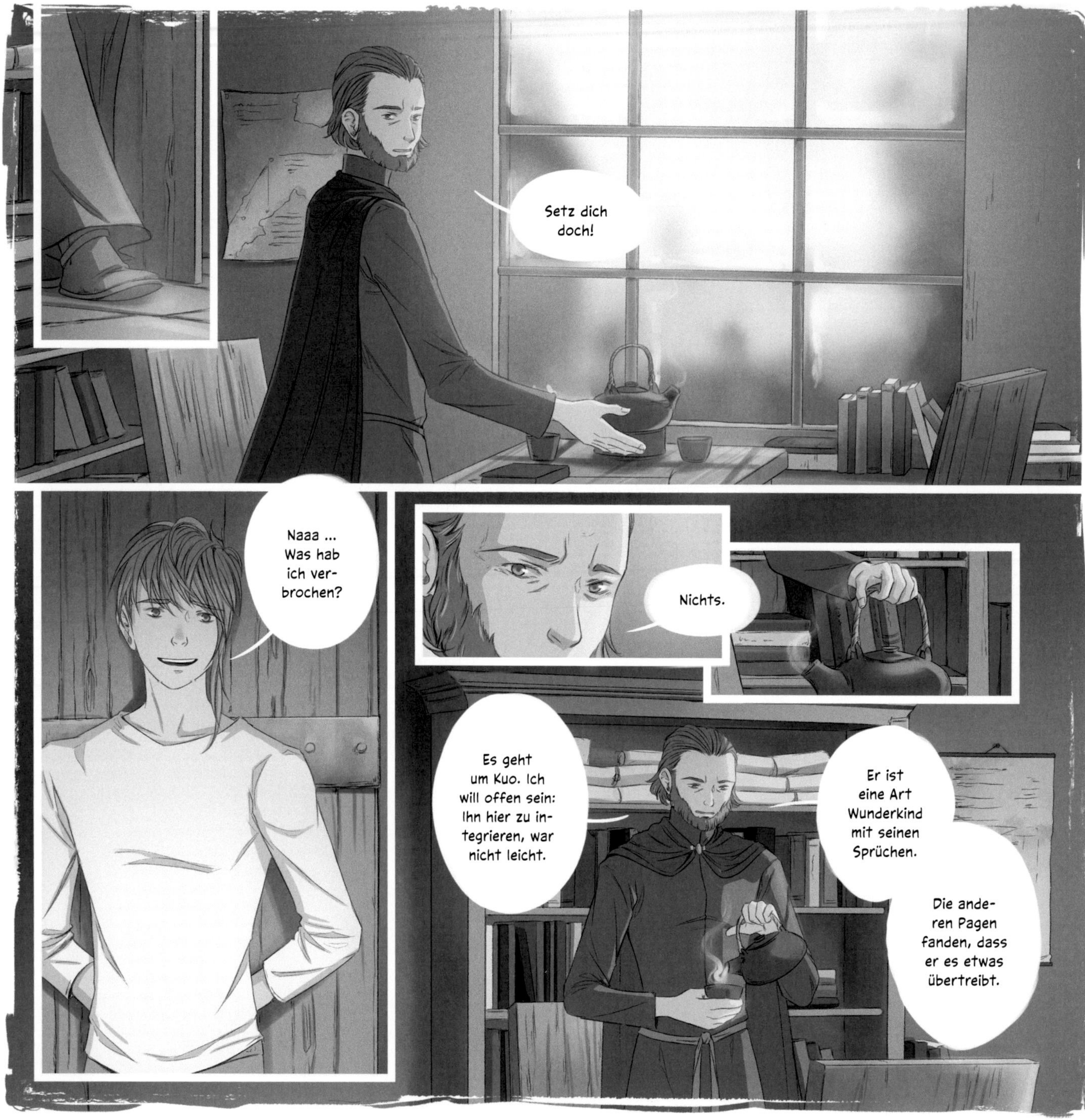
Setz dich doch!
Naaa ... Was hab ich verbrochen?
Nichts.
Es geht um Kuo. Ich will offen sein: Ihn hier zu integrieren, war nicht leicht.
Er ist eine Art Wunderkind mit seinen Sprüchen.
Die anderen Pagen fanden, dass er es etwas übertreibt.

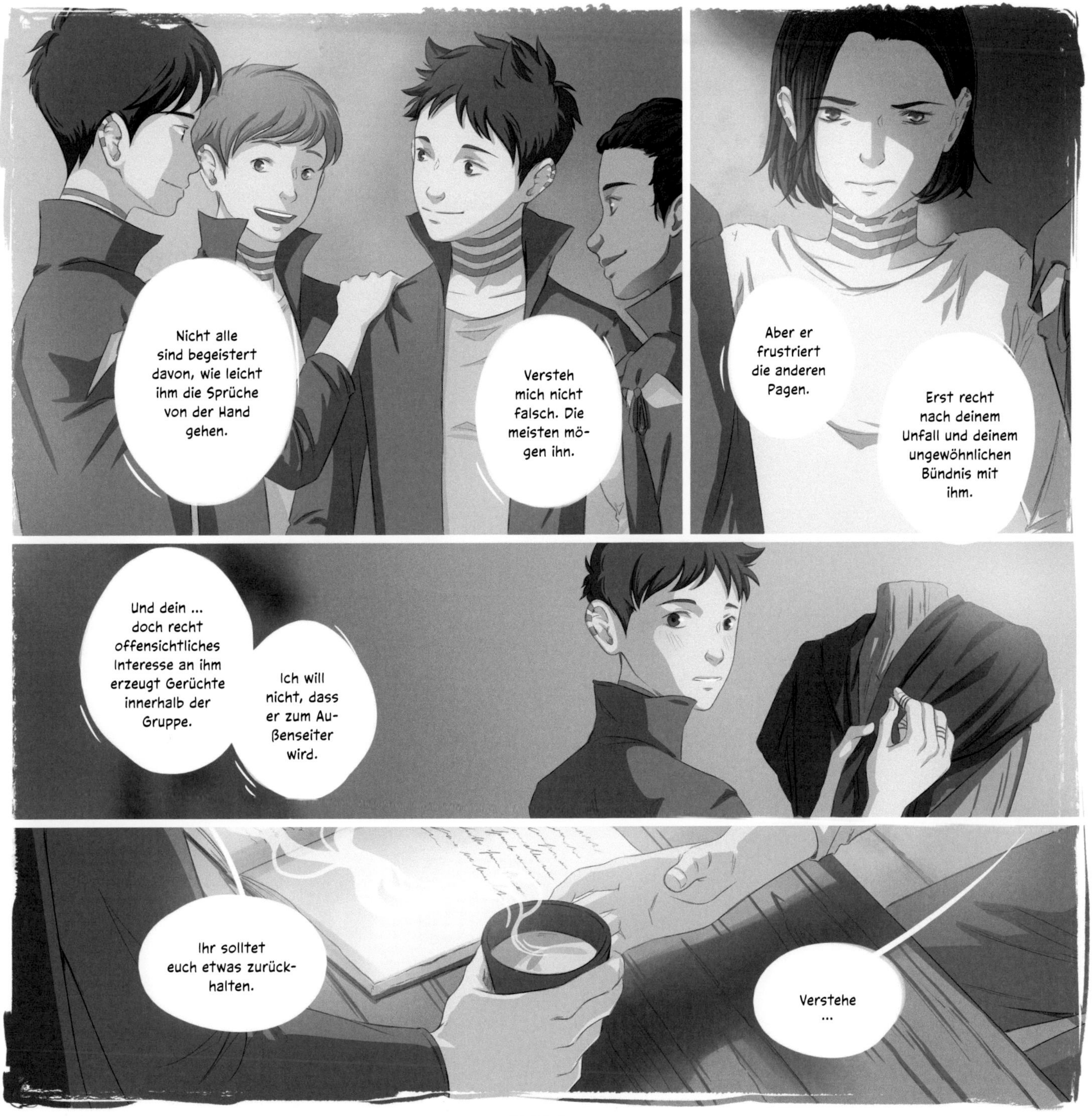
Nicht alle sind begeistert davon, wie leicht ihm die Sprüche von der Hand gehen.
Versteh mich nicht falsch. Die meisten mö-gen ihn.
Aber er frustriert die anderen Pagen.
Erst recht nach deinem Unfall und deinem ungewöhnlichen Bündnis mit ihm.
Und dein ... doch recht offensichtliches Interesse an ihm erzeugt Gerüchte innerhalb der Gruppe.
Ich will nicht, dass er zum Au-ßenseiter wird.
Ihr solltet euch etwas zurück-halten.
Verstehe ...

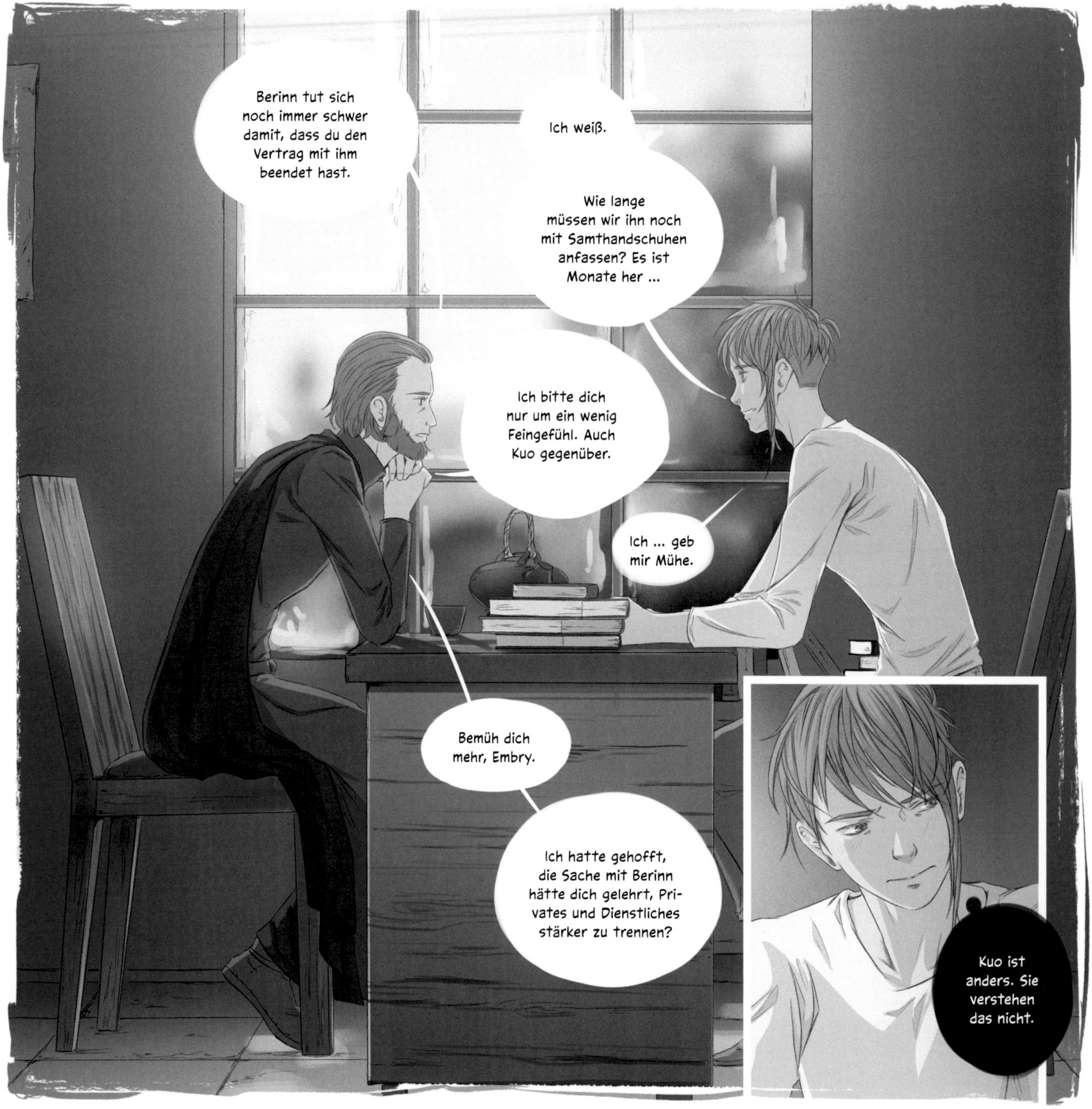
Berinn tut sich noch immer schwer damit, dass du den Vertrag mit ihm beendet hast.
Ich weiß.
Wie lange müssen wir ihn noch mit Samthandschuhen anfassen? Es ist Monate her ...
Ich bitte dich nur um ein wenig Feingefühl. Auch Kuo gegenüber.
Ich ... geb mir Mühe.
Bemüh dich mehr, Embry.
Ich hatte gehofft, die Sache mit Berinn hätte dich gelehrt, Privates und Dienstliches stärker zu trennen?
Kuo ist anders. Sie verstehen das nicht.

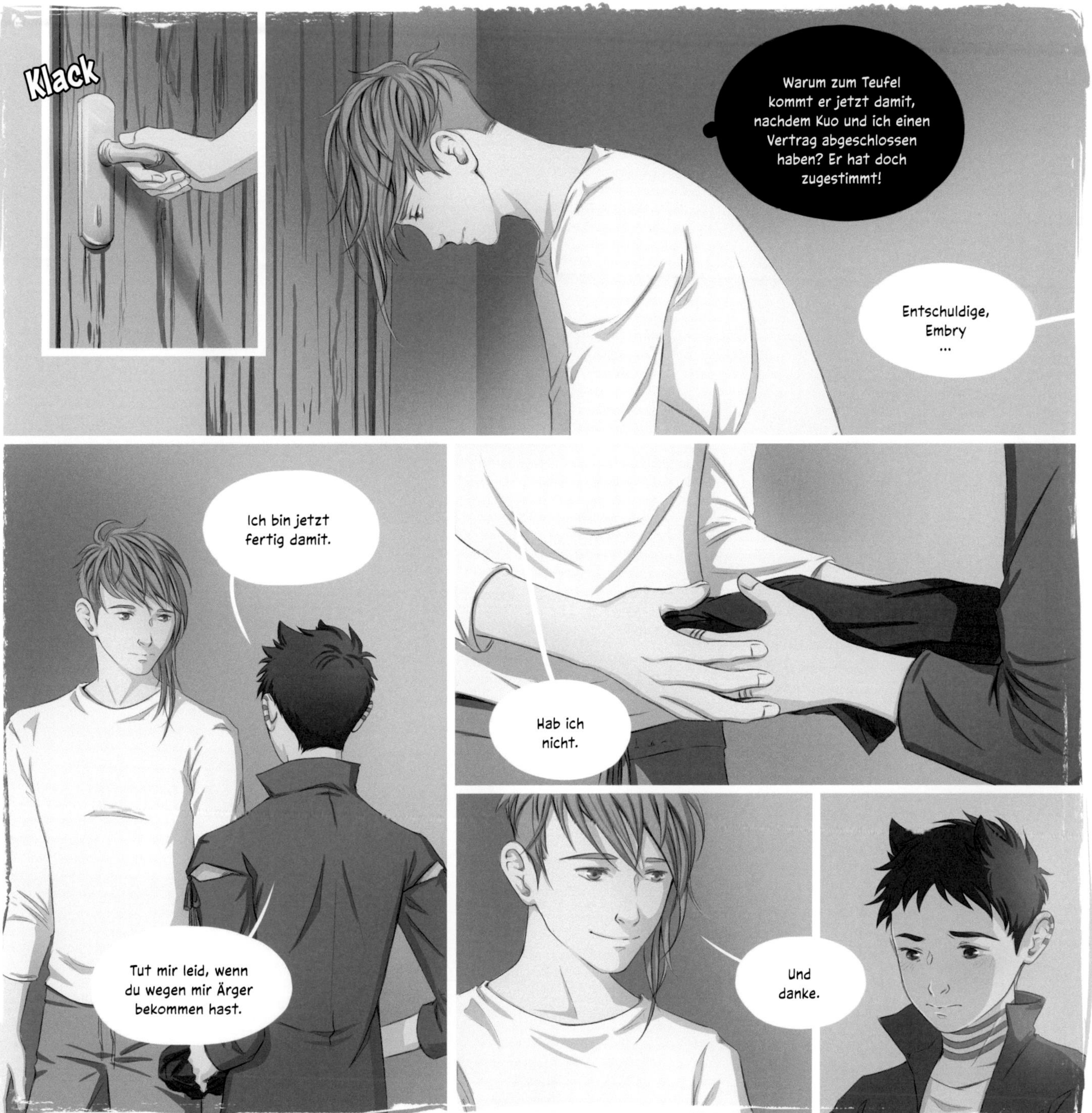
Klack
Warum zum Teufel kommt er jetzt damit, nachdem Kuo und ich einen Vertrag abgeschlossen haben? Er hat doch zugestimmt!
Entschuldige, Embry ...
Ich bin jetzt fertig damit.
Tut mir leid, wenn du wegen mir Ärger bekommen hast.
Hab ich nicht.
Und danke.

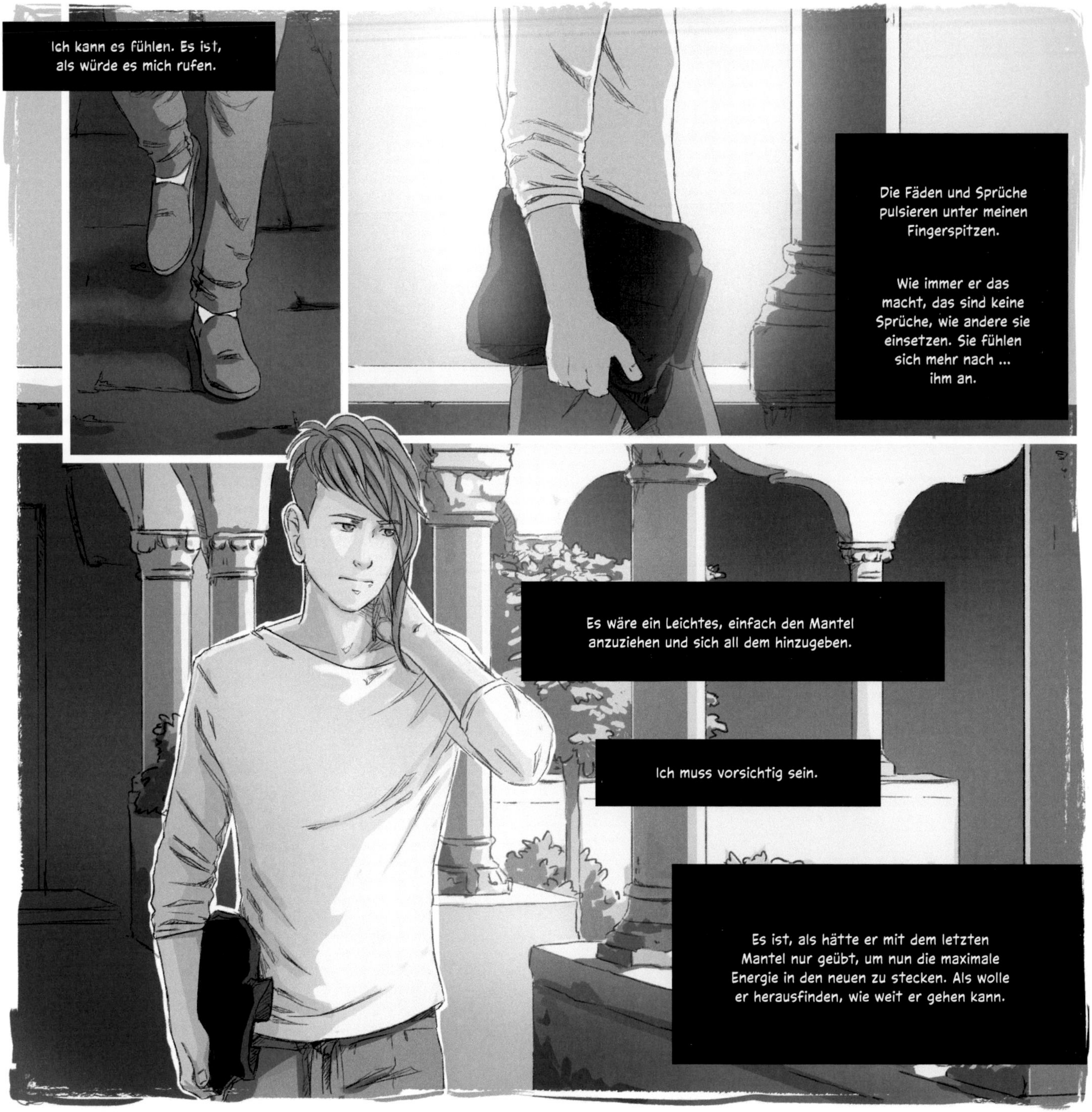
Ich kann es fühlen. Es ist, als würde es mich rufen.
Die Fäden und Sprüche pulsieren unter meinen Fingerspitzen.
Wie immer er das macht, das sind keine Sprüche, wie andere sie einsetzen. Sie fühlen sich mehr nach ... ihm an.
Es wäre ein Leichtes, einfach den Mantel anzuziehen und sich all dem hinzugeben.
Ich muss vorsichtig sein.
Es ist, als hätte er mit dem letzten Mantel nur geübt, um nun die maximale Energie in den neuen zu stecken. Als wolle er herausfinden, wie weit er gehen kann.

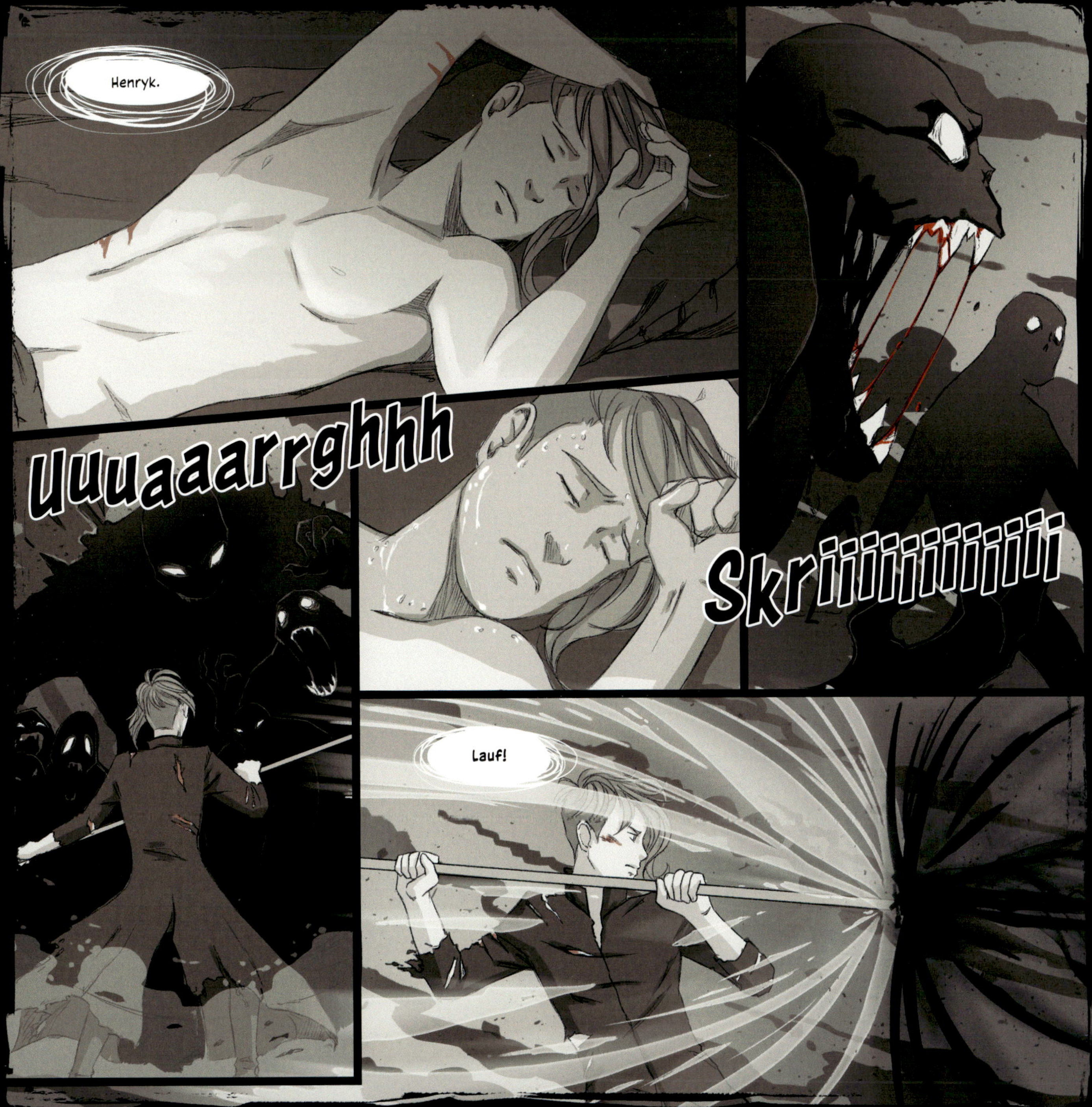
Henryk.
Uuuaaarrghhh
Skriiiiiiiiiiii
Lauf!

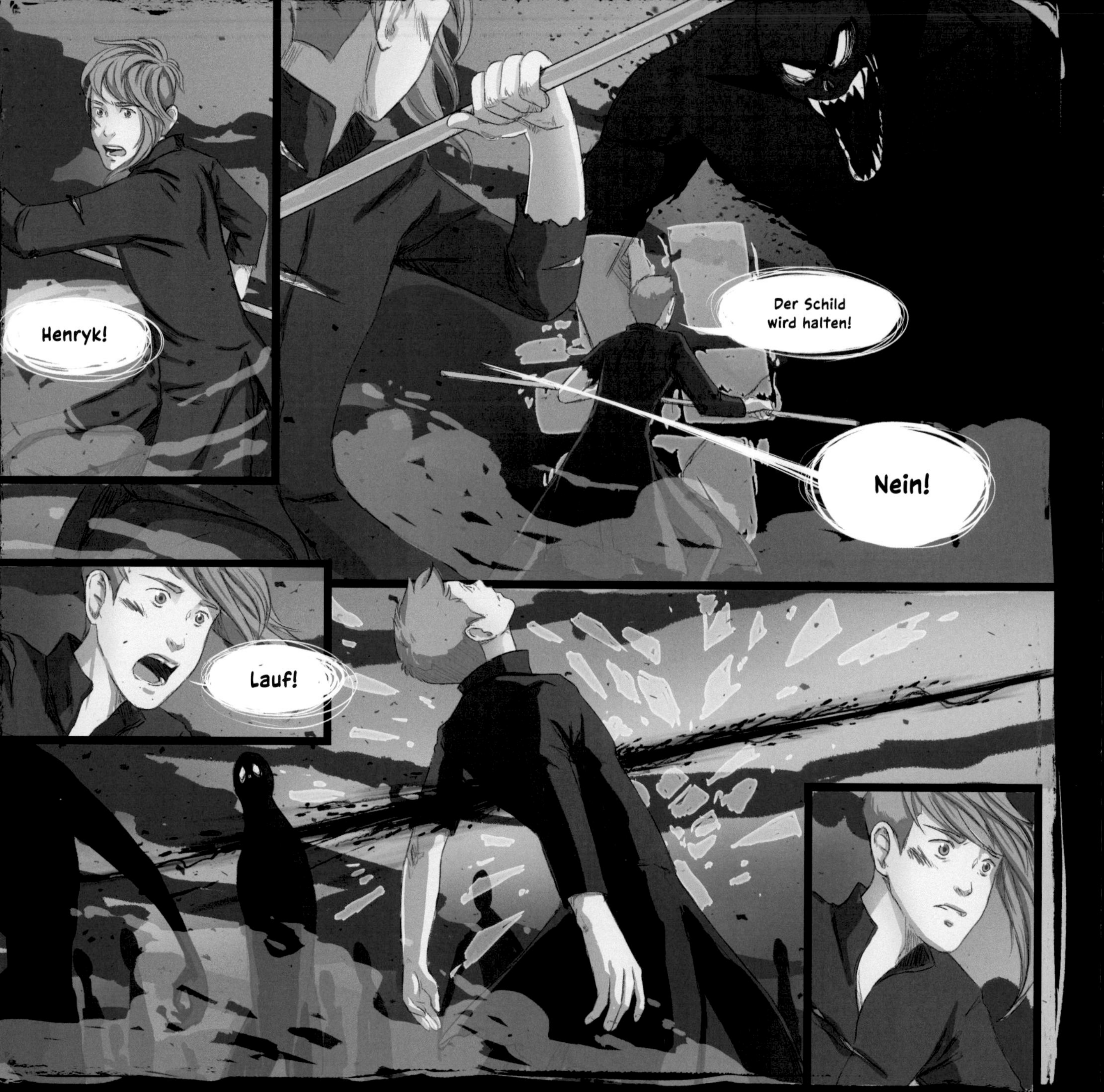
Henryk!
Der Schild wird halten!
Nein!
Lauf!

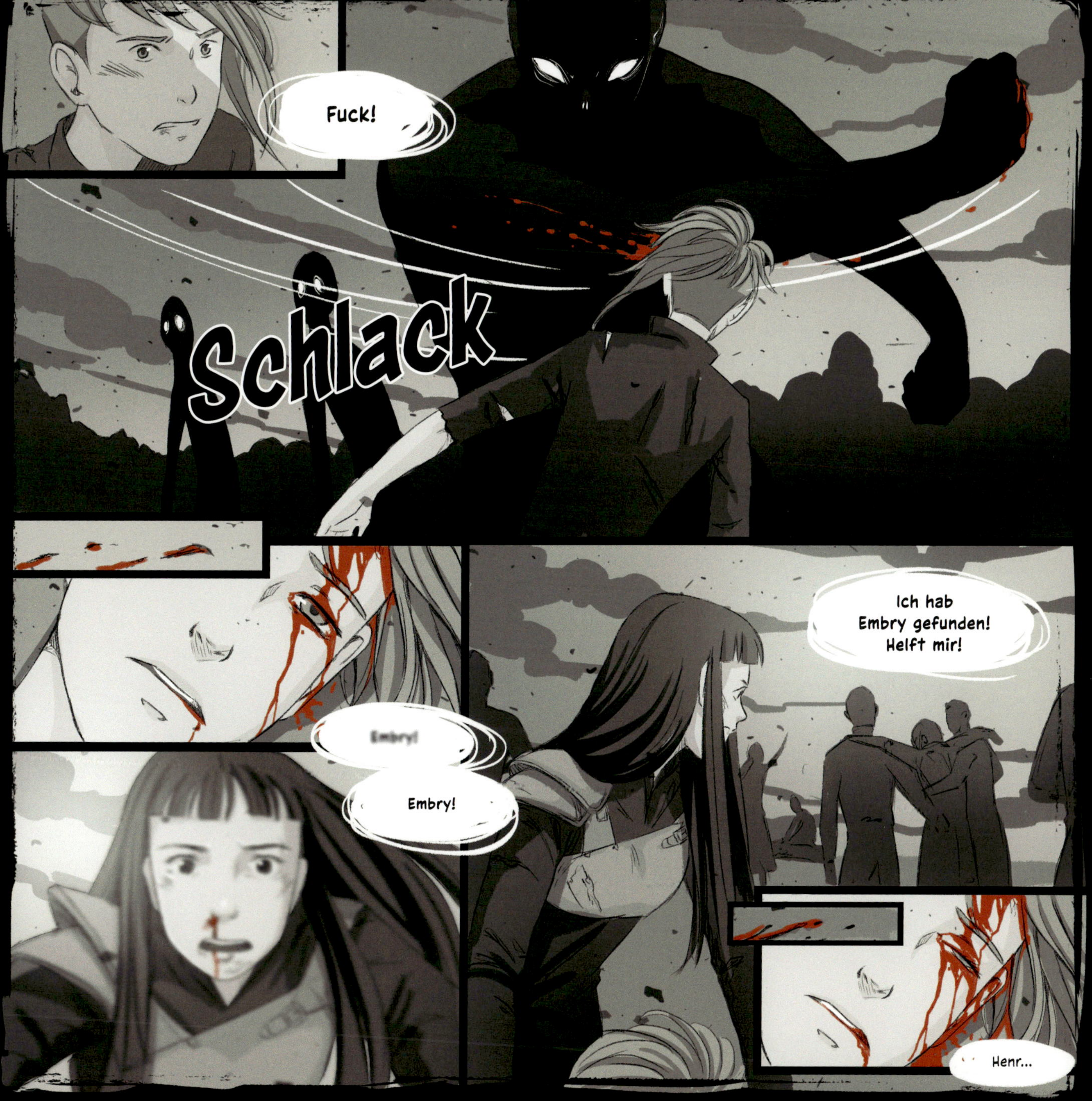
Fuck!
Schlack
Embry!
Ich hab Embry gefunden! Helft mir!
Henr...

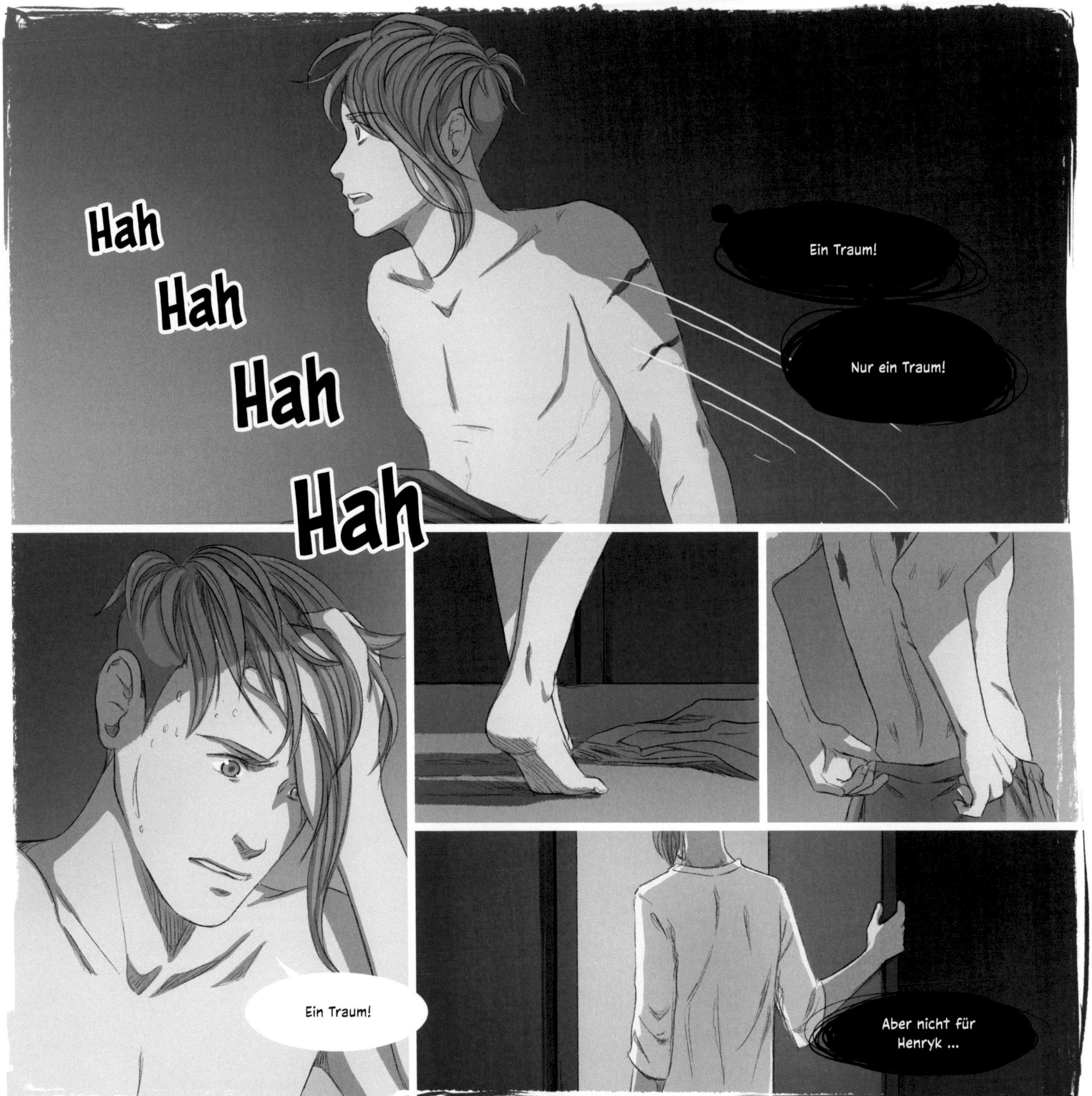
Hah
Hah
Hah
Hah
Ein Traum!
Nur ein Traum!
Ein Traum!
Aber nicht für
Henryk ...

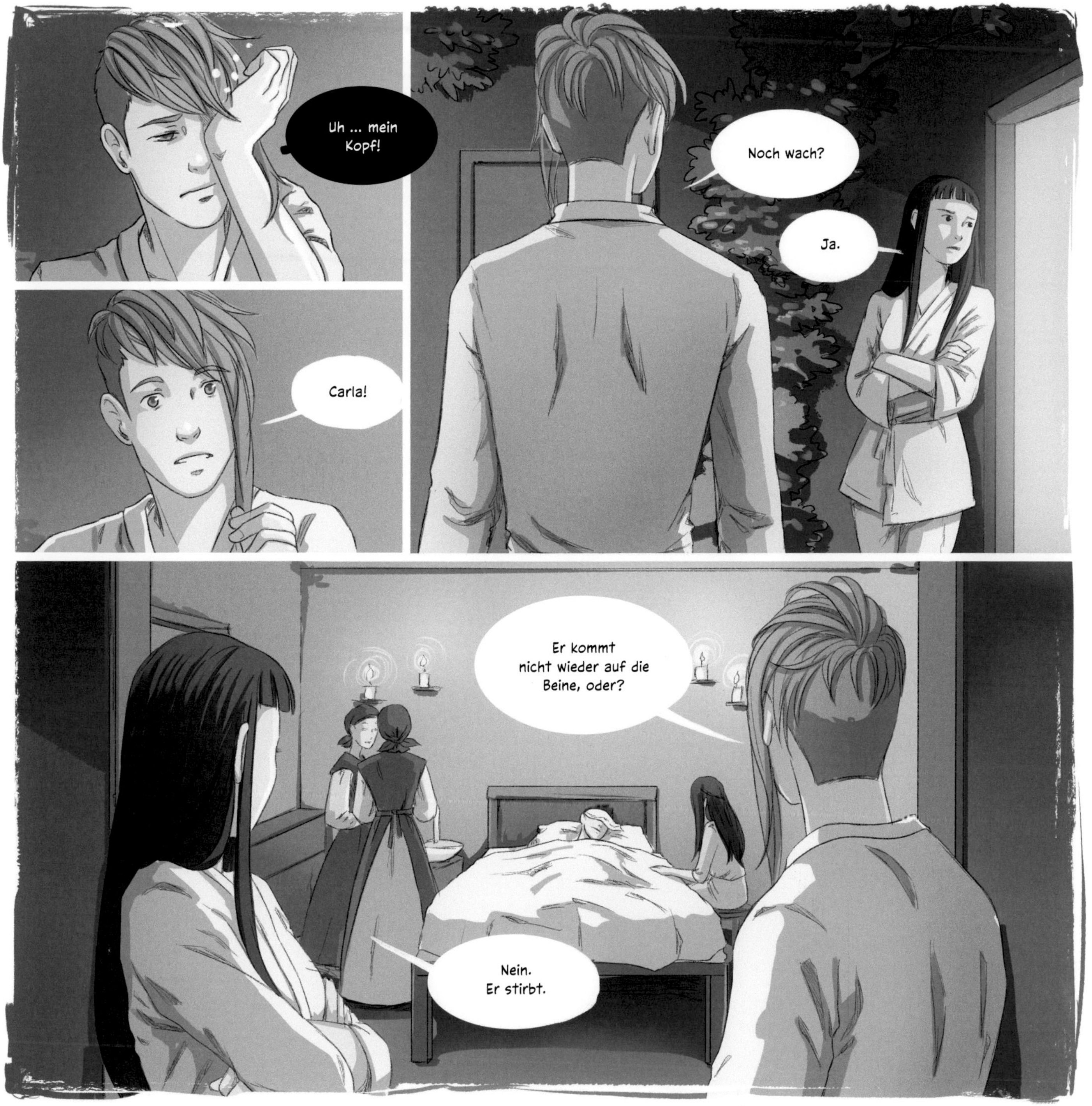
Uh ... mein Kopf!
Carla!
Noch wach?
Ja.
Er kommt nicht wieder auf die Beine, oder?
Nein. Er stirbt.

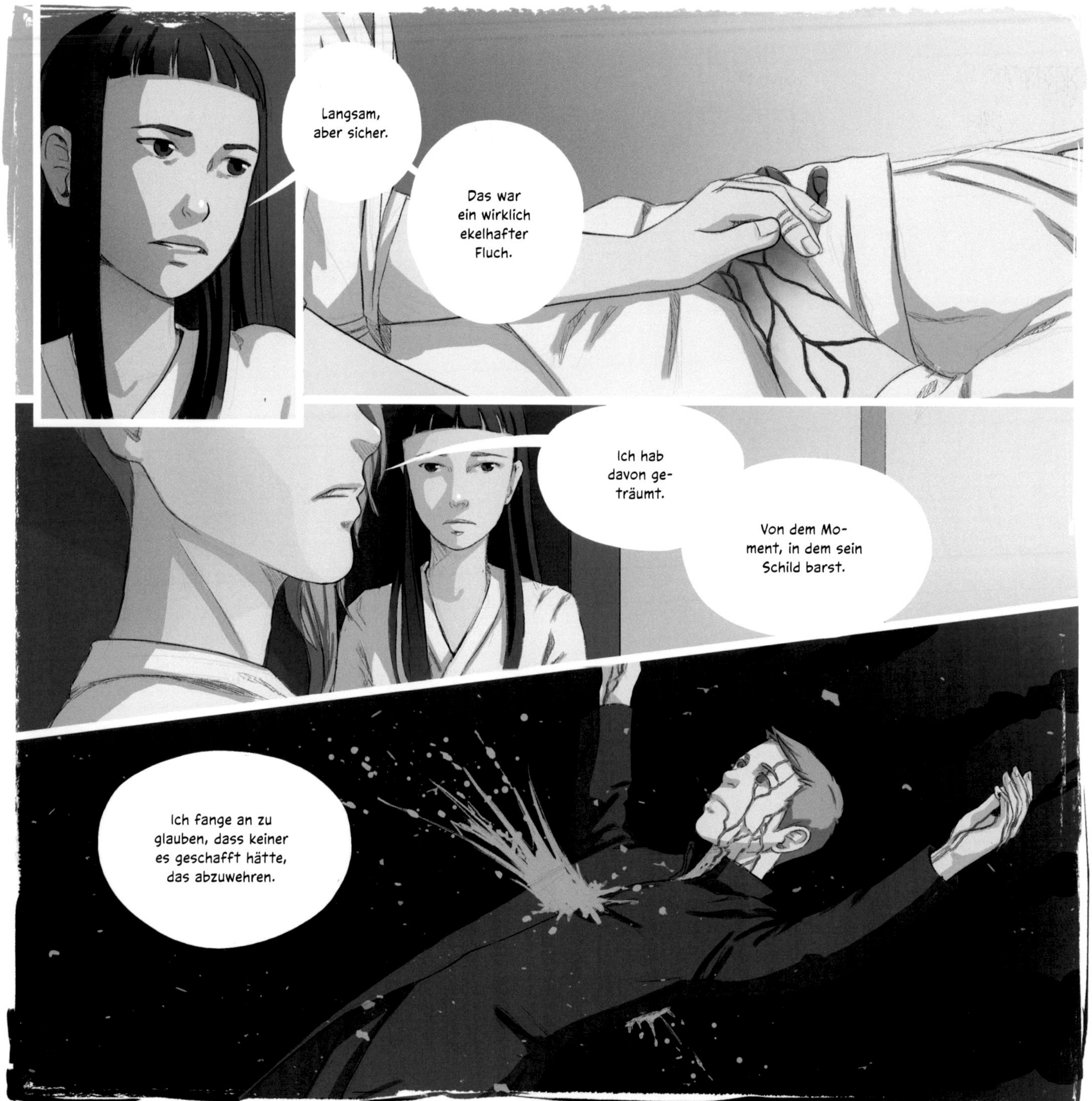
Langsam, aber sicher.
Das war ein wirklich ekelhafter Fluch.
Ich hab davon geträumt.
Von dem Moment, in dem sein Schild barst.
Ich fange an zu glauben, dass keiner es geschafft hätte, das abzuwehren.

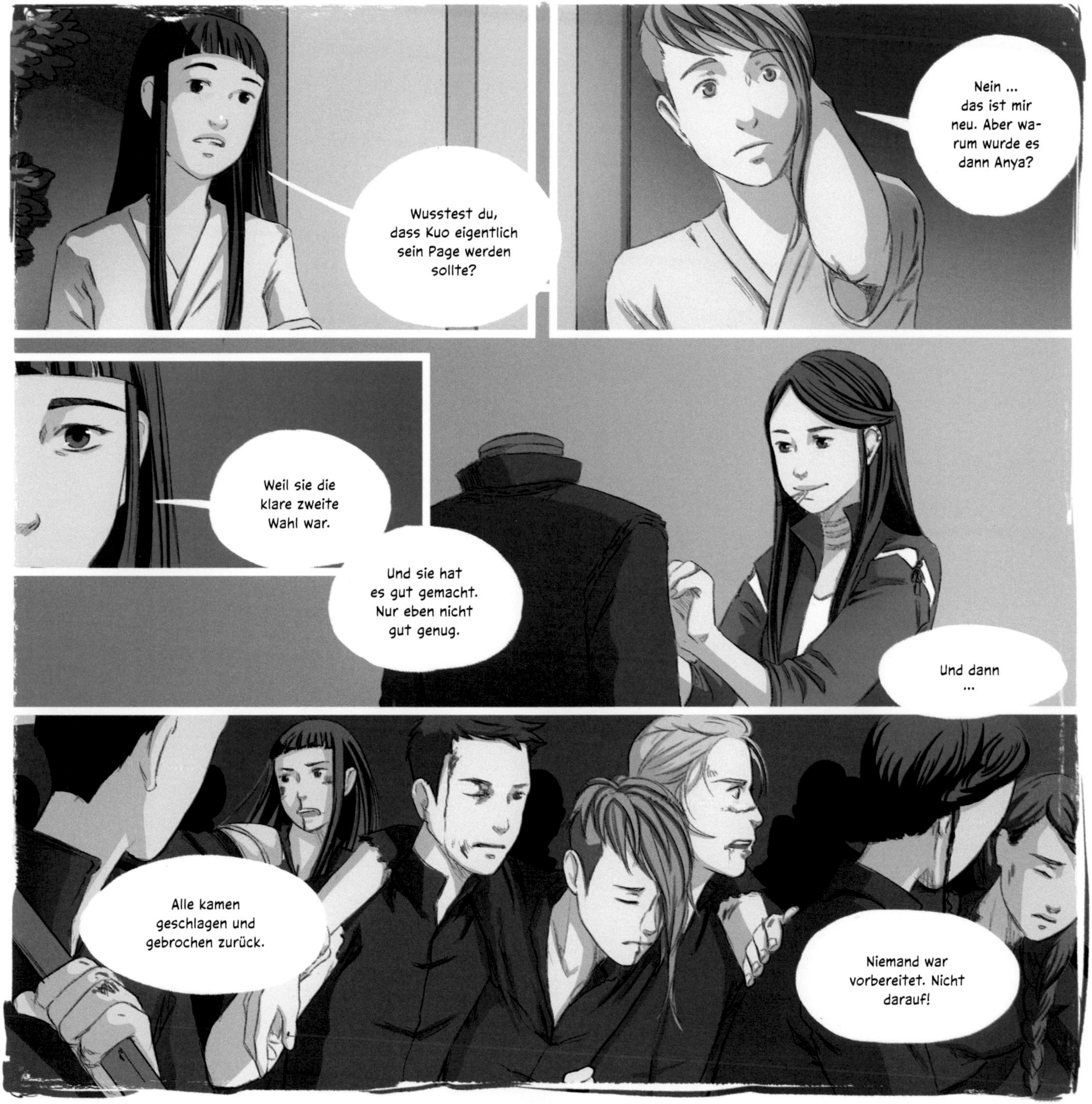
Wusstest du, dass Kuo eigentlich sein Page werden sollte?
Nein ... das ist mir neu. Aber warum wurde es dann Anya?
Weil sie die klare zweite Wahl war.
Und sie hat es gut gemacht. Nur eben nicht gut genug.
Und dann ...
Alle kamen geschlagen und gebrochen zurück.
Niemand war vorbereitet. Nicht darauf!

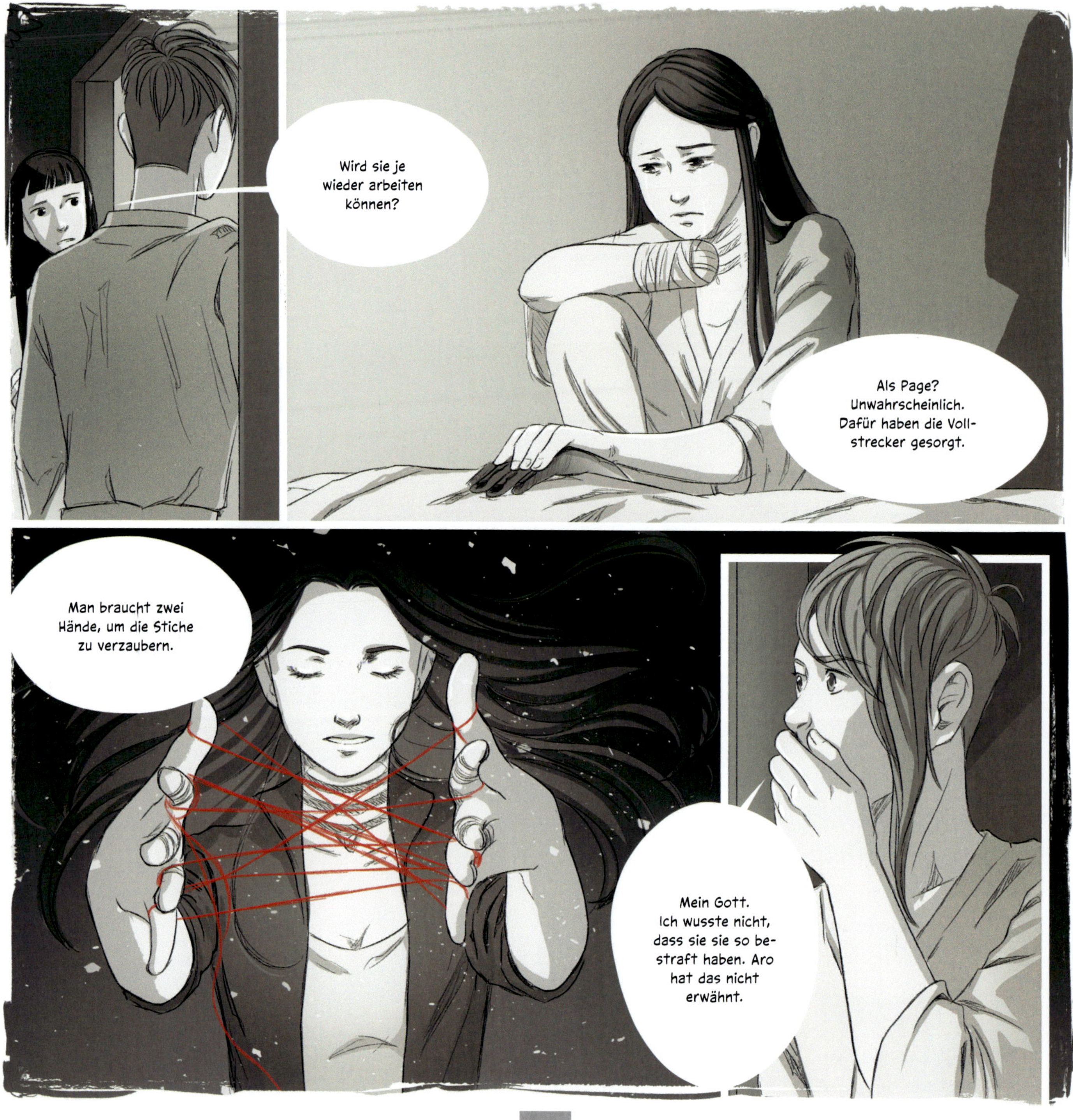
Wird sie je wieder arbeiten können?
Als Page? Unwahrscheinlich. Dafür haben die Voll-strecker gesorgt.
Man braucht zwei Hände, um die Stiche zu verzaubern.
Mein Gott. Ich wusste nicht, dass sie sie so be-straft haben. Aro hat das nicht erwähnt.

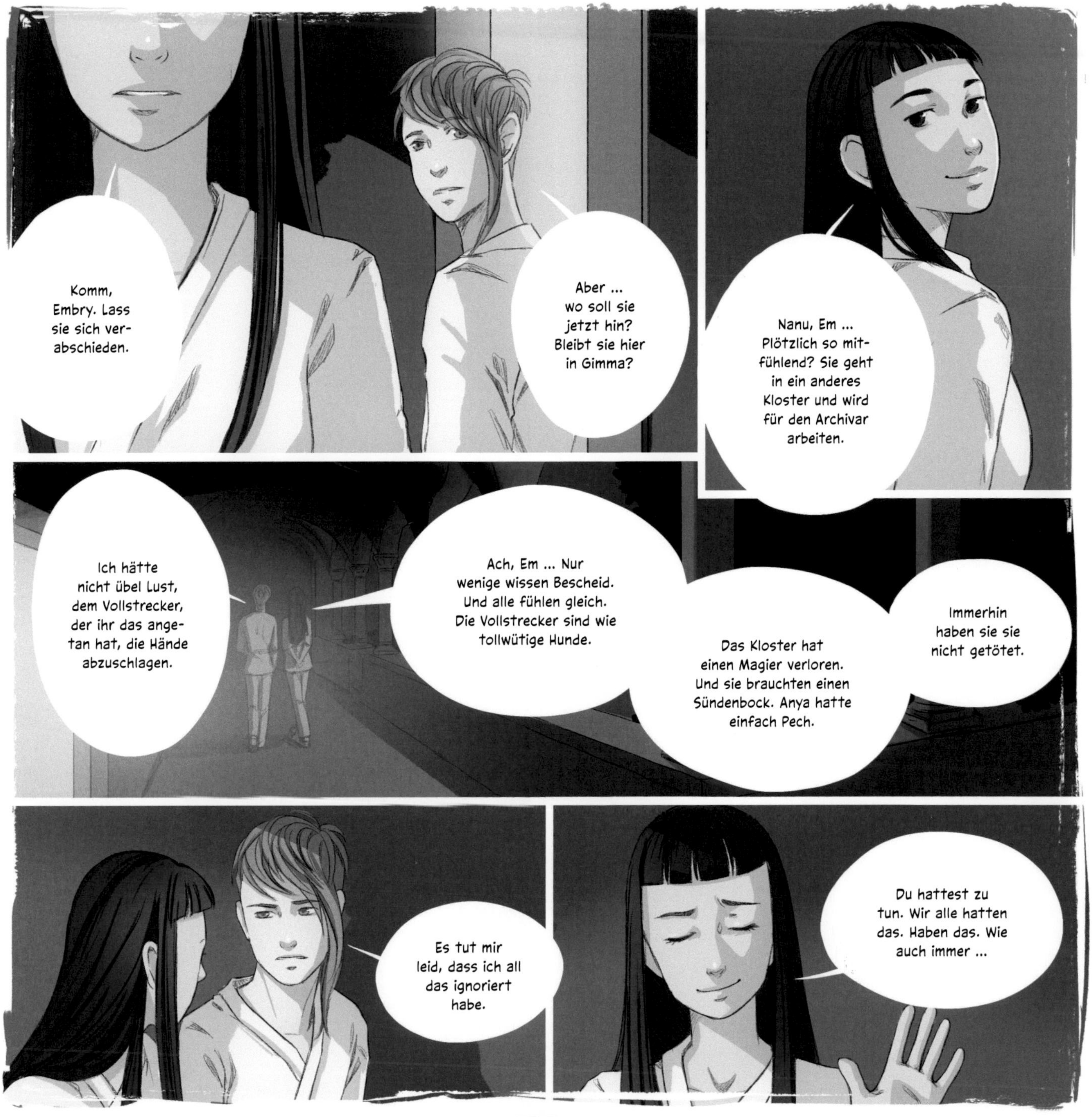
Komm, Embry. Lass sie sich verabschieden.
Aber ... wo soll sie jetzt hin? Bleibt sie hier in Gimma?
Nanu, Em ... Plötzlich so mitfühlend? Sie geht in ein anderes Kloster und wird für den Archivar arbeiten.
Ich hätte nicht übel Lust, dem Vollstrecker, der ihr das angetan hat, die Hände abzuschlagen.
Ach, Em ... Nur wenige wissen Bescheid. Und alle fühlen gleich. Die Vollstrecker sind wie tollwütige Hunde.
Das Kloster hat einen Magier verloren. Und sie brauchten einen Sündenbock. Anya hatte einfach Pech.
Immerhin haben sie sie nicht getötet.
Es tut mir leid, dass ich all das ignoriert habe.
Du hattest zu tun. Wir alle hatten das. Haben das. Wie auch immer ...

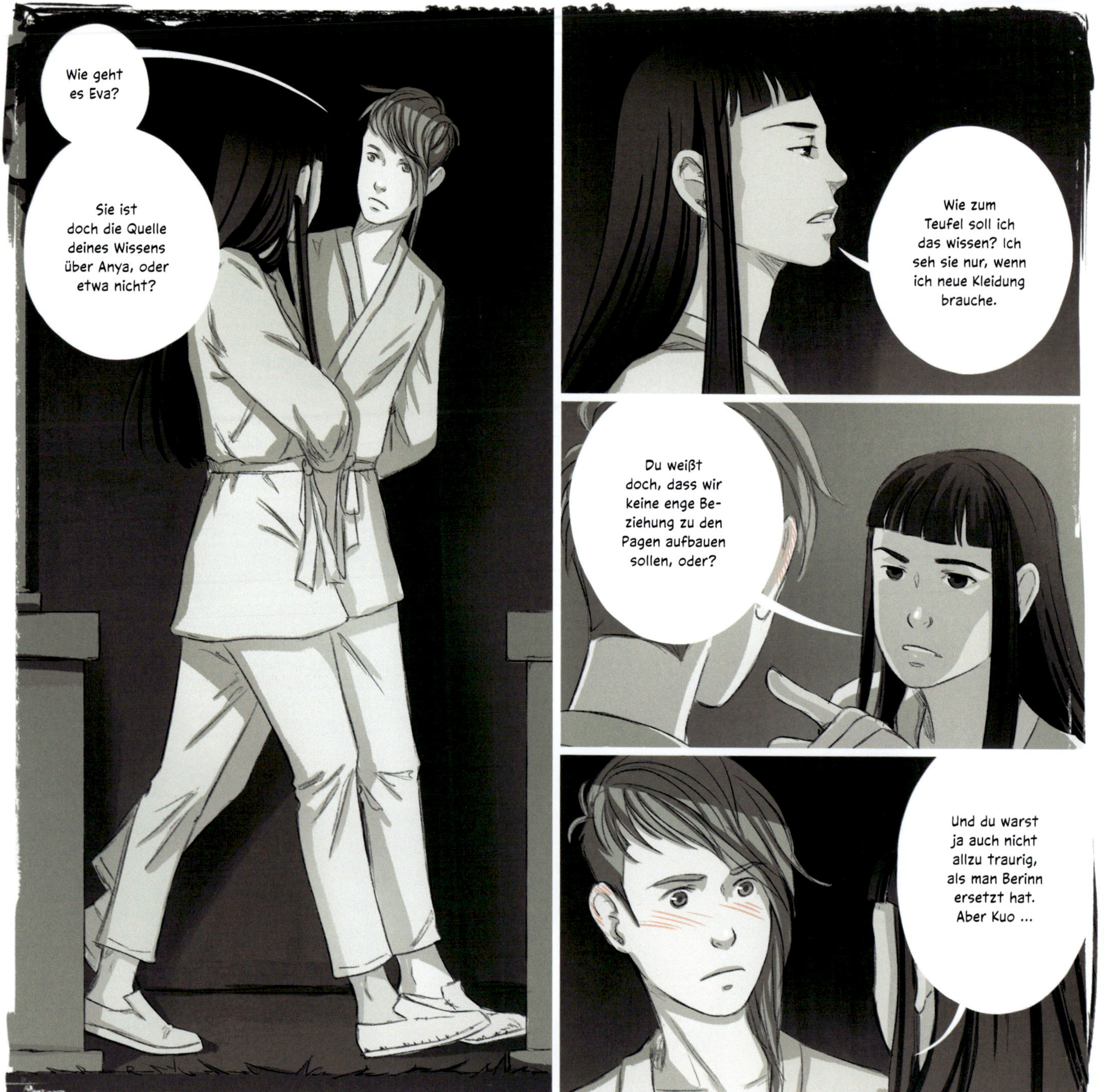
Wie geht es Eva?
Sie ist doch die Quelle deines Wissens über Anya, oder etwa nicht?
Wie zum Teufel soll ich das wissen? Ich seh sie nur, wenn ich neue Kleidung brauche.
Du weißt doch, dass wir keine enge Beziehung zu den Pagen aufbauen sollen, oder?
Und du warst ja auch nicht allzu traurig, als man Berinn ersetzt hat. Aber Kuo ...

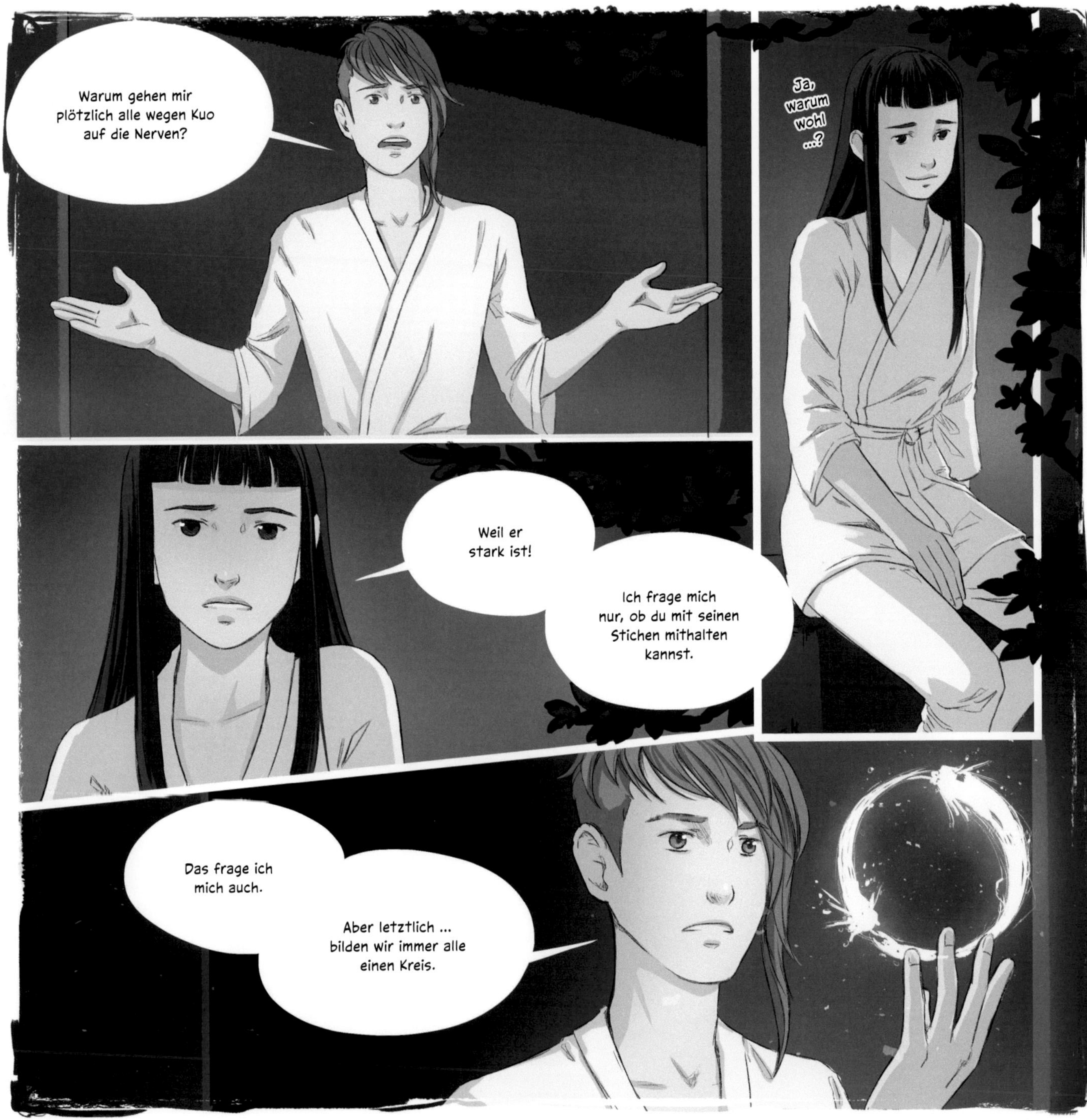

Warum gehen mir plötzlich alle wegen Kuo auf die Nerven?
Ja, warum wohl ...?
Weil er stark ist!
Ich frage mich nur, ob du mit seinen Stichen mithalten kannst.
Das frage ich mich auch.
Aber letztlich ... bilden wir immer alle einen Kreis.

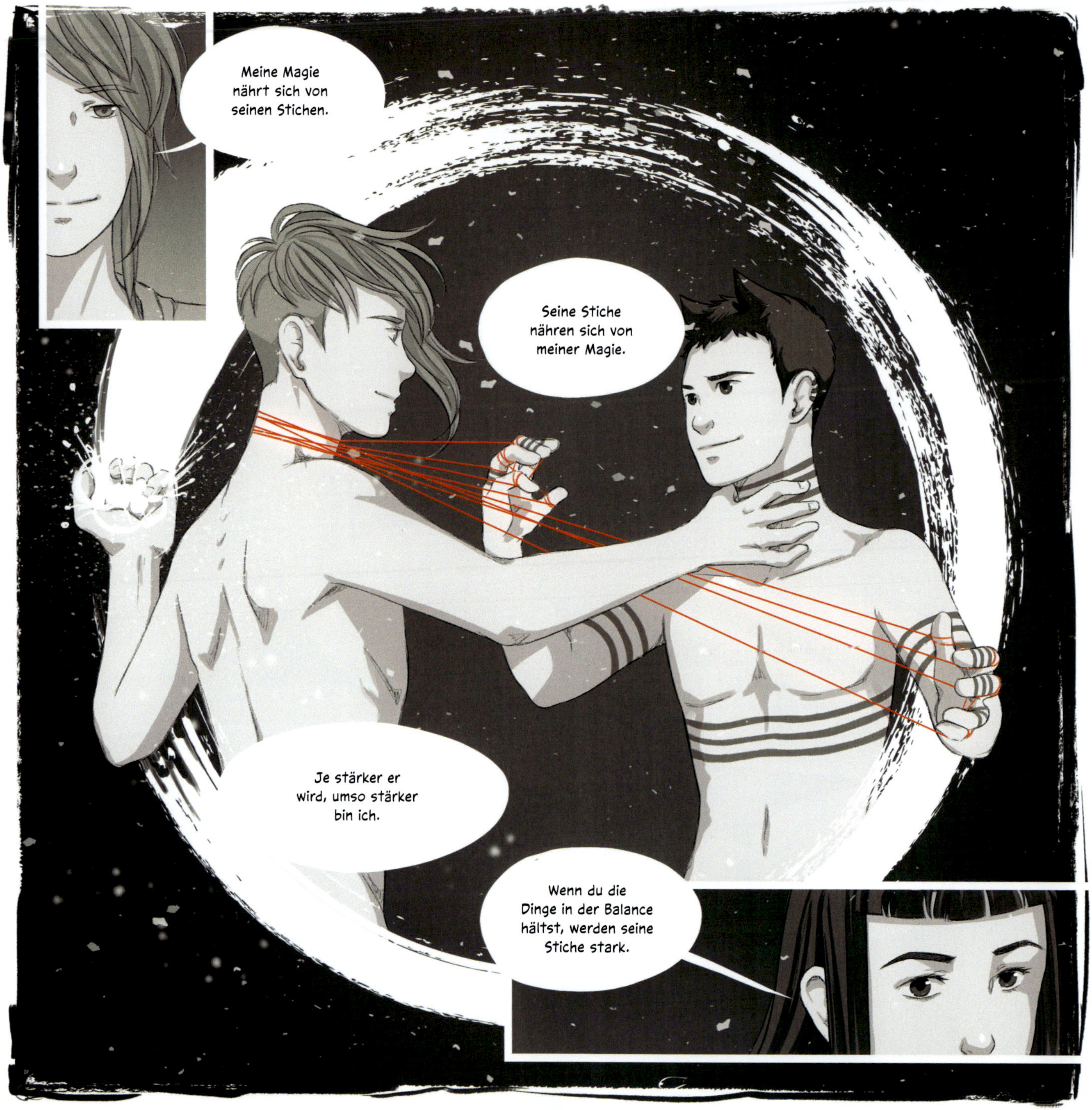
Meine Magie nährt sich von seinen Stichen.
Seine Stiche nähren sich von meiner Magie.
Je stärker er wird, umso stärker bin ich.
Wenn du die Dinge in der Balance hältst, werden seine Stiche stark.

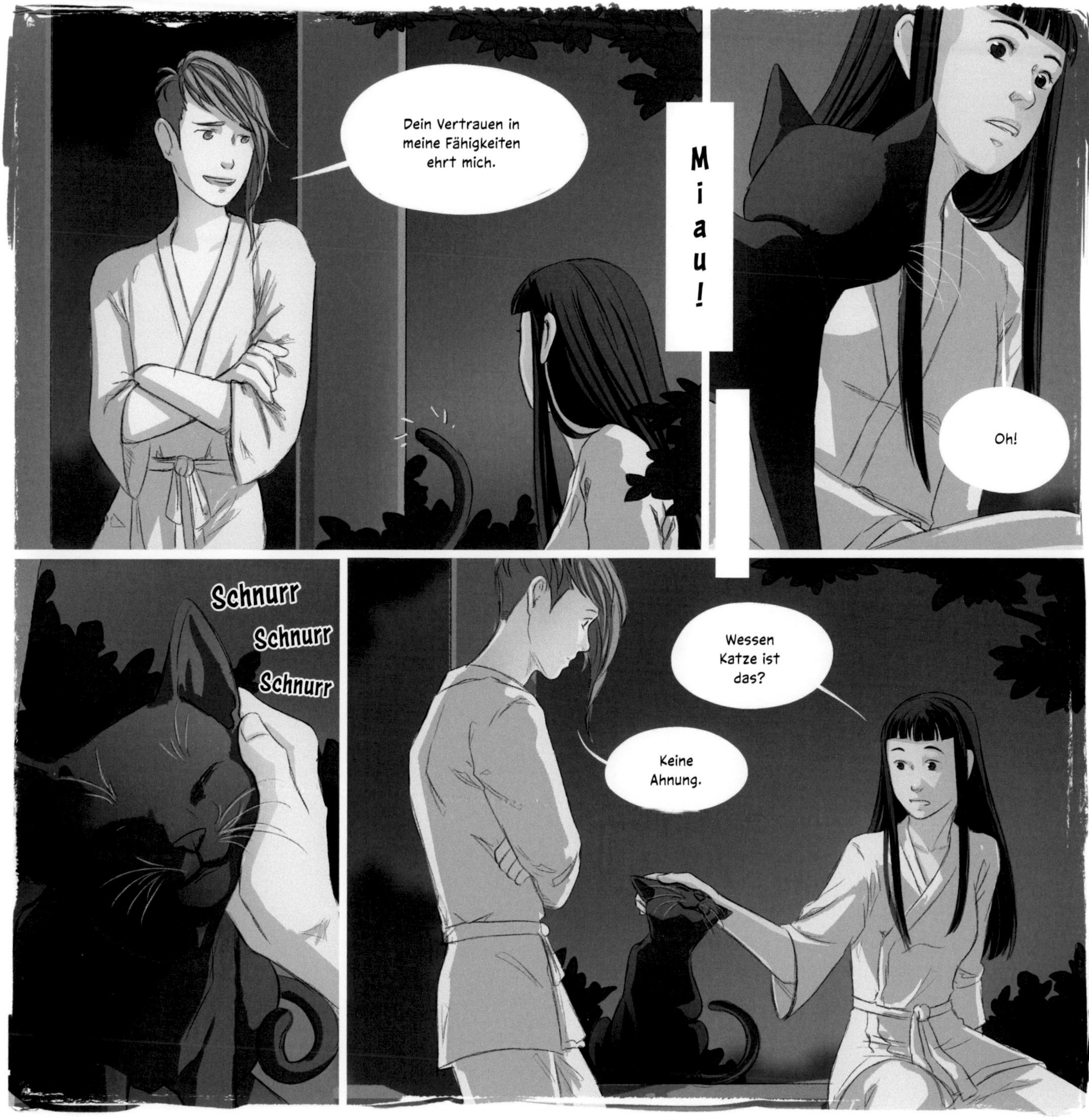
Dein Vertrauen in meine Fähigkeiten ehrt mich.
Miau!
Oh!
Schnurr
Schnurr
Schnurr
Wessen Katze ist das?
Keine Ahnung.

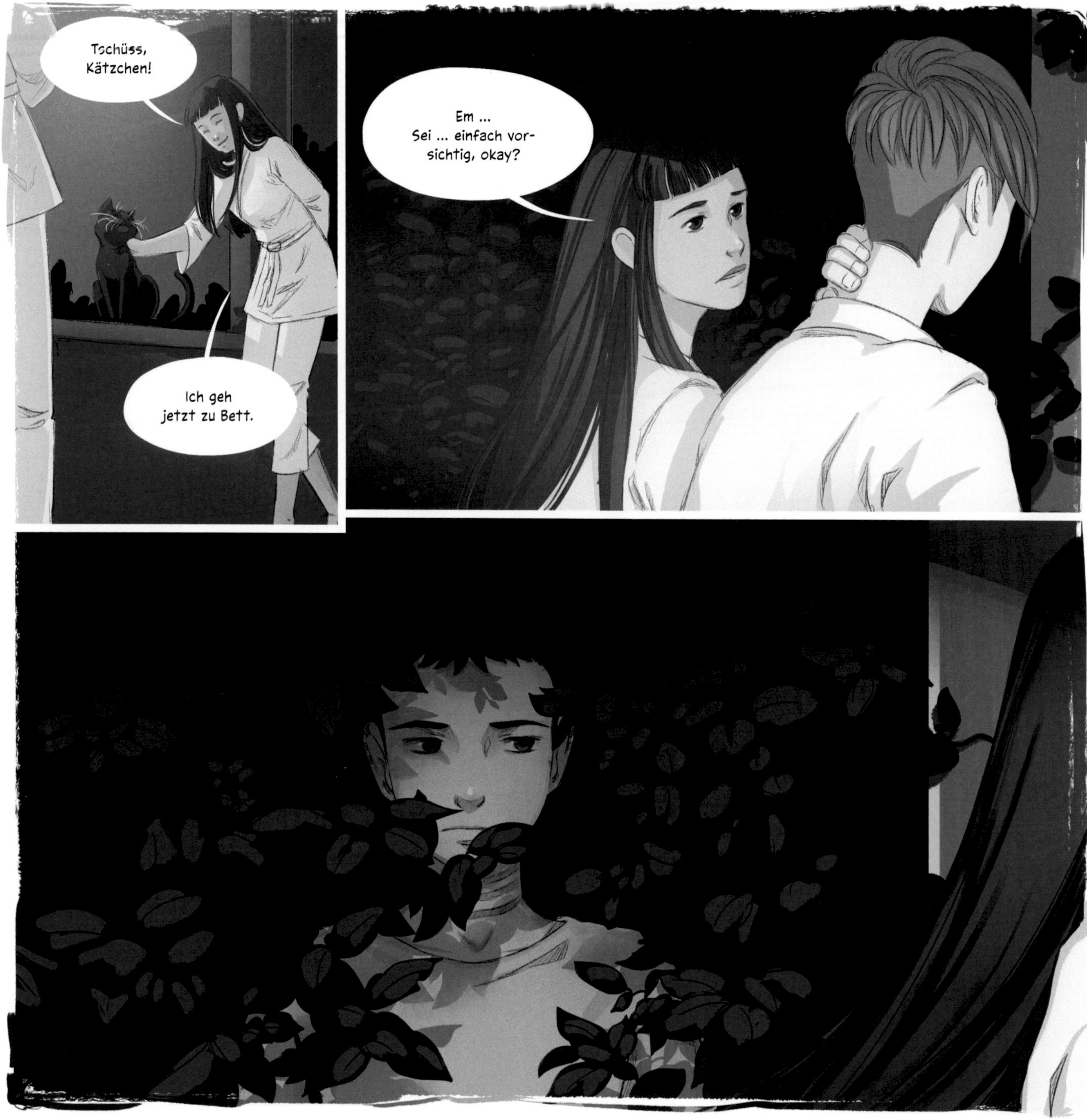
Tschüss, Kätzchen!
Ich geh jetzt zu Bett.
Em ... Sei ... einfach vorsichtig, okay?

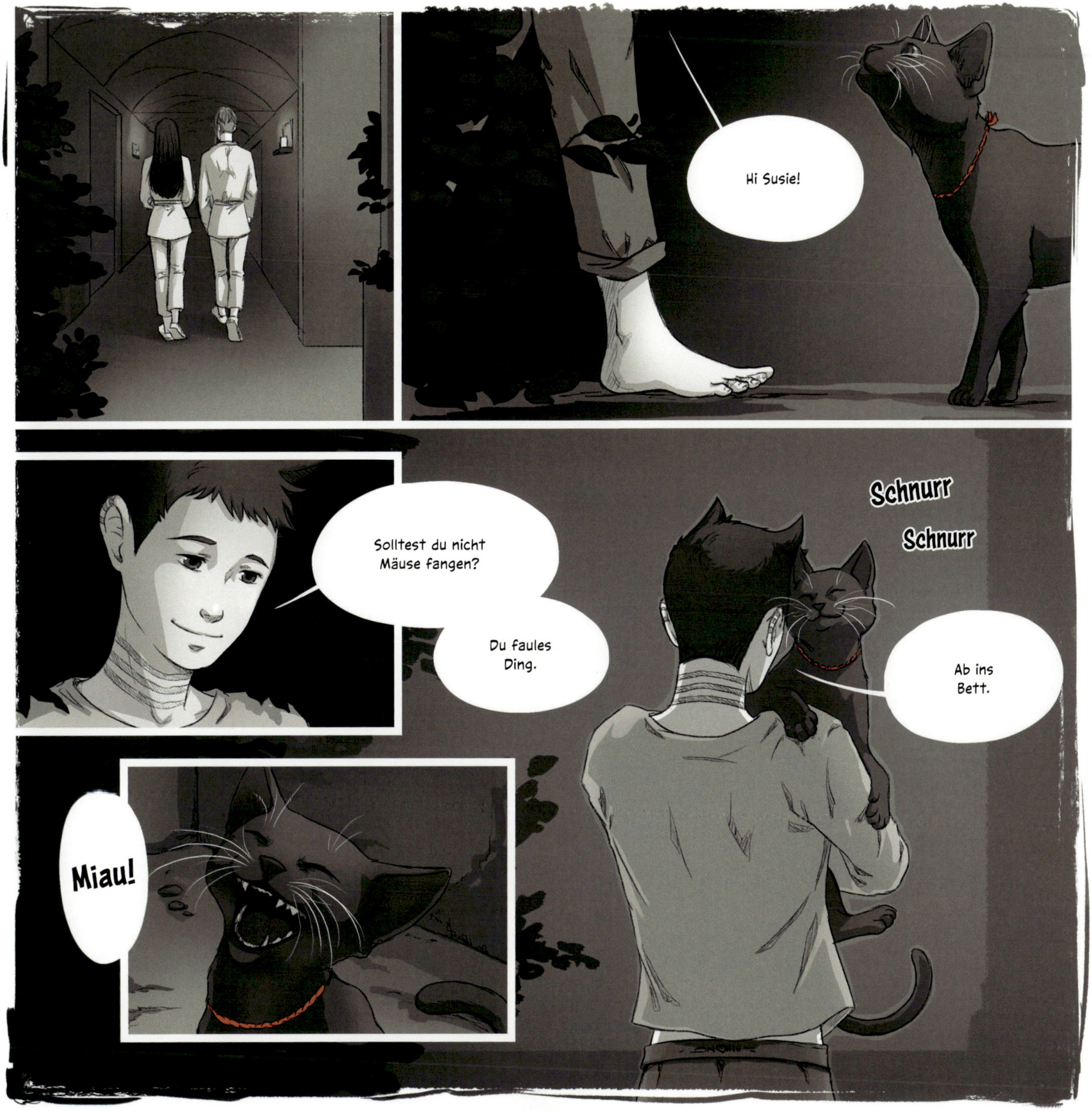
Hi Susie!
Solltest du nicht Mäuse fangen?
Du faules Ding.
Schnurr
Schnurr
Ab ins Bett.
Miau!

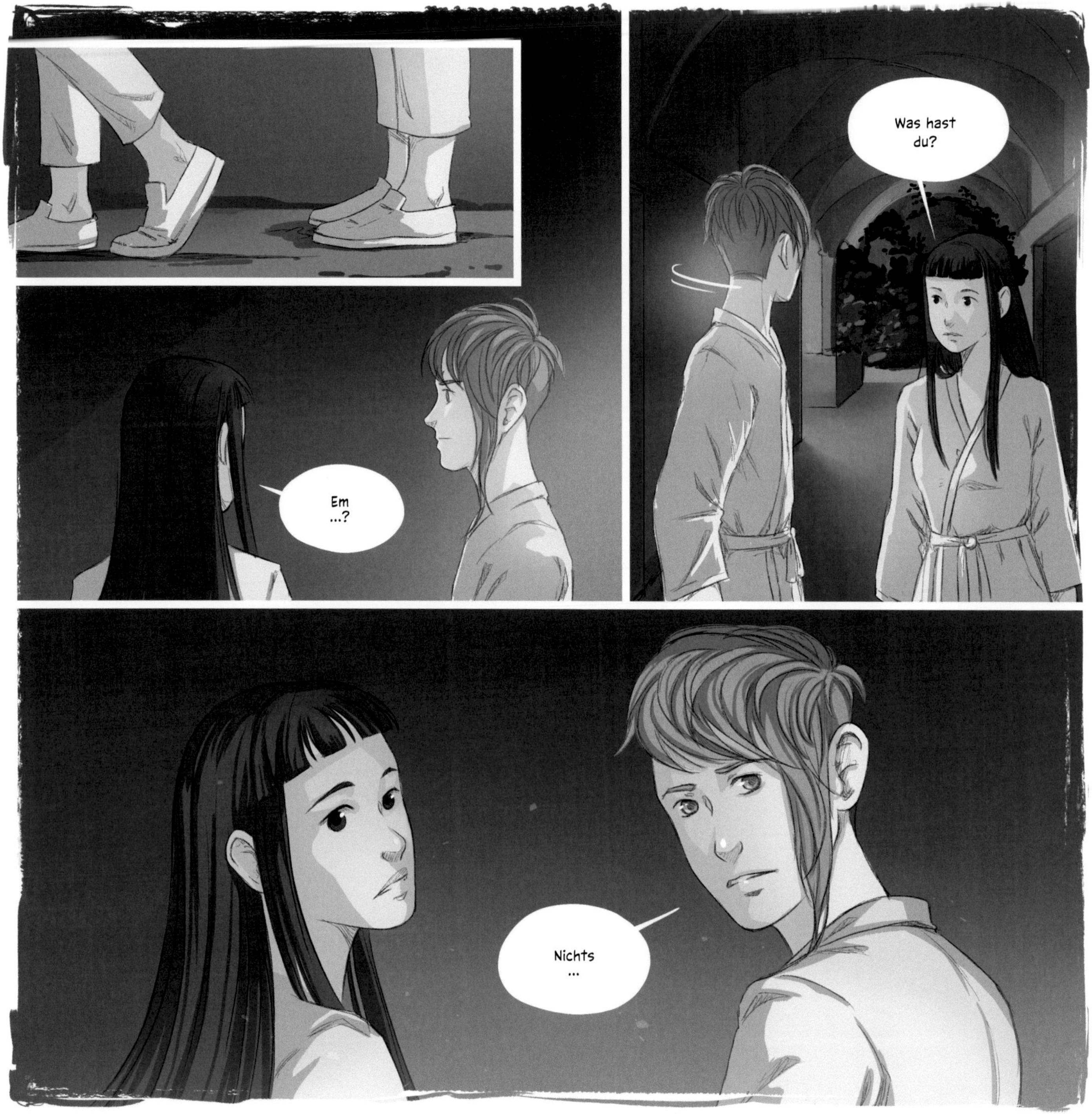
Em
...?
Was hast
du?
Nichts
...

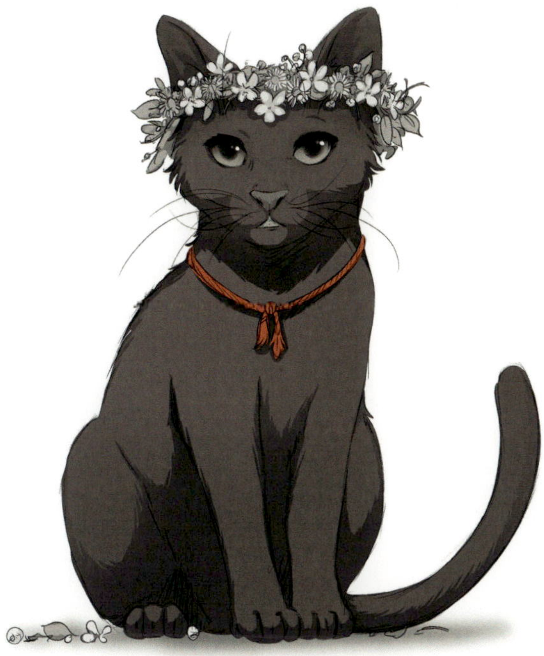

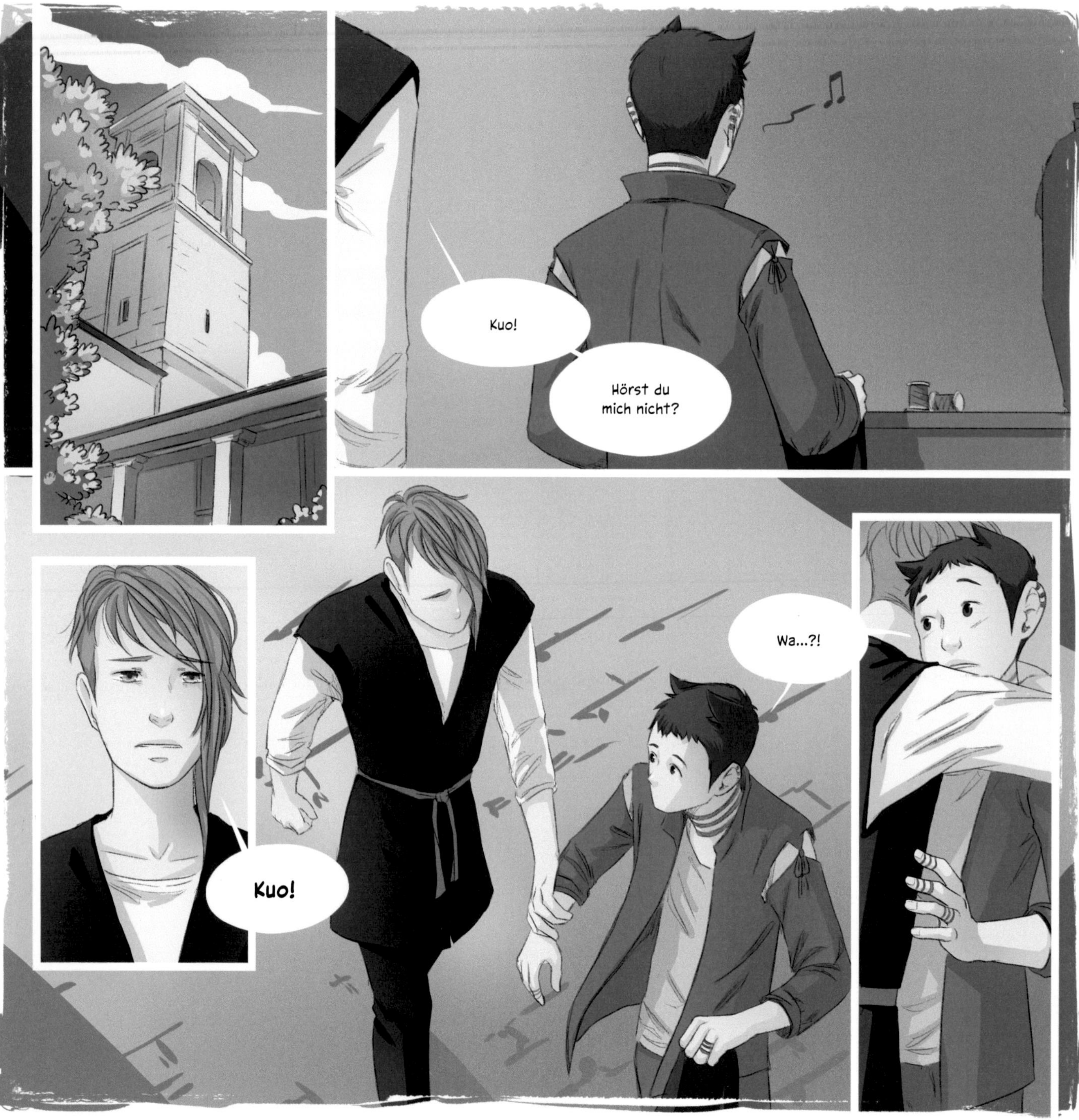

Kuo!
Hörst du mich nicht?
Kuo!
Wa...?!

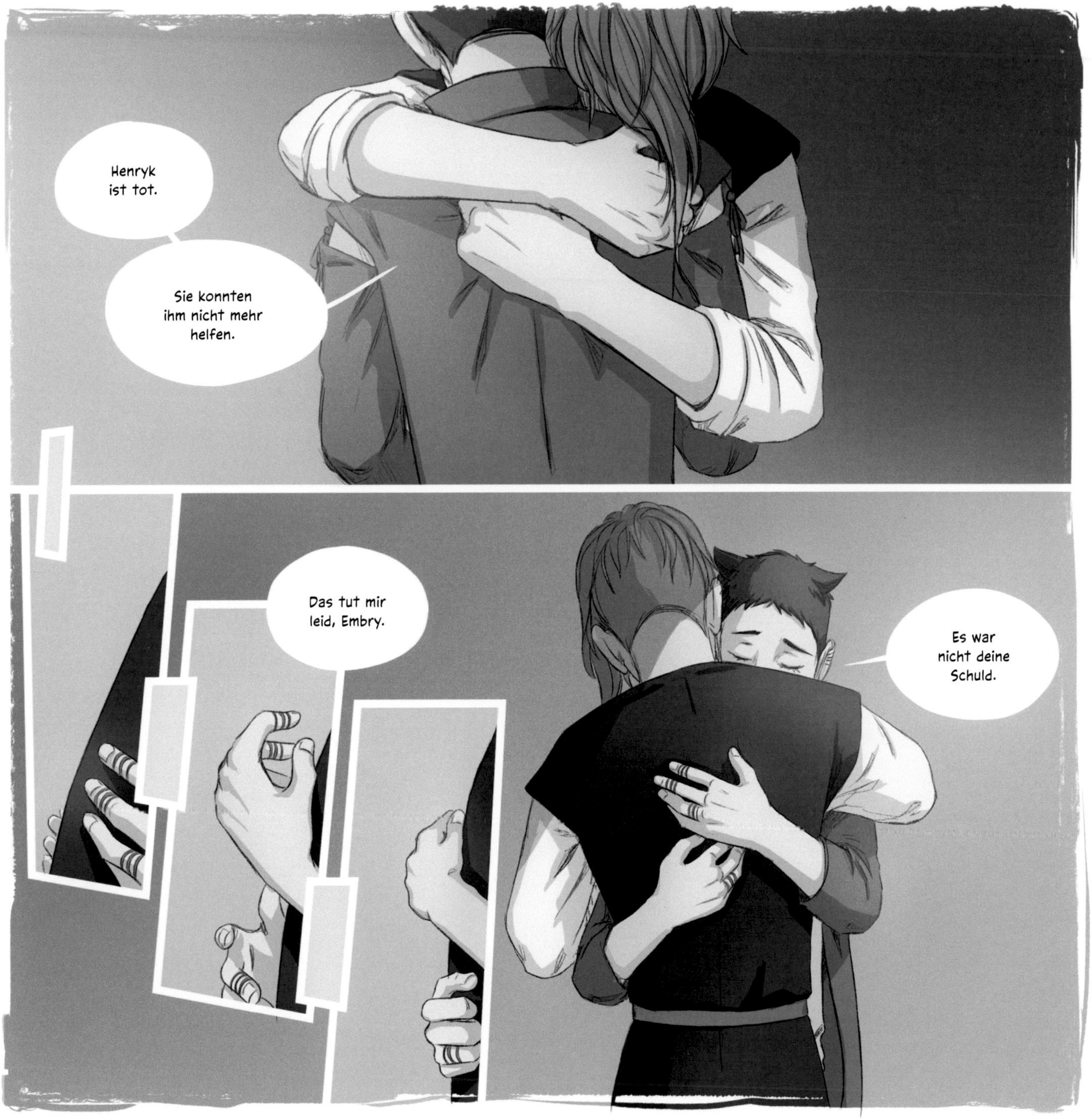

Henryk ist tot.
Sie konnten ihm nicht mehr helfen.
Das tut mir leid, Embry.
Es war nicht deine Schuld.

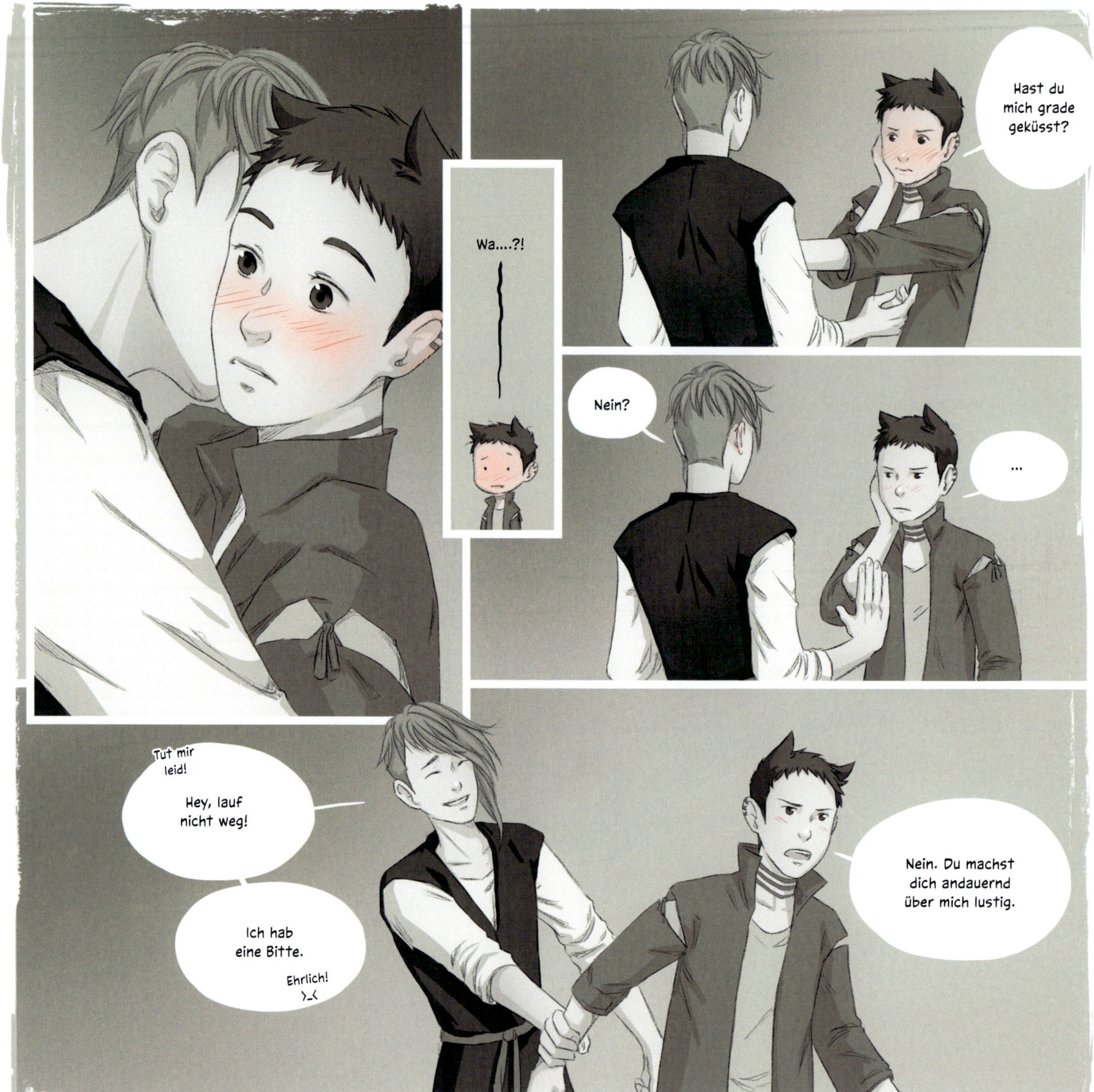
Wa....?!
Hast du mich grade geküsst?
Nein?
...
Tut mir leid!
Hey, lauf nicht weg!
Ich hab eine Bitte.
Ehrlich! >_<
Nein. Du machst dich andauernd über mich lustig.

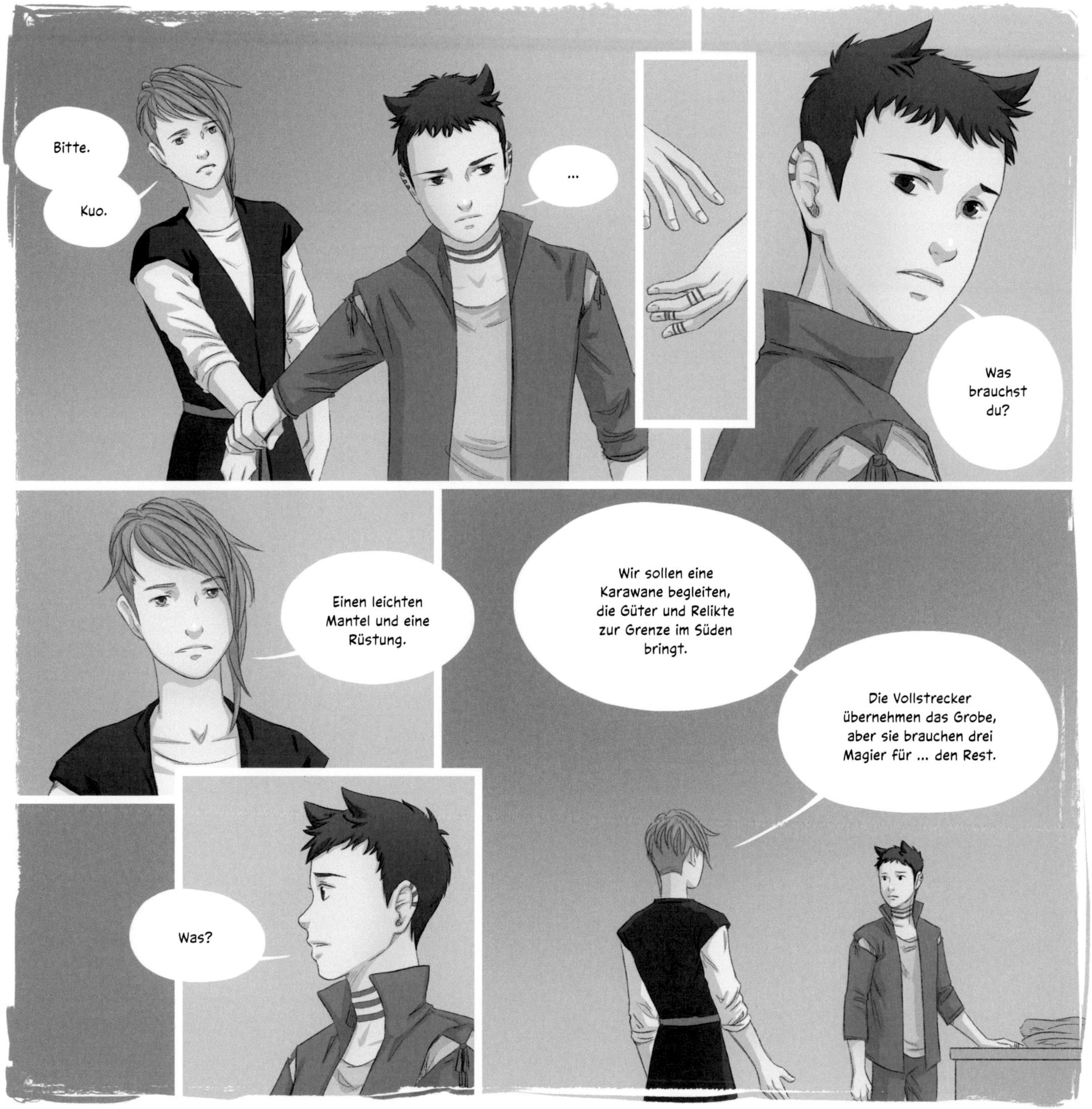

Bitte.
Kuo.
...
Was brauchst du?
Einen leichten Mantel und eine Rüstung.
Was?
Wir sollen eine Karawane begleiten, die Güter und Relikte zur Grenze im Süden bringt.
Die Vollstrecker übernehmen das Grobe, aber sie brauchen drei Magier für ... den Rest.

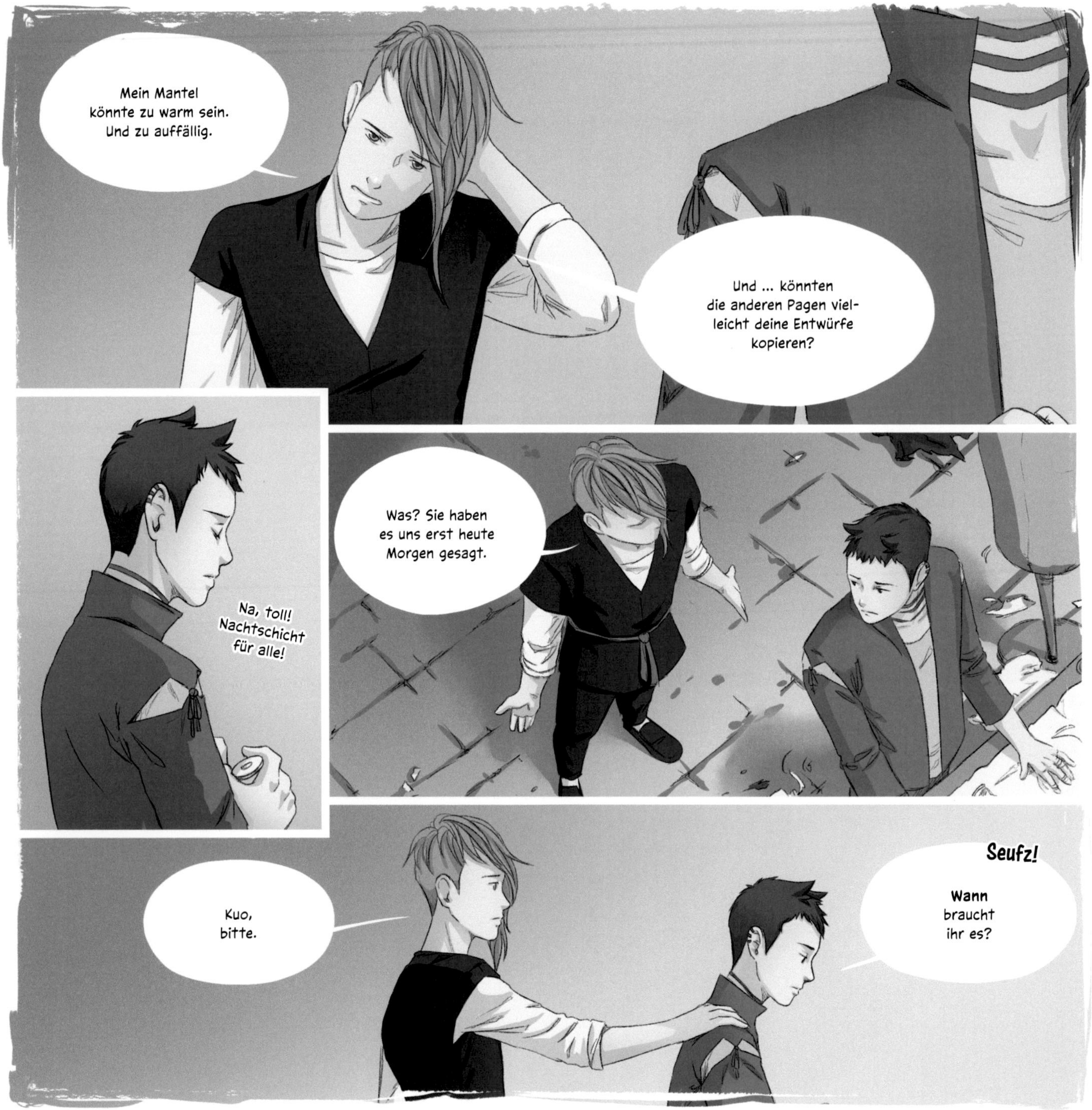
Mein Mantel könnte zu warm sein. Und zu auffällig.
Und ... könnten die anderen Pagen viel- leicht deine Entwürfe kopieren?
Na, toll! Nachtschicht für alle!
Was? Sie haben es uns erst heute Morgen gesagt.
Kuo, bitte.
Seufz!
Wann braucht ihr es?

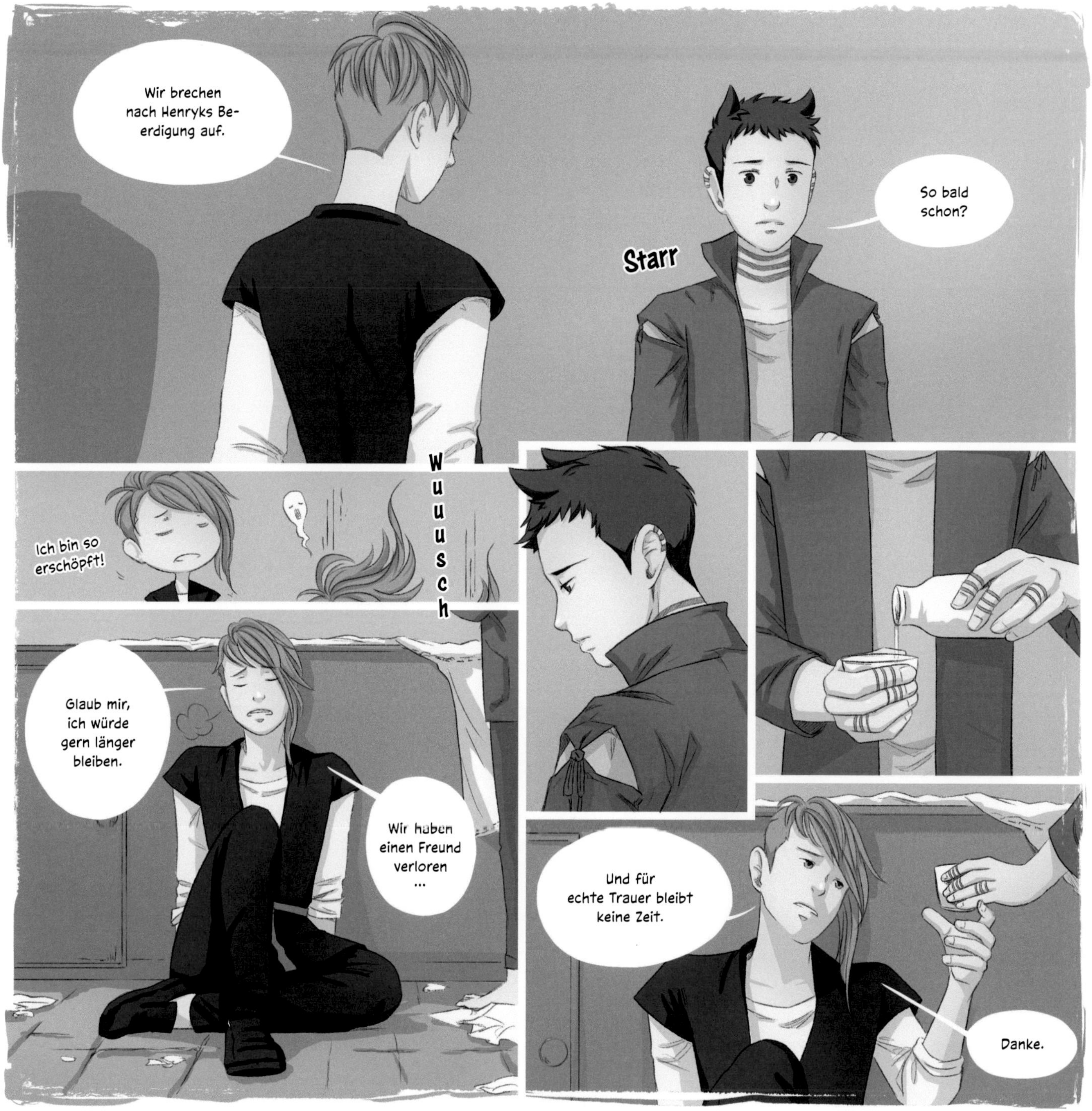
Wir brechen nach Henryks Beerdigung auf.
So bald schon?
Starr
Ich bin so erschöpft!
Wuuusch
Glaub mir, ich würde gern länger bleiben.
Wir haben einen Freund verloren ...
Und für echte Trauer bleibt keine Zeit.
Danke.

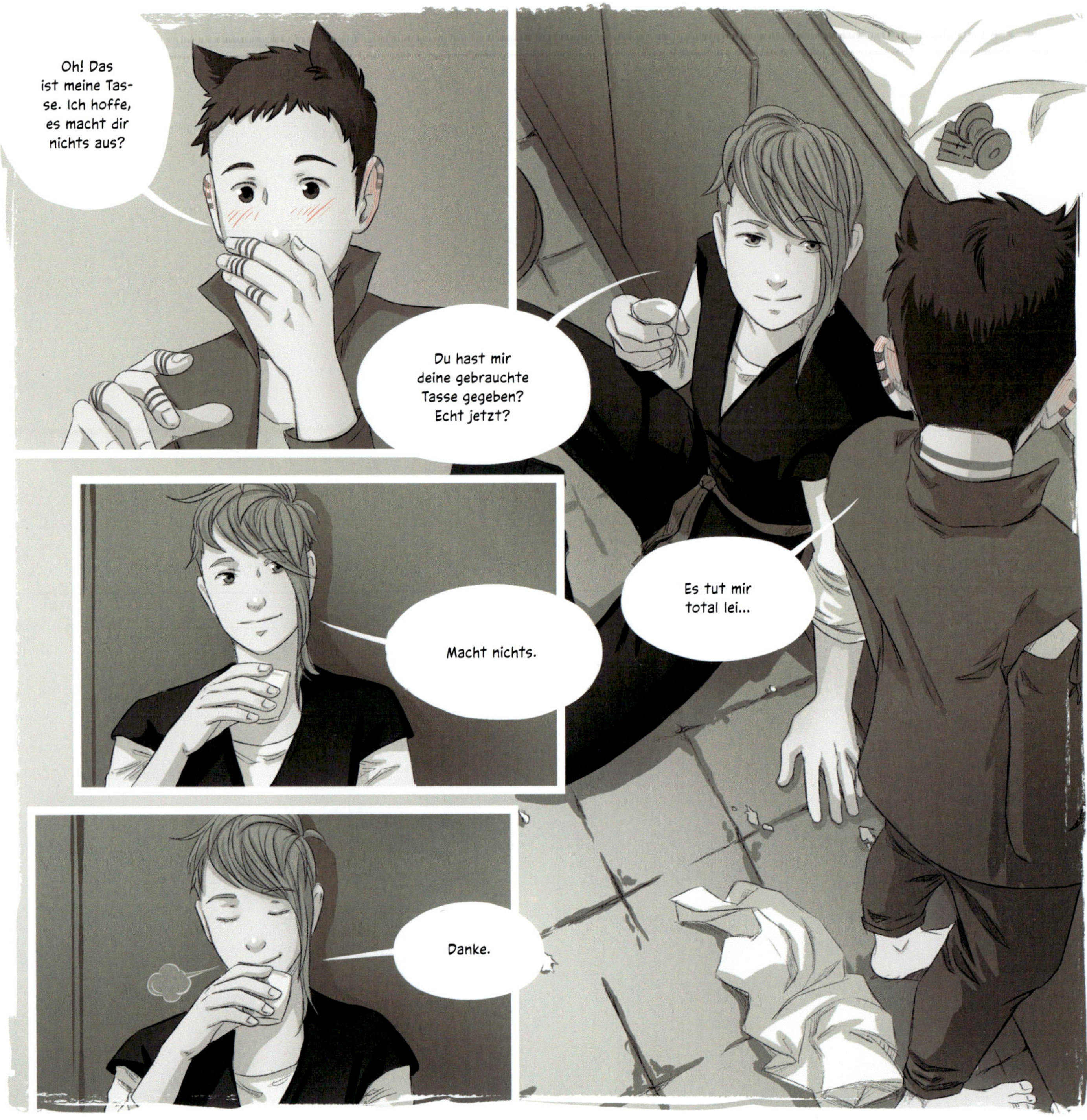
Oh! Das ist meine Tas-se. Ich hoffe, es macht dir nichts aus?
Du hast mir deine gebrauchte Tasse gegeben? Echt jetzt?
Es tut mir total lei...
Macht nichts.
Danke.

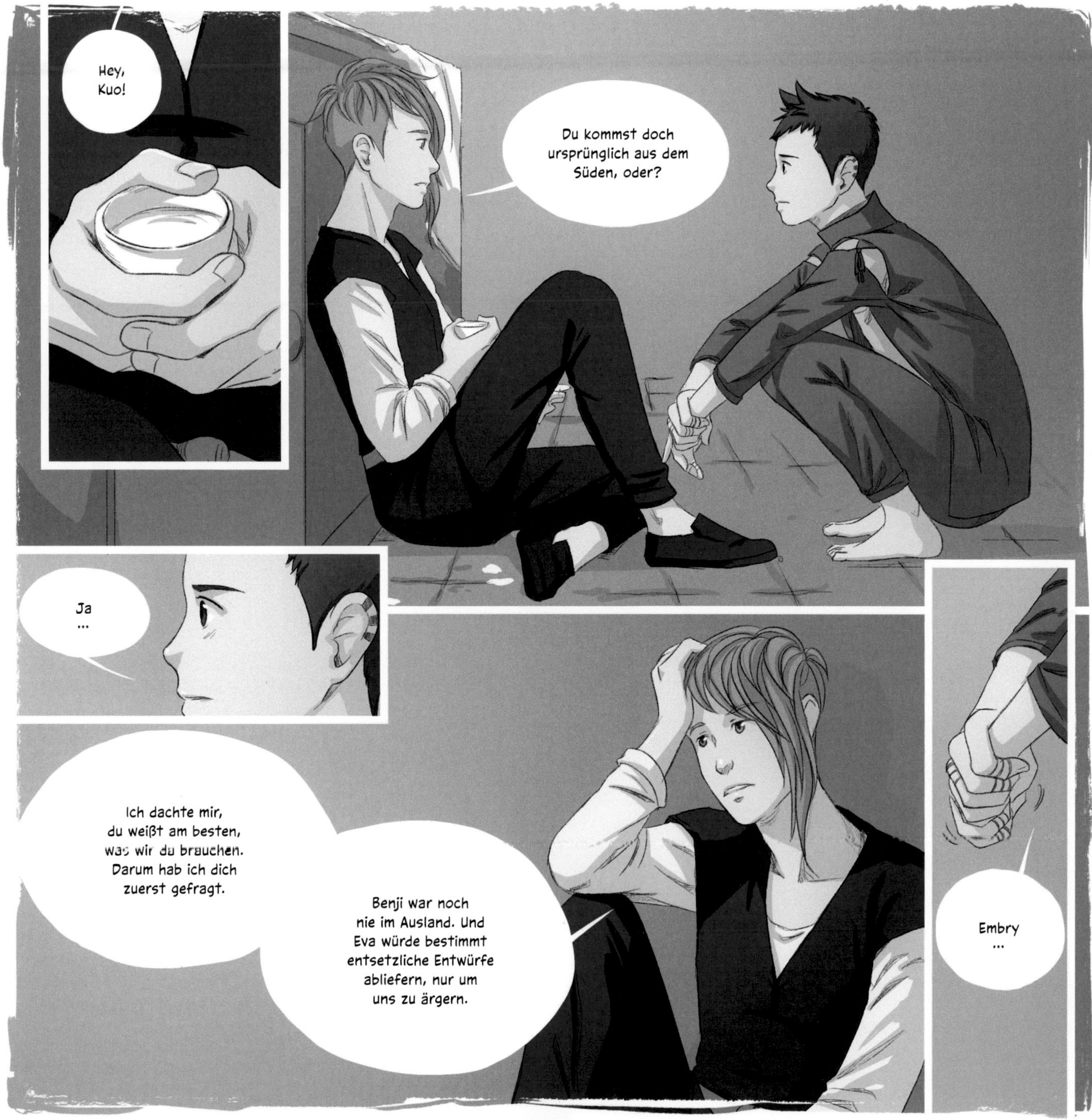
Hey, Kuo!
Du kommst doch ursprünglich aus dem Süden, oder?
Ja ...
Ich dachte mir, du weißt am besten, was wir da brauchen. Darum hab ich dich zuerst gefragt.
Benji war noch nie im Ausland. Und Eva würde bestimmt entsetzliche Entwürfe abliefern, nur um uns zu ärgern.
Embry ...

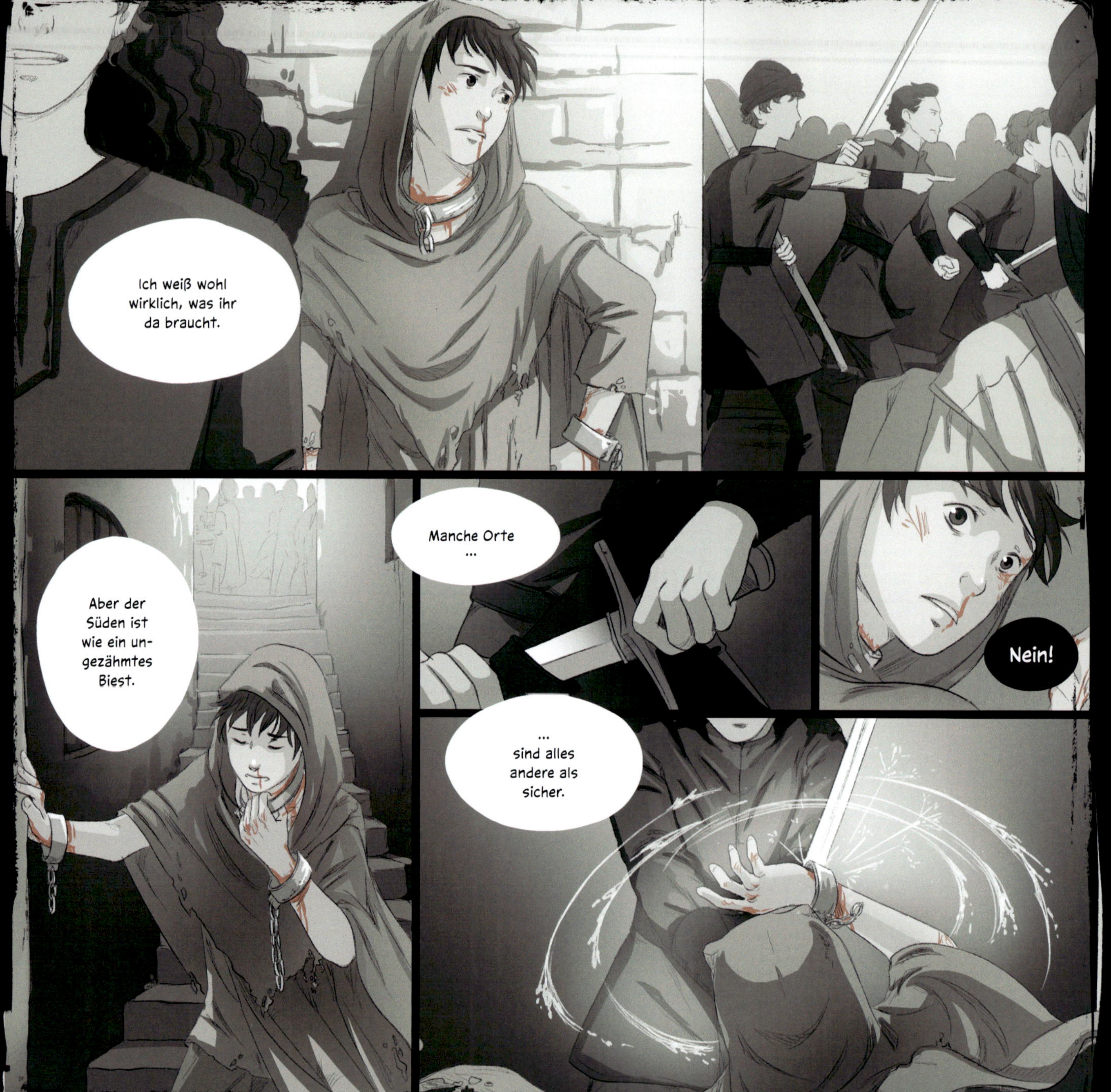
Ich weiß wohl wirklich, was ihr da braucht.
Aber der Süden ist wie ein ungezähmtes Biest.
Manche Orte ...
Nein!
... sind alles andere als sicher.

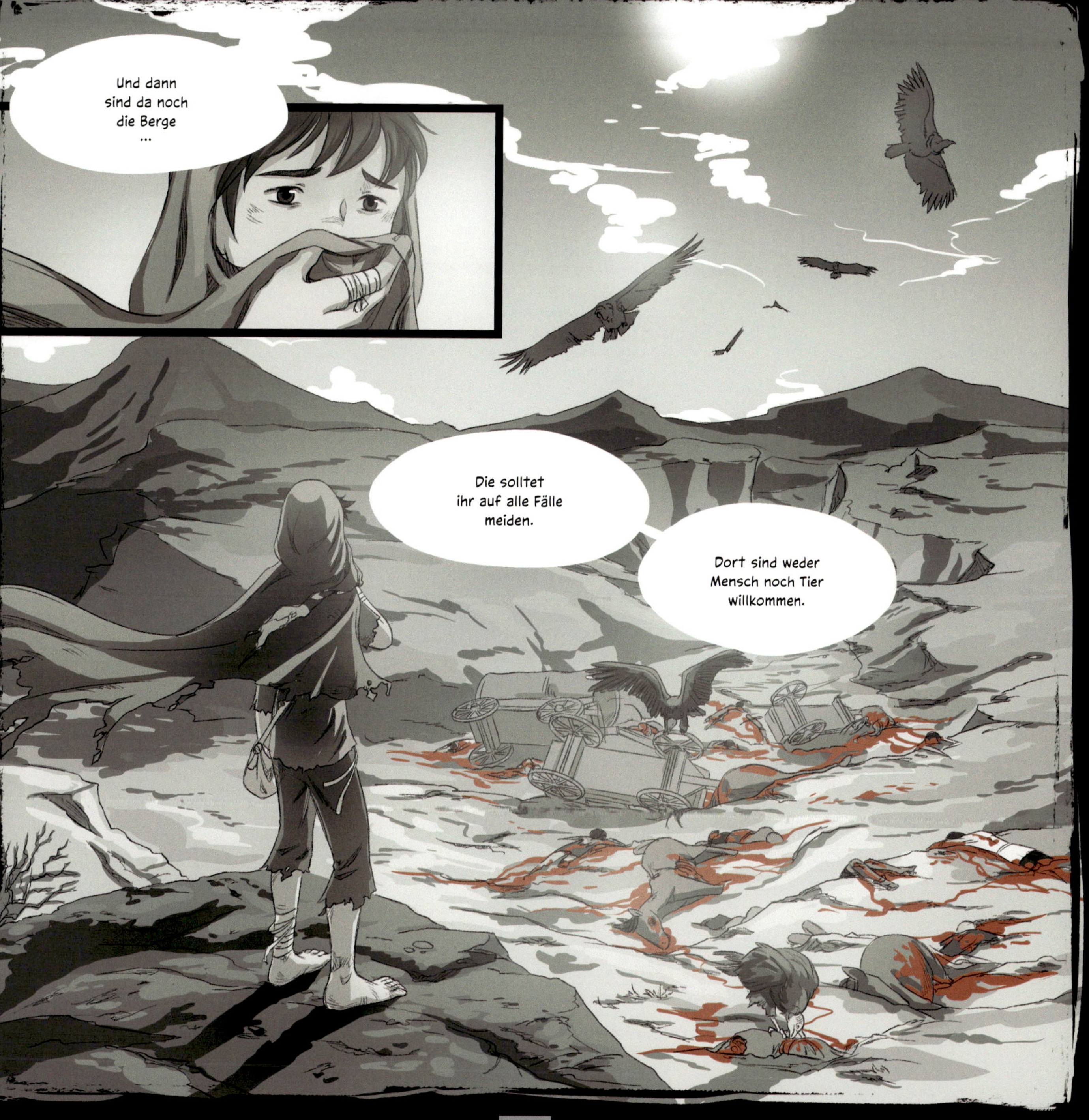
Und dann sind da noch die Berge ...
Die solltet ihr auf alle Fälle meiden.
Dort sind weder Mensch noch Tier willkommen.

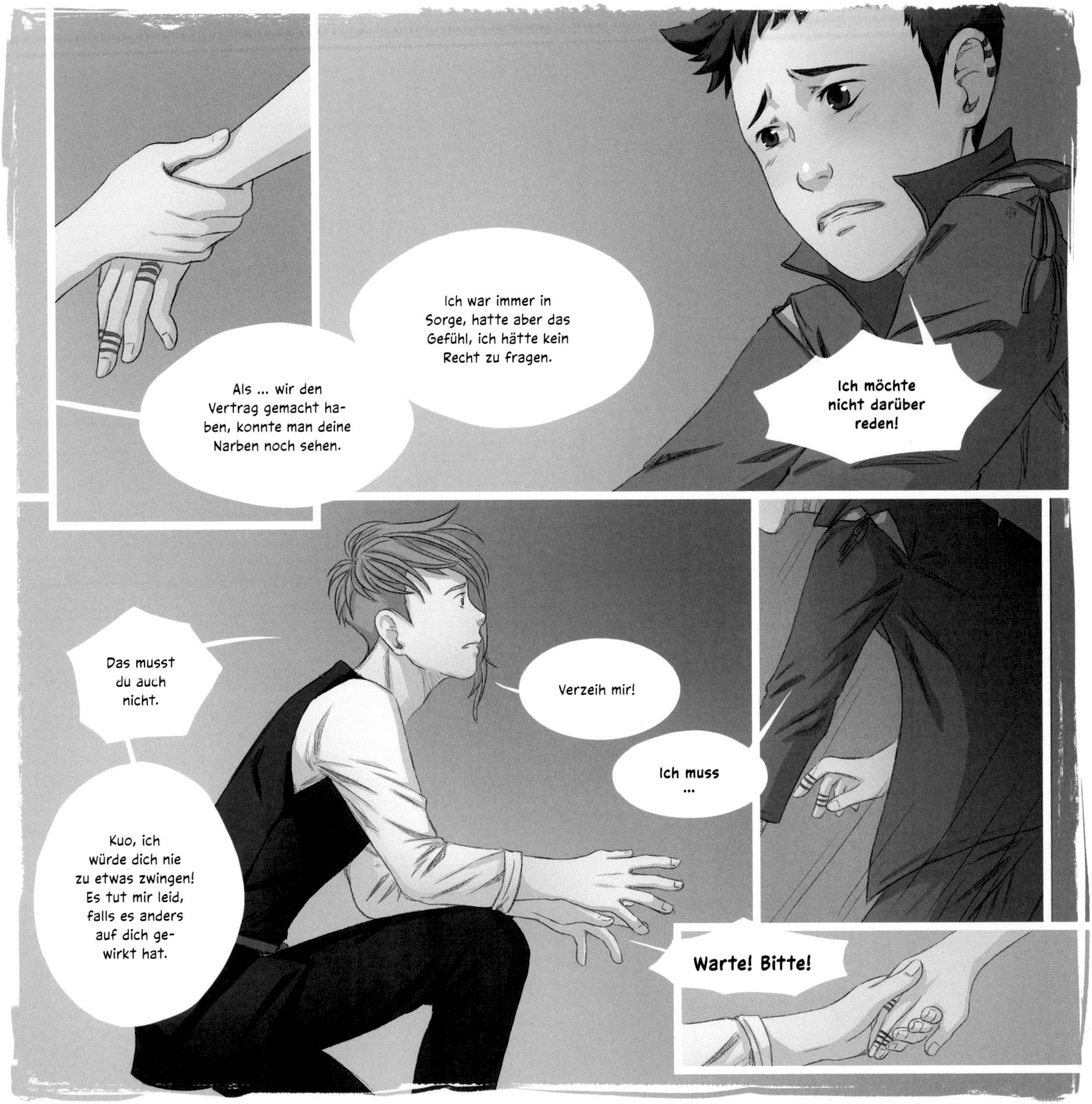
Ich war immer in Sorge, hatte aber das Gefühl, ich hätte kein Recht zu fragen.
Als ... wir den Vertrag gemacht haben, konnte man deine Narben noch sehen.
Ich möchte nicht darüber reden!
Das musst du auch nicht.
Kuo, ich würde dich nie zu etwas zwingen! Es tut mir leid, falls es anders auf dich gewirkt hat.
Verzeih mir!
Ich muss ...
Warte! Bitte!

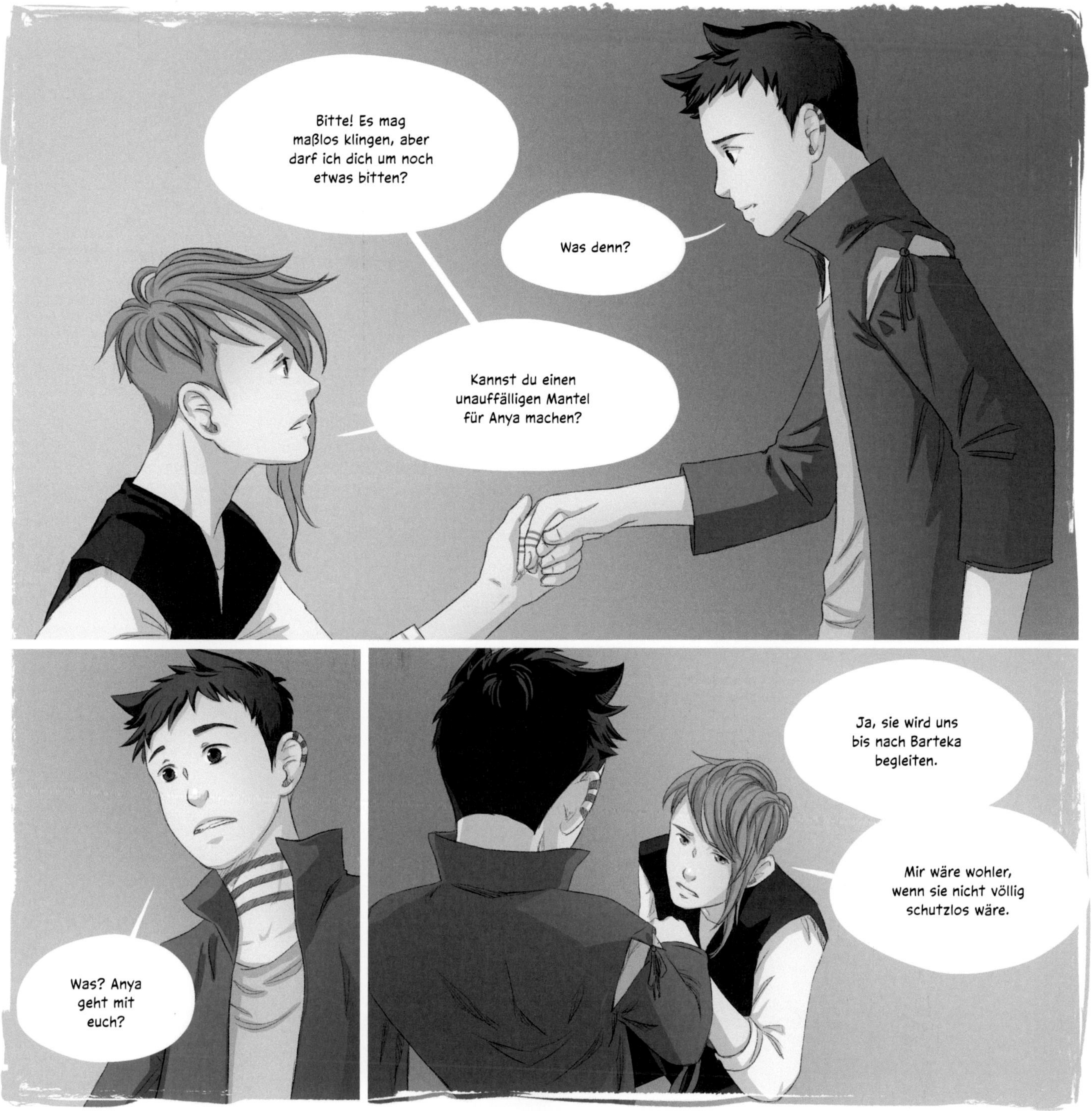
Bitte! Es mag maßlos klingen, aber darf ich dich um noch etwas bitten?
Was denn?
Kannst du einen unauffälligen Mantel für Anya machen?
Was? Anya geht mit euch?
Ja, sie wird uns bis nach Barteka begleiten.
Mir wäre wohler, wenn sie nicht völlig schutzlos wäre.

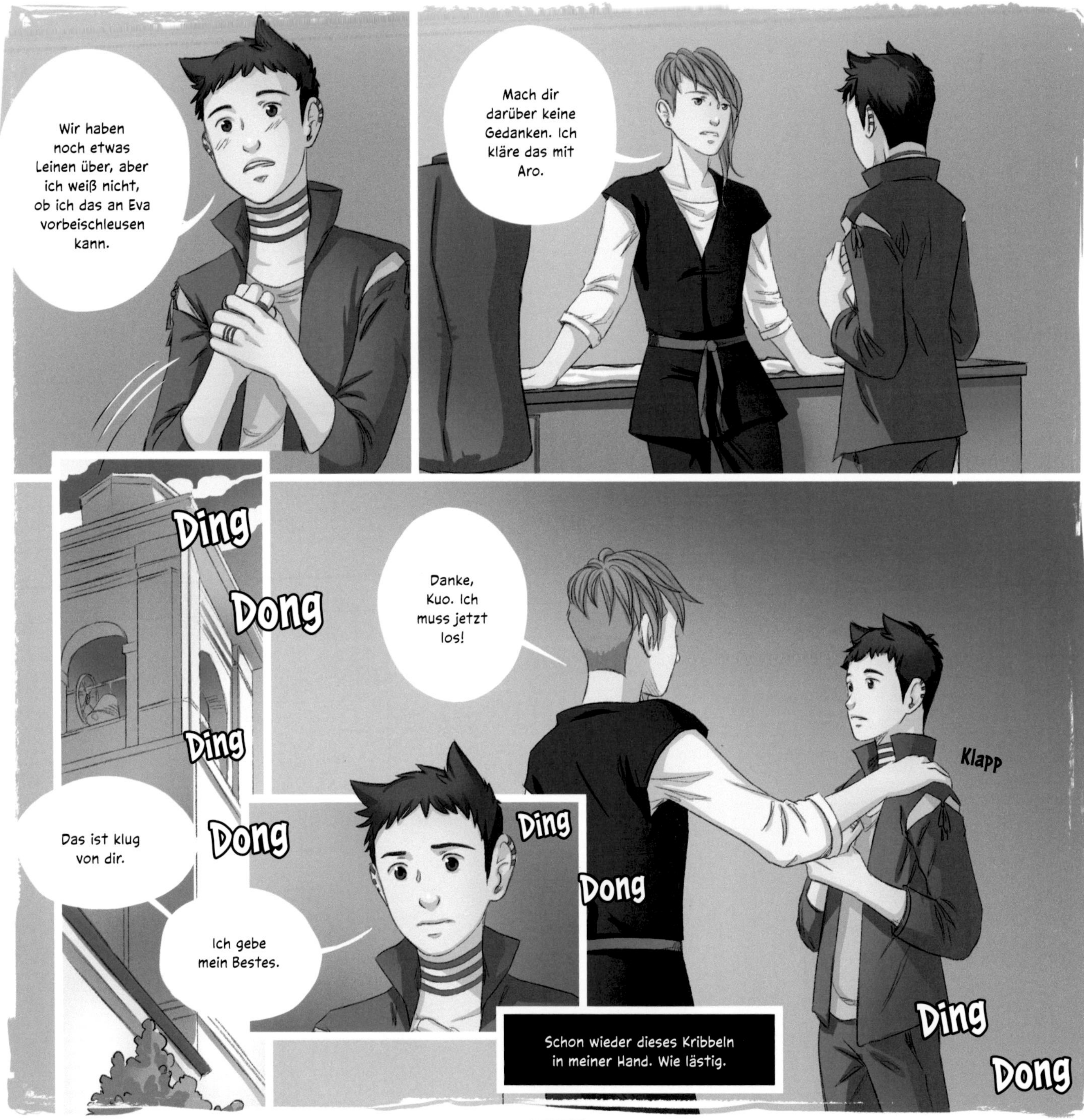

Wir haben noch etwas Leinen über, aber ich weiß nicht, ob ich das an Eva vorbeischleusen kann.
Mach dir darüber keine Gedanken. Ich kläre das mit Aro.
Ding
Dong
Ding
Dong
Danke, Kuo. Ich muss jetzt los!
Klapp
Das ist klug von dir.
Ich gebe mein Bestes.
Ding
Dong
Schon wieder dieses Kribbeln in meiner Hand. Wie lästig.
Ding
Dong

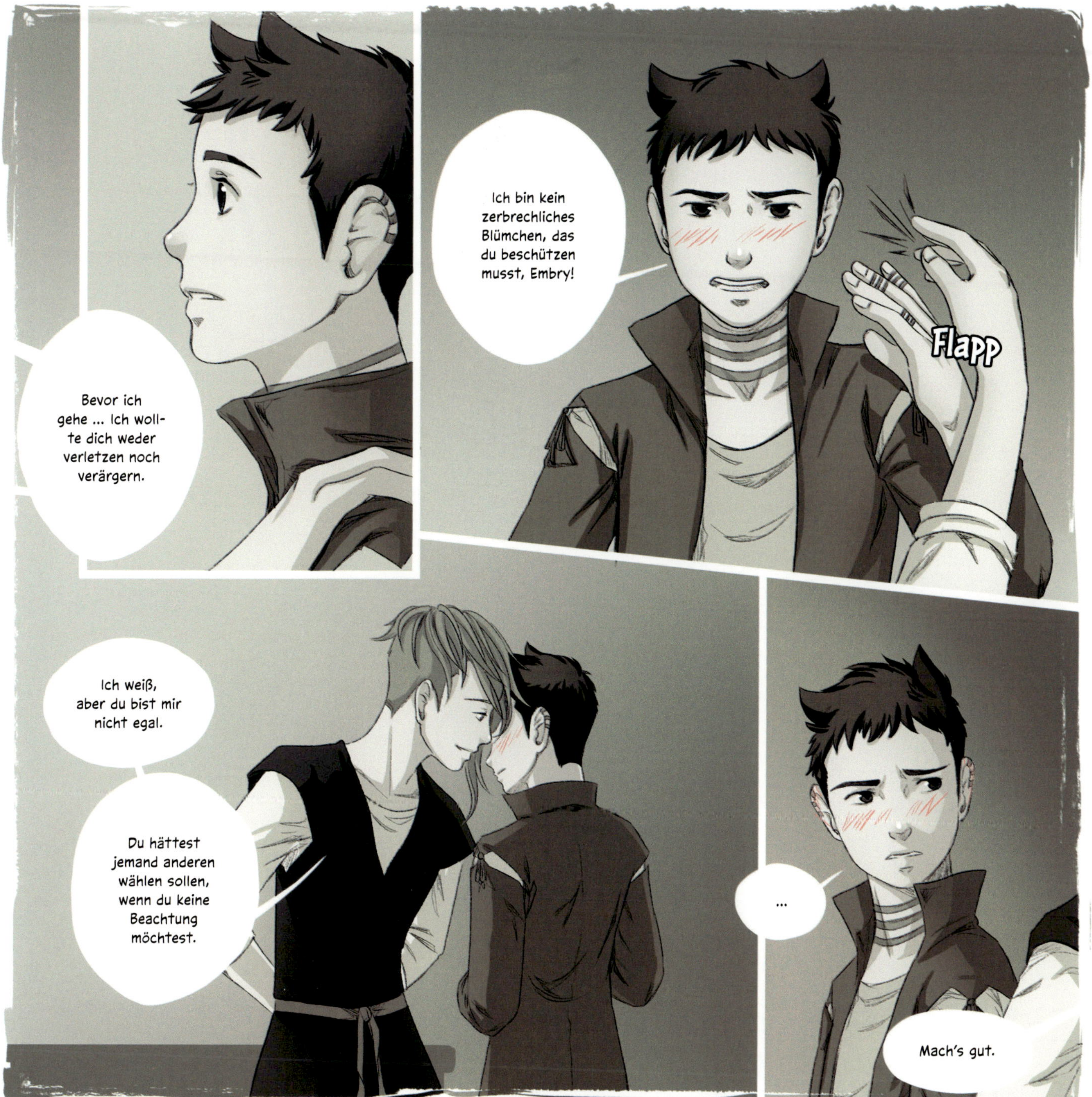
Bevor ich gehe ... Ich wollte dich weder verletzen noch verärgern.
Ich bin kein zerbrechliches Blümchen, das du beschützen musst, Embry!
Flapp
Ich weiß, aber du bist mir nicht egal.
Du hättest jemand anderen wählen sollen, wenn du keine Beachtung möchtest.
...
Mach's gut.

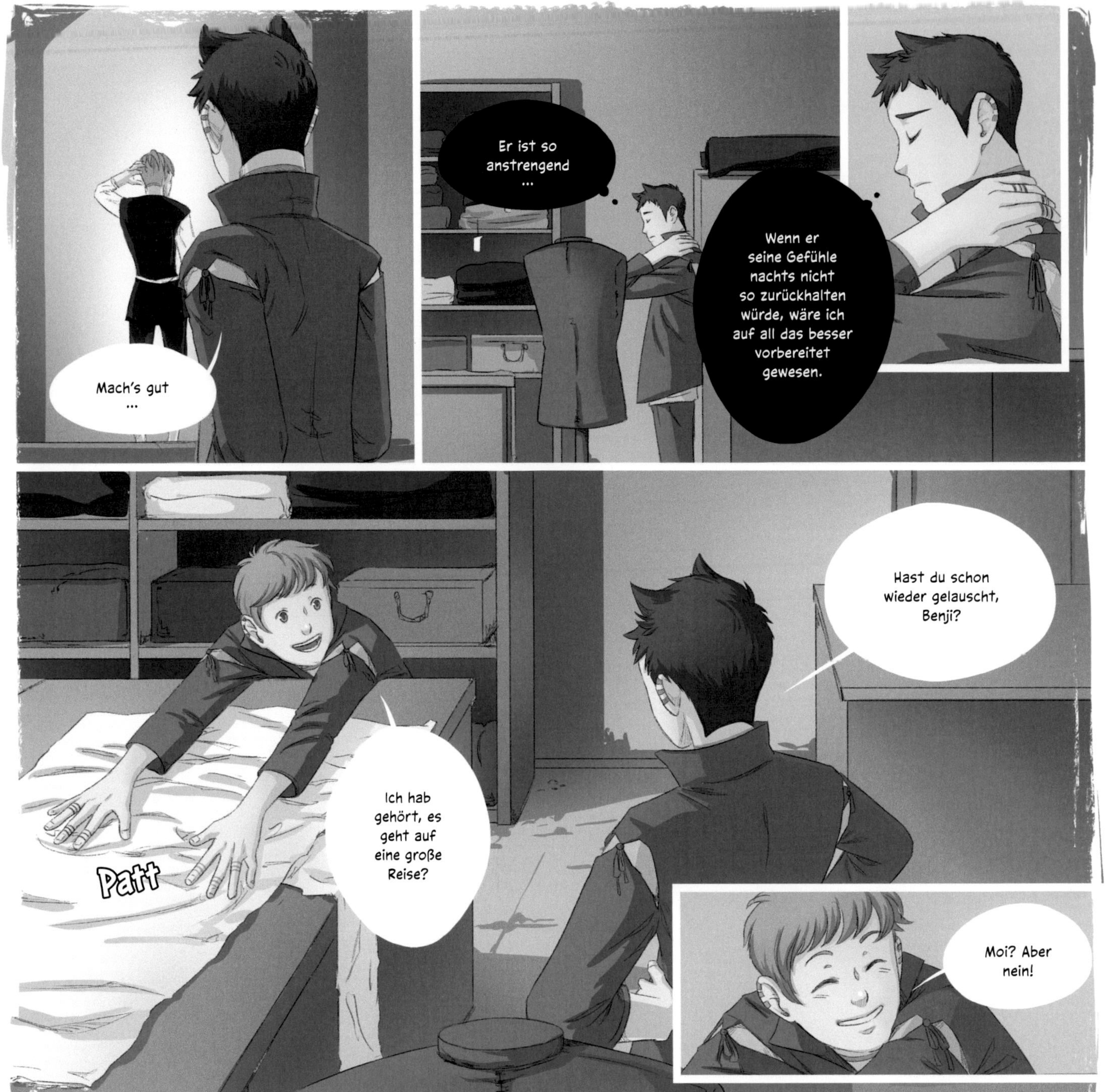
Mach's gut
...
Er ist so
anstrengend
...
Wenn er seine Gefühle nachts nicht so zurückhalten würde, wäre ich auf all das besser vorbereitet gewesen.
Hast du schon wieder gelauscht, Benji?
Patt
Ich hab gehört, es geht auf eine große Reise?
Moi? Aber nein!

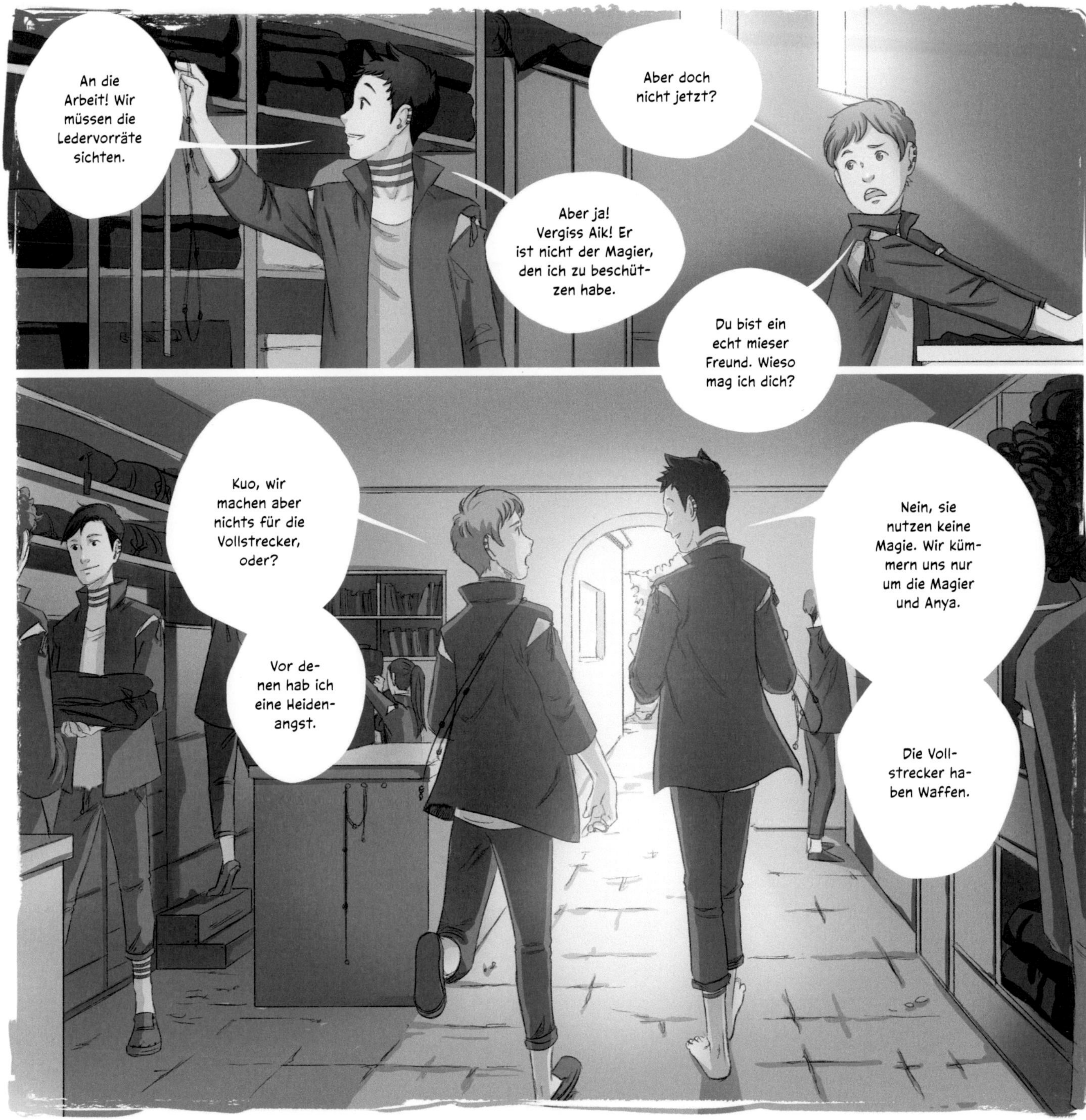
An die Arbeit! Wir müssen die Ledervorräte sichten.
Aber doch nicht jetzt?
Aber ja! Vergiss Aik! Er ist nicht der Magier, den ich zu beschützen habe.
Du bist ein echt mieser Freund. Wieso mag ich dich?
Kuo, wir machen aber nichts für die Vollstrecker, oder?
Nein, sie nutzen keine Magie. Wir kümmern uns nur um die Magier und Anya.
Vor denen hab ich eine Heidenangst.
Die Vollstrecker haben Waffen.

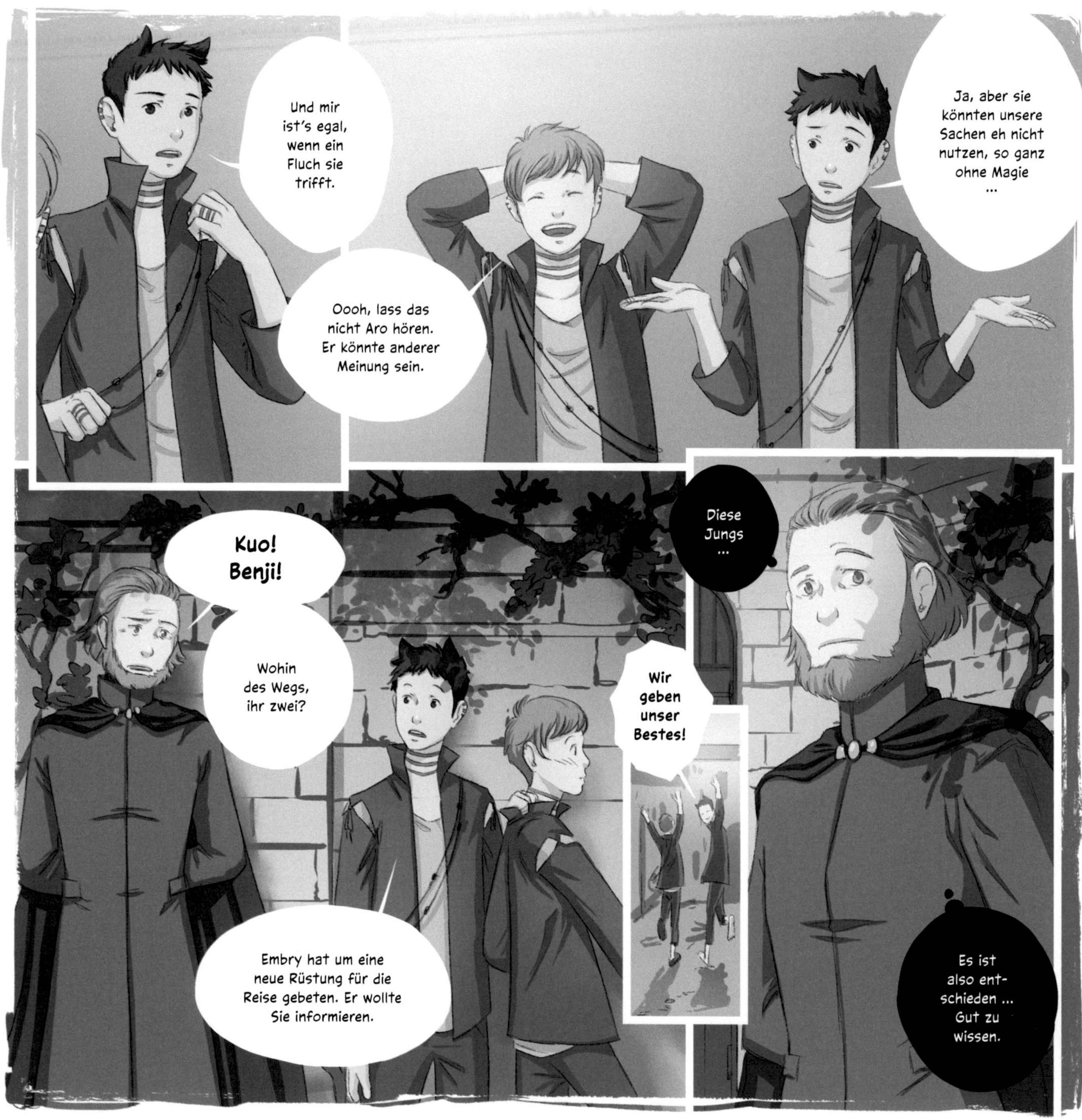
Und mir ist's egal, wenn ein Fluch sie trifft.
Oooh, lass das nicht Aro hören. Er könnte anderer Meinung sein.
Ja, aber sie könnten unsere Sachen eh nicht nutzen, so ganz ohne Magie …
Kuo! Benji!
Wohin des Wegs, ihr zwei?
Embry hat um eine neue Rüstung für die Reise gebeten. Er wollte Sie informieren.
Wir geben unser Bestes!
Diese Jungs …
Es ist also entschieden … Gut zu wissen.

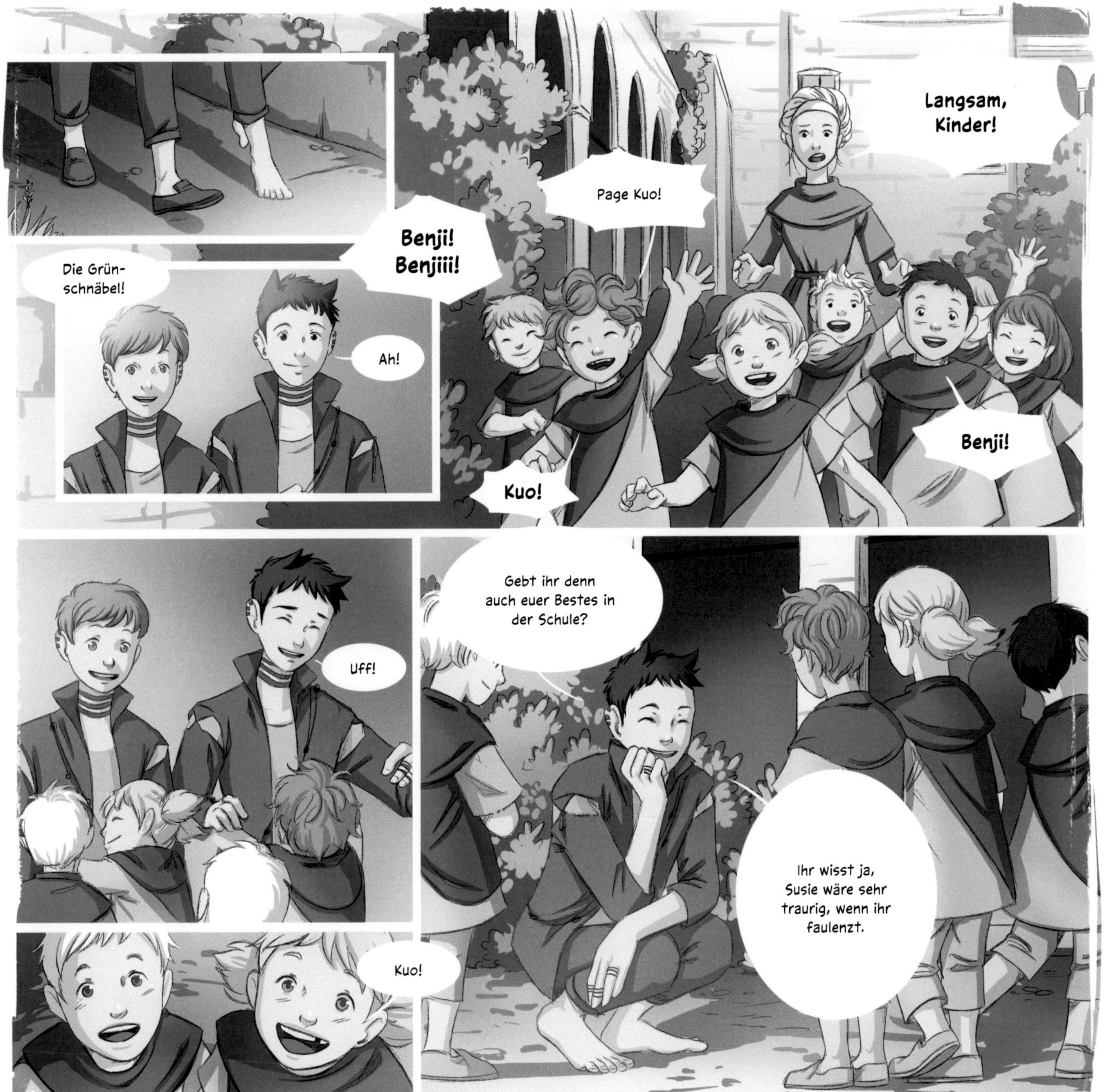
Die Grün-
schnäbel!
Ah!
Benji!
Benjiii!
Page Kuo!
Langsam,
Kinder!
Kuo!
Benji!
Uff!
Kuo!
Gebt ihr denn
auch euer Bestes in
der Schule?
Ihr wisst ja,
Susie wäre sehr
traurig, wenn ihr
faulenzt.

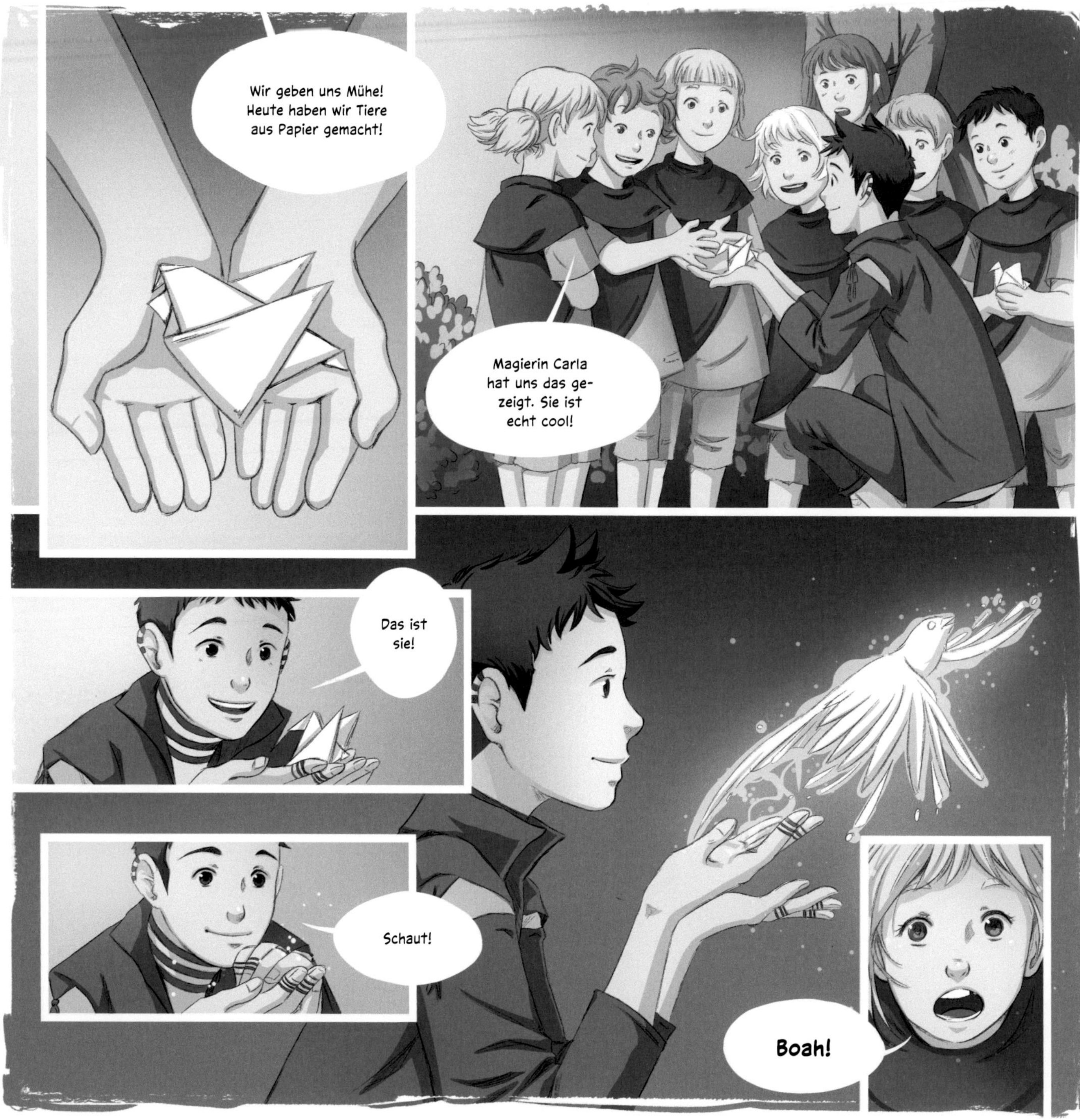
Wir geben uns Mühe! Heute haben wir Tiere aus Papier gemacht!
Magierin Carla hat uns das gezeigt. Sie ist echt cool!
Das ist sie!
Schaut!
Boah!

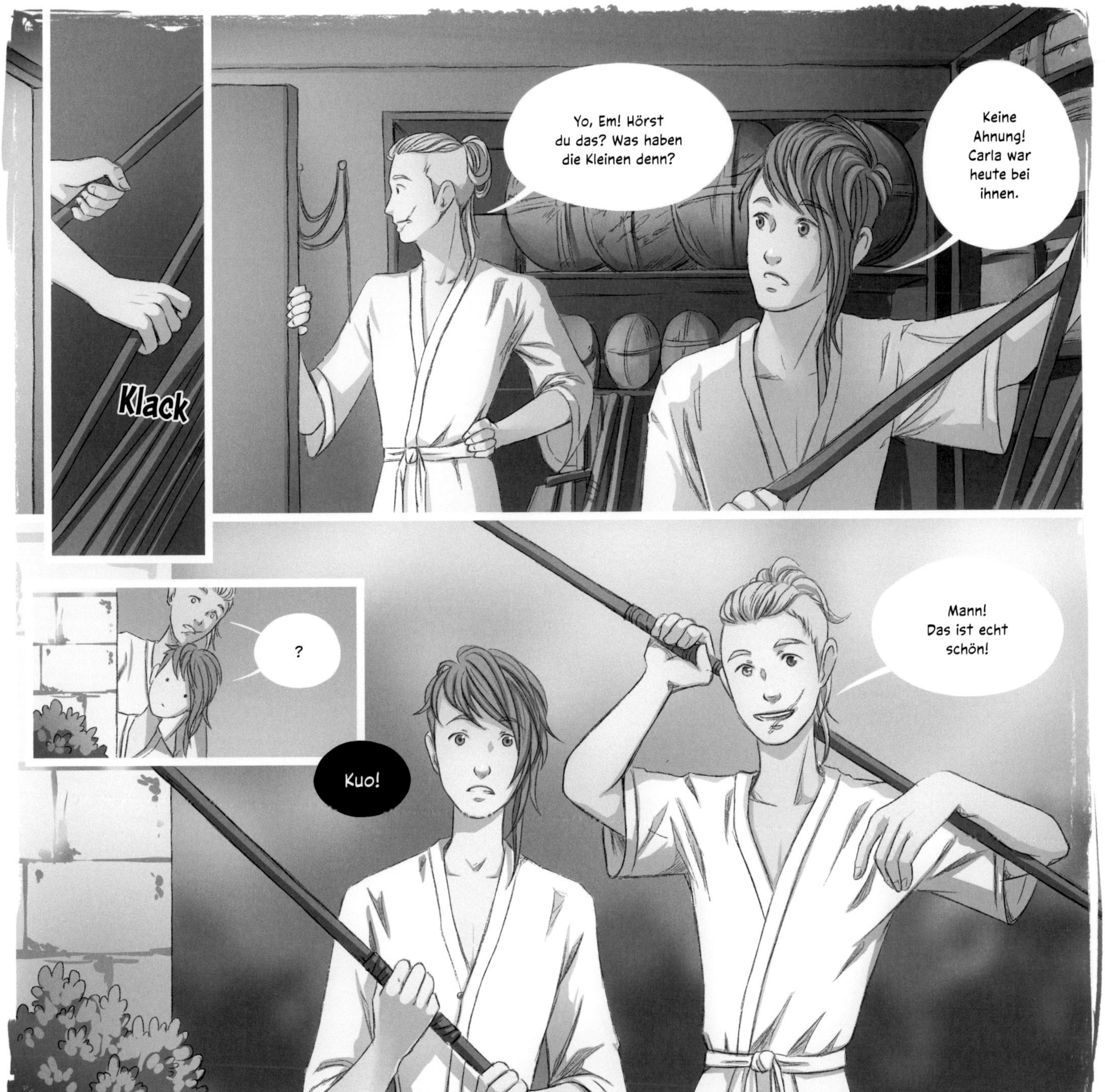
Klack
Yo, Em! Hörst du das? Was haben die Kleinen denn?
Keine Ahnung! Carla war heute bei ihnen.
?
Mann! Das ist echt schön!
Kuo!

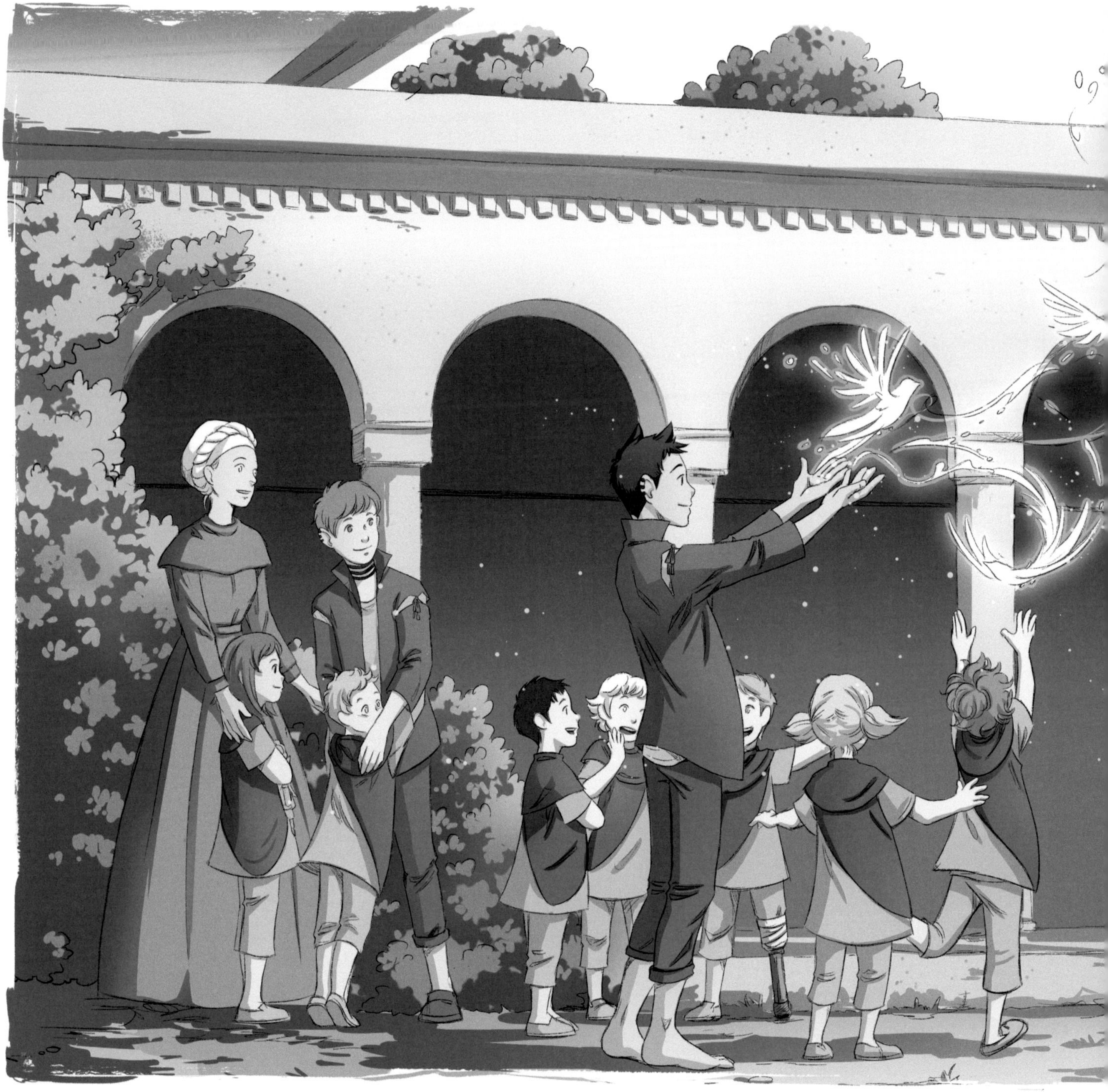

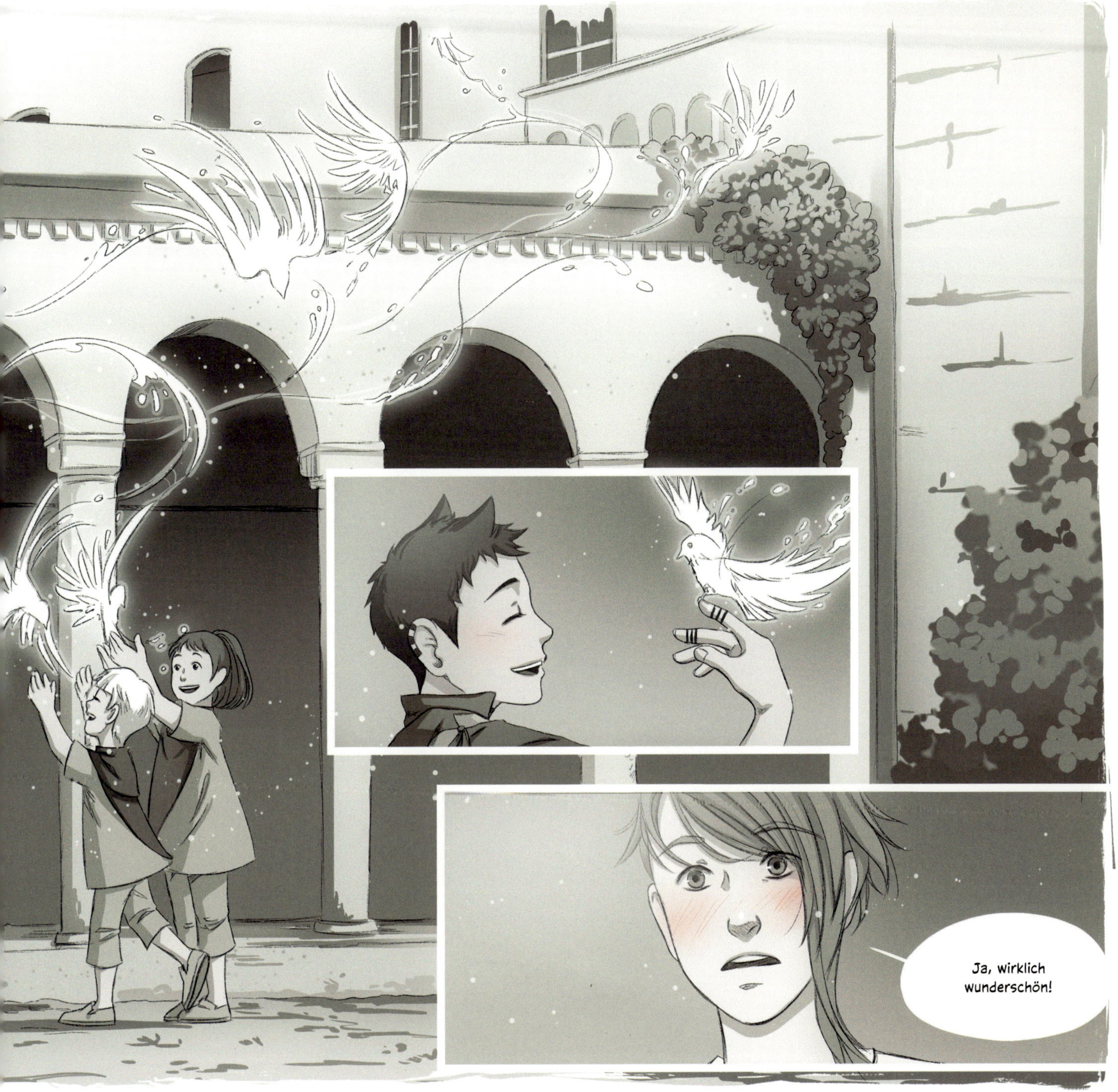
Ja, wirklich wunderschön!

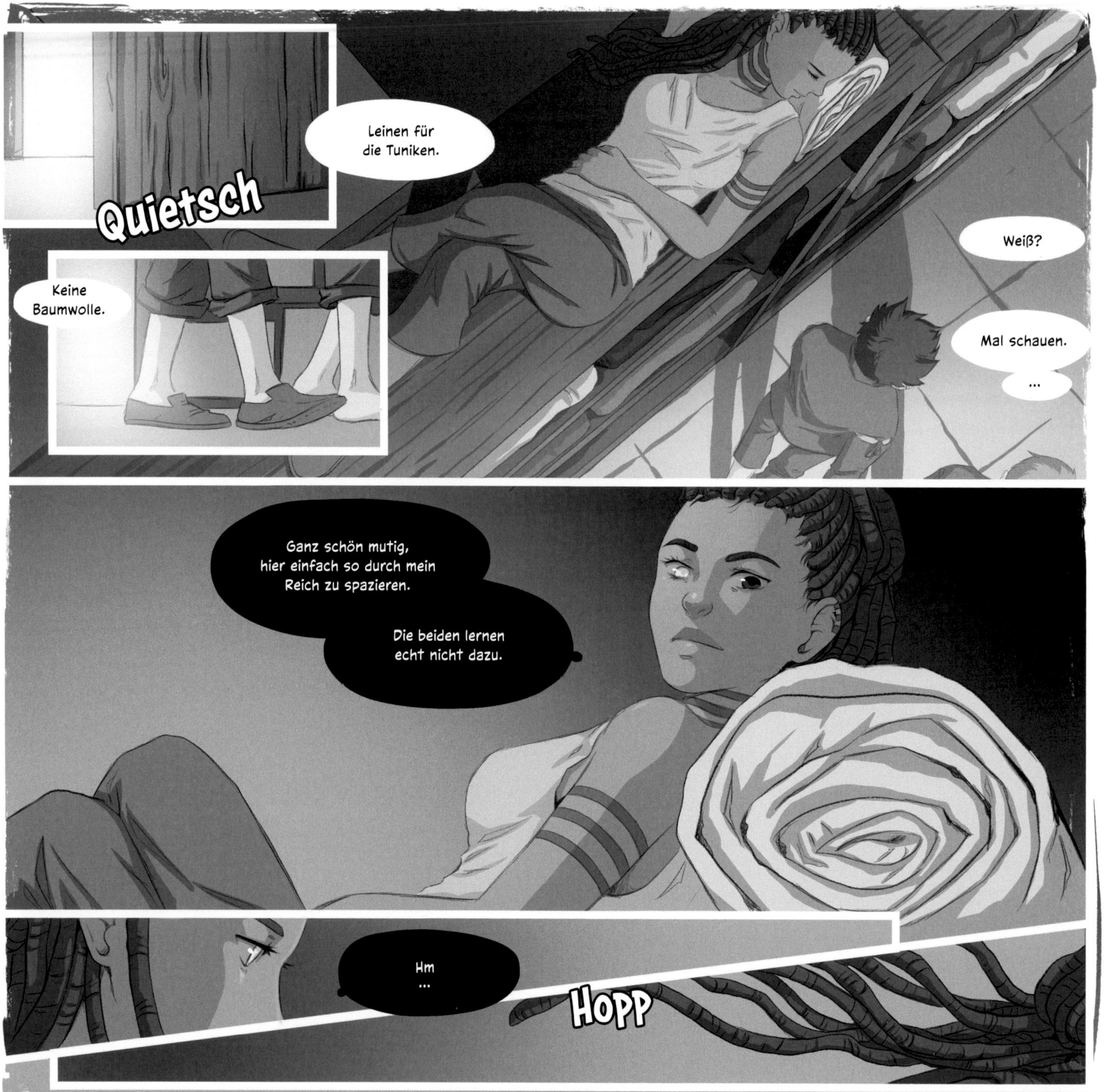
Leinen für die Tuniken.
Quietsch
Keine Baumwolle.
Weiß?
Mal schauen.
...
Ganz schön mutig, hier einfach so durch mein Reich zu spazieren.
Die beiden lernen echt nicht dazu.
Hm ...
Hopp

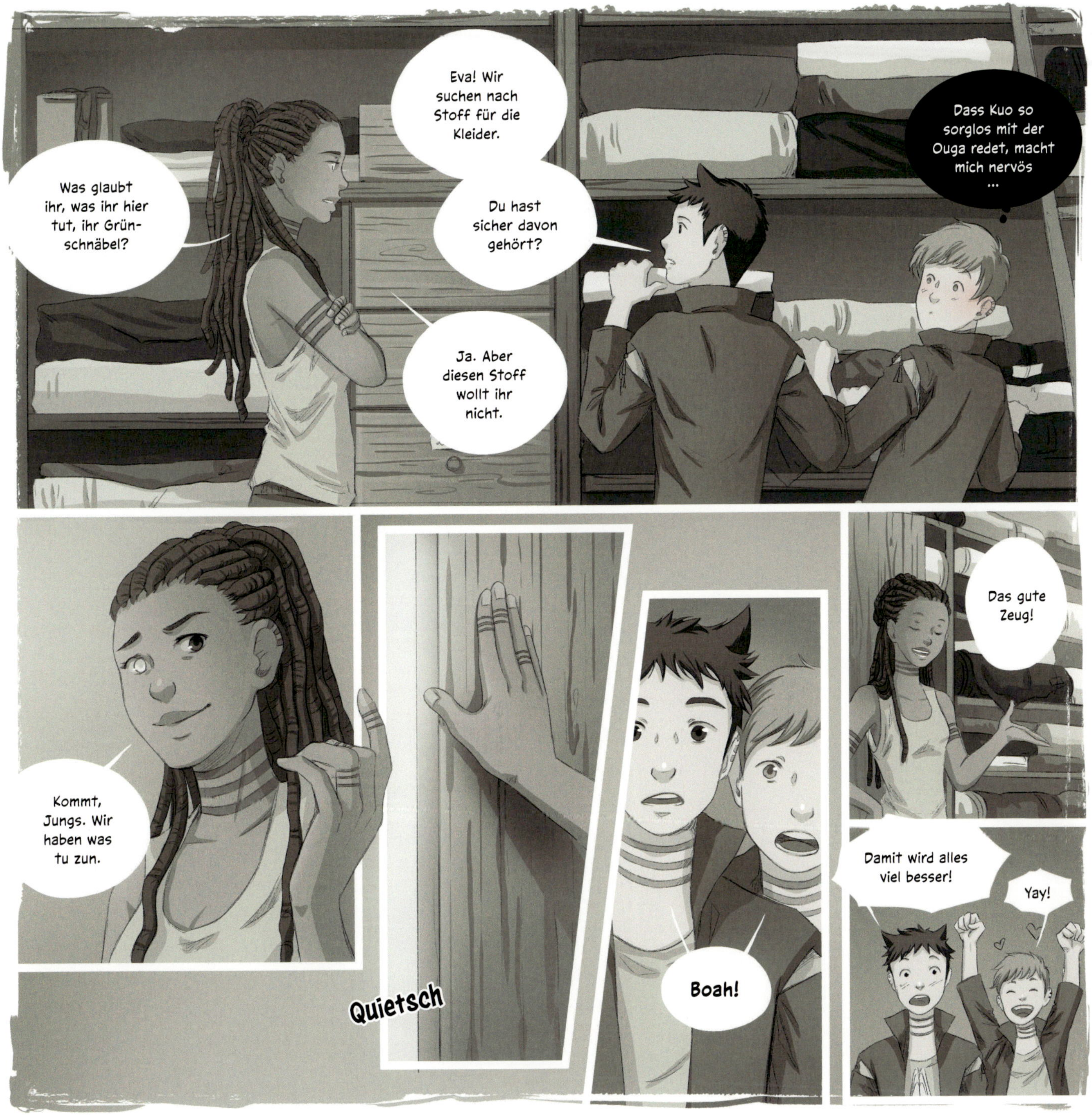
Was glaubt ihr, was ihr hier tut, ihr Grünschnäbel?
Eva! Wir suchen nach Stoff für die Kleider.
Du hast sicher davon gehört?
Ja. Aber diesen Stoff wollt ihr nicht.
Dass Kuo so sorglos mit der Ouga redet, macht mich nervös ...
Kommt, Jungs. Wir haben was tu zun.
Quietsch
Boah!
Das gute Zeug!
Damit wird alles viel besser!
Yay!

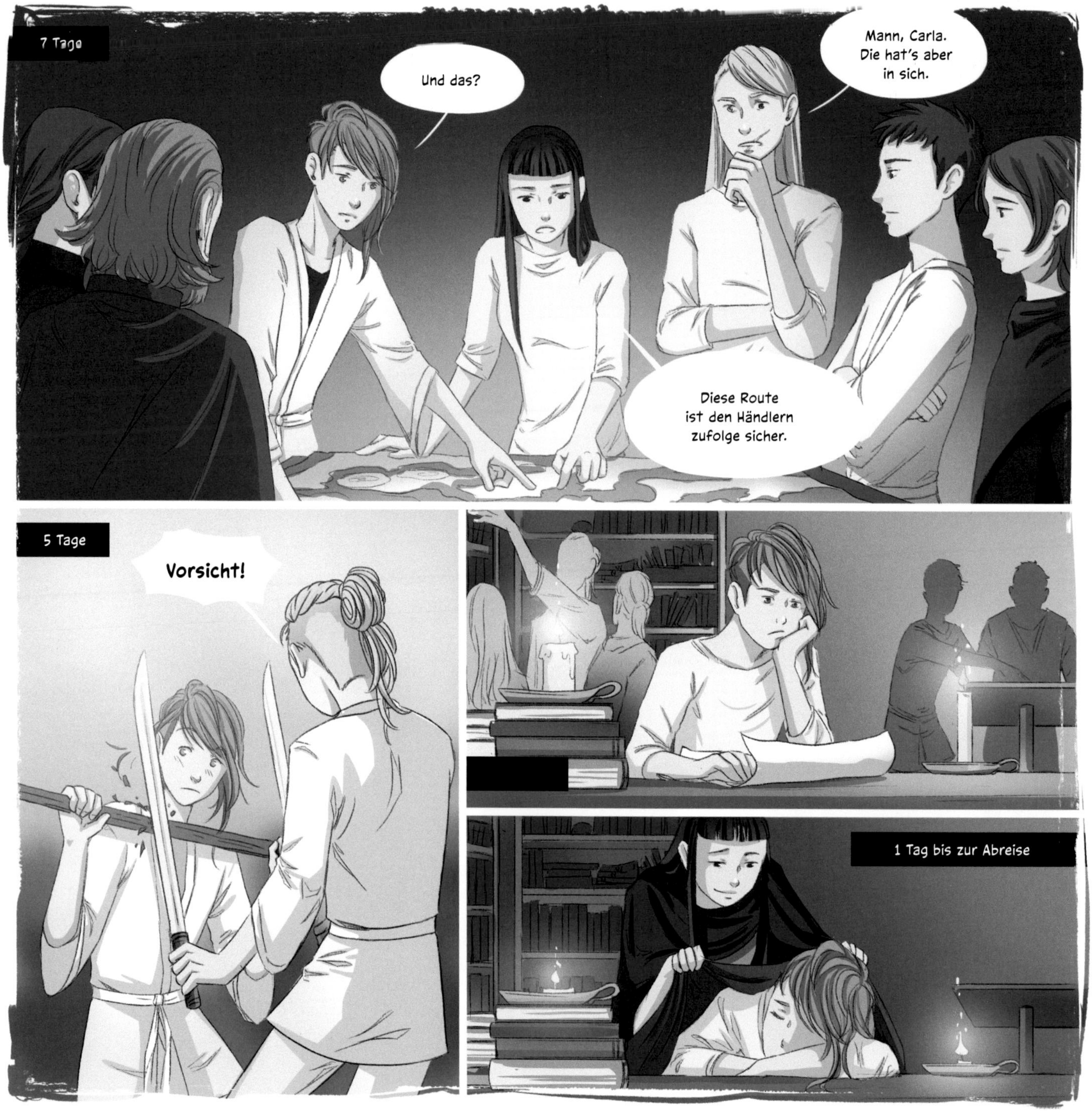
7 Tage
Und das?
Diese Route ist den Händlern zufolge sicher.
Mann, Carla. Die hat's aber in sich.
5 Tage
Vorsicht!
1 Tag bis zur Abreise

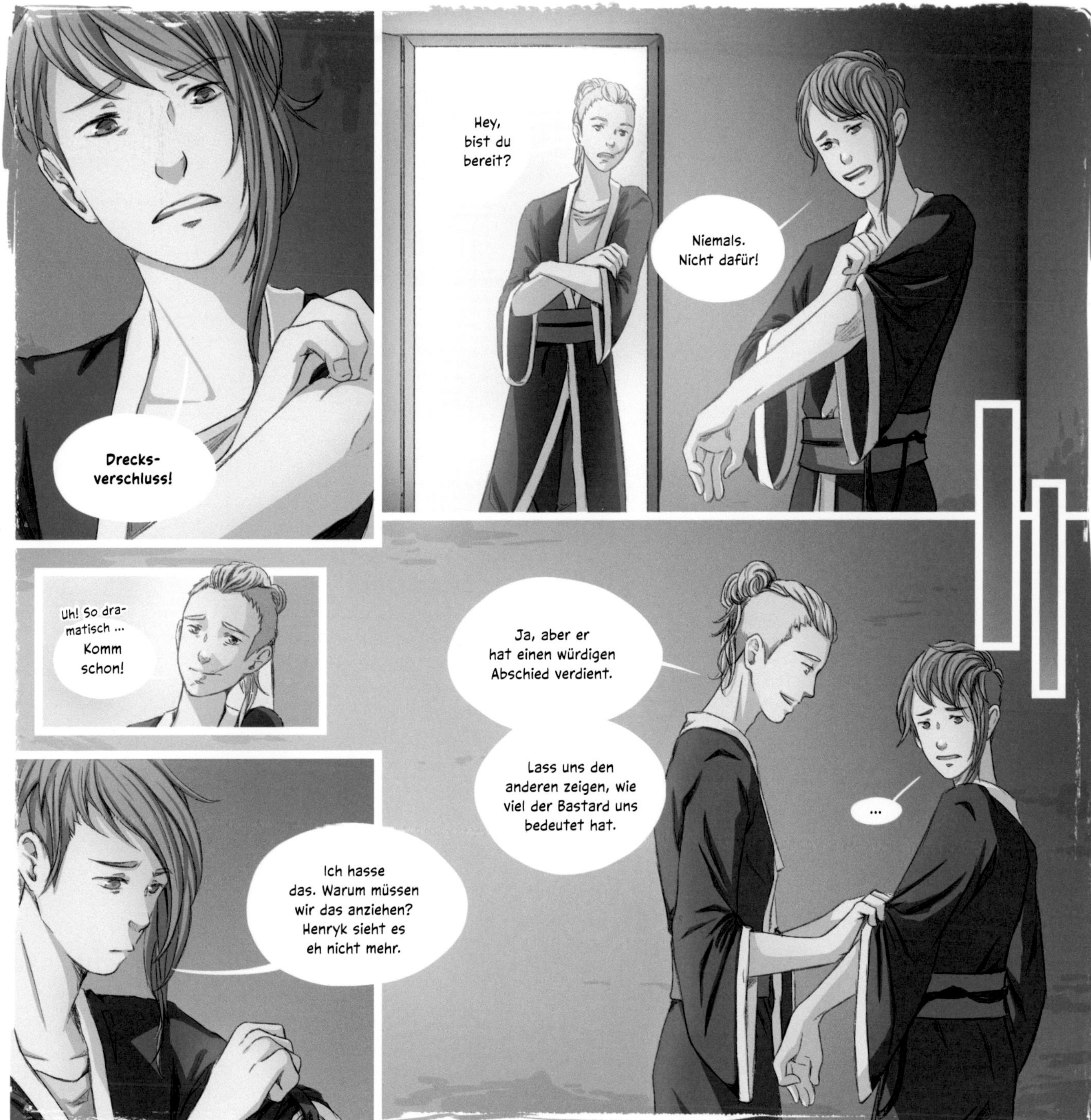
Drecks-
verschluss!
Hey,
bist du
bereit?
Niemals.
Nicht dafür!
Uh! So dra-
matisch ...
Komm
schon!
Ich hasse
das. Warum müssen
wir das anziehen?
Henryk sieht es
eh nicht mehr.
Ja, aber er
hat einen würdigen
Abschied verdient.
Lass uns den
anderen zeigen, wie
viel der Bastard uns
bedeutet hat.
...

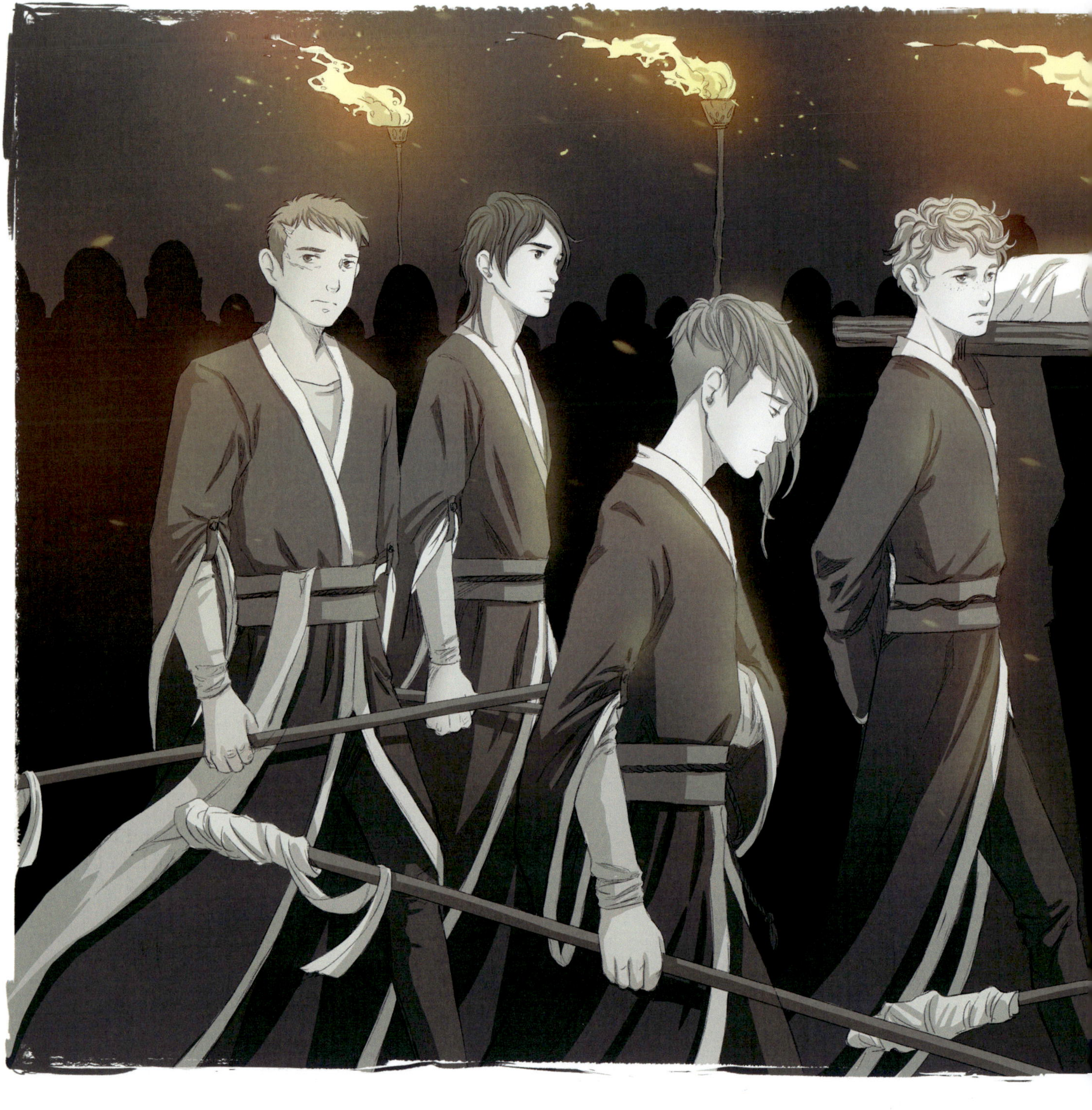

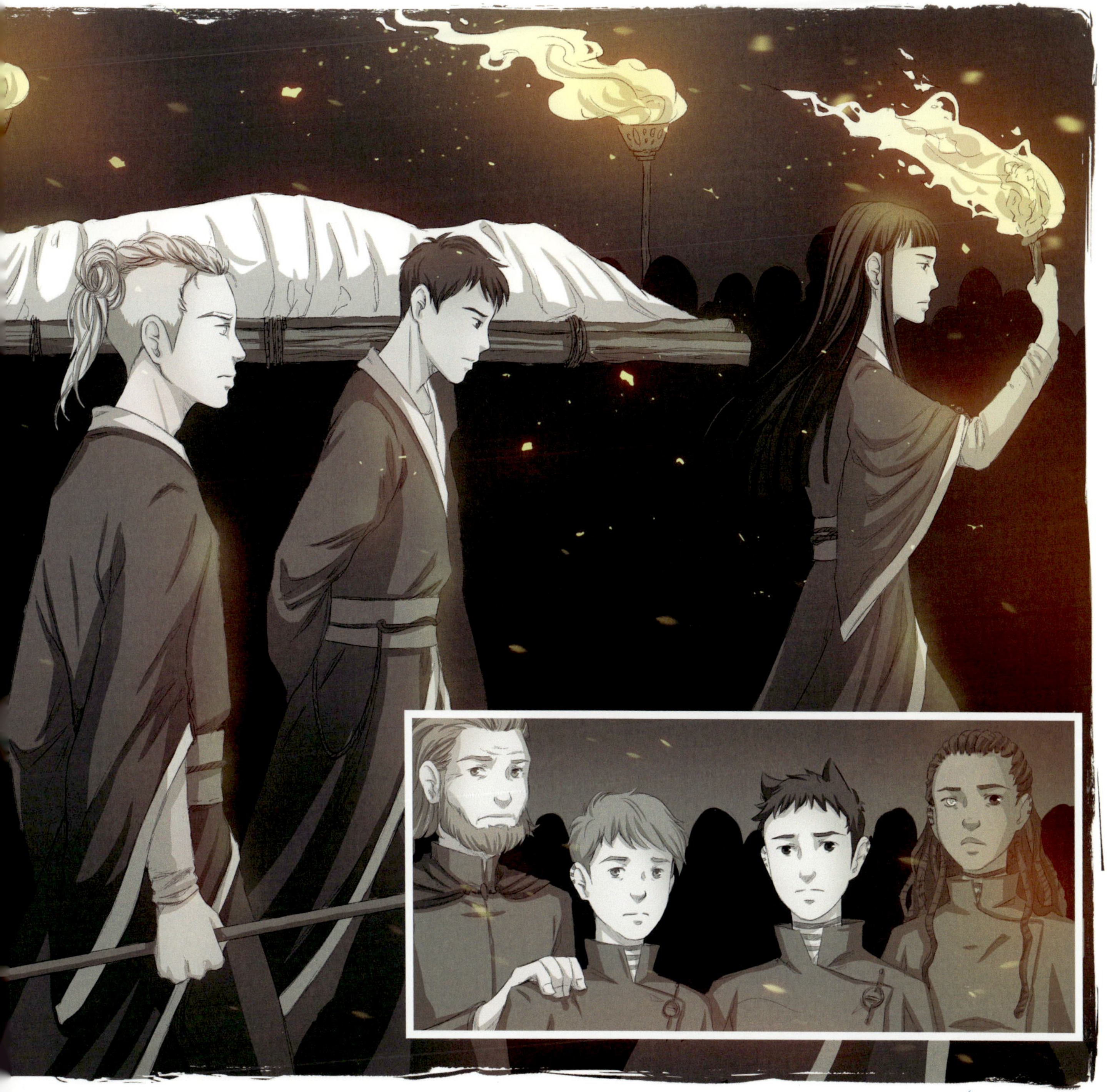

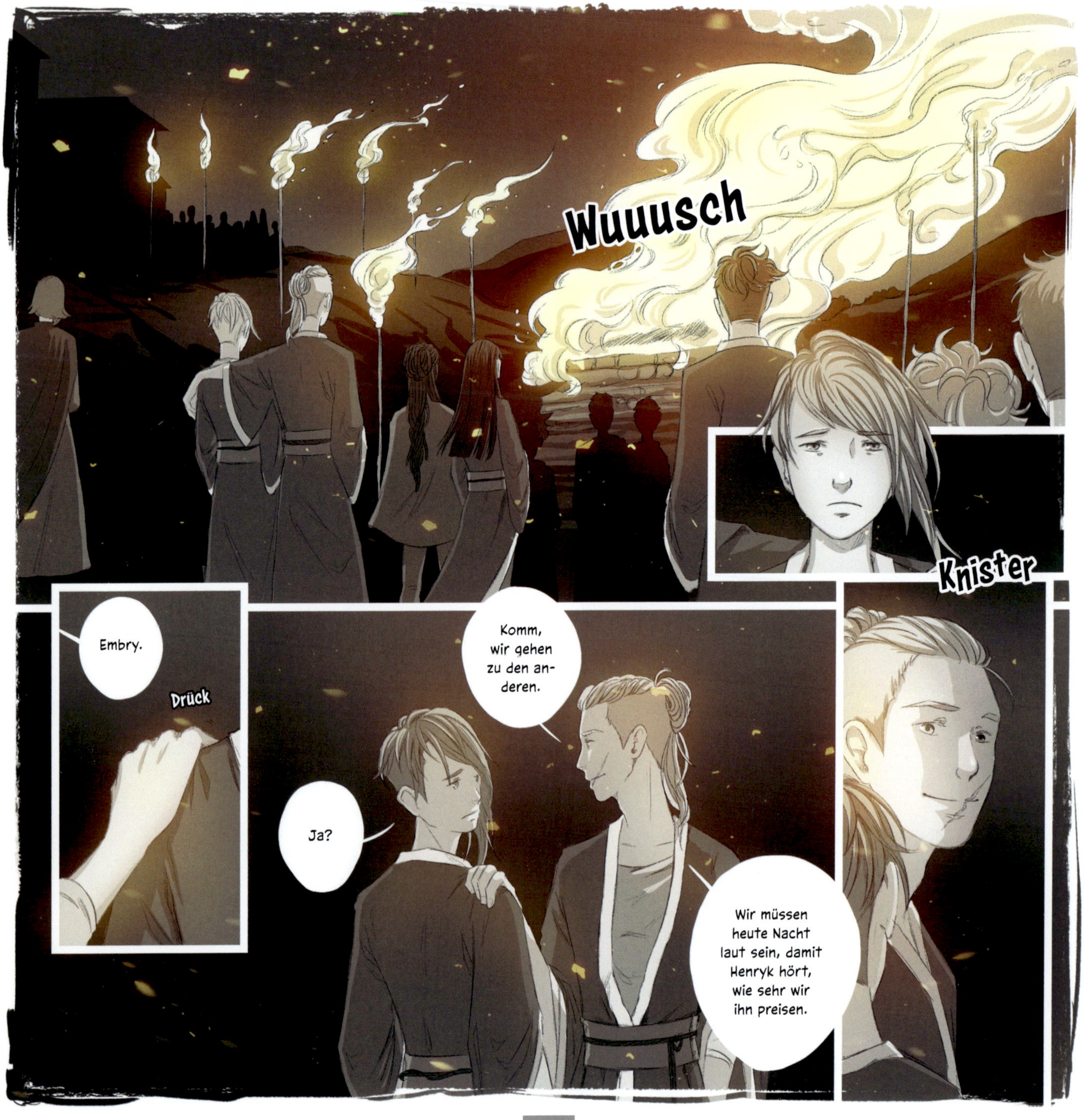
Wuuusch
Knister
Embry.
Drück
Komm, wir gehen zu den anderen.
Ja?
Wir müssen heute Nacht laut sein, damit Henryk hört, wie sehr wir ihn preisen.

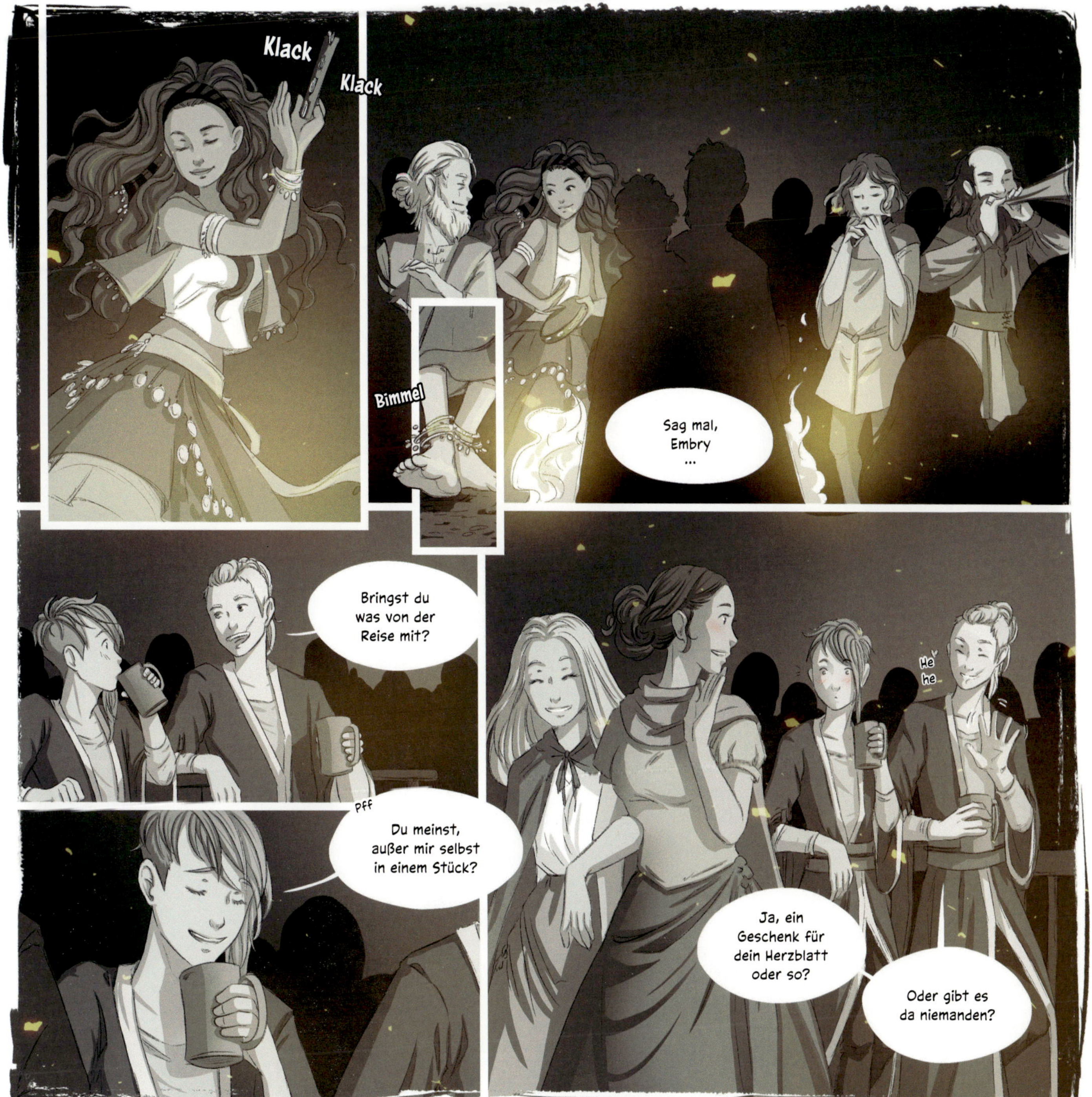
Klack
Klack
Bimmel
Sag mal, Embry ...
Bringst du was von der Reise mit?
Pff
Du meinst, außer mir selbst in einem Stück?
He he
Ja, ein Geschenk für dein Herzblatt oder so?
Oder gibt es da niemanden?

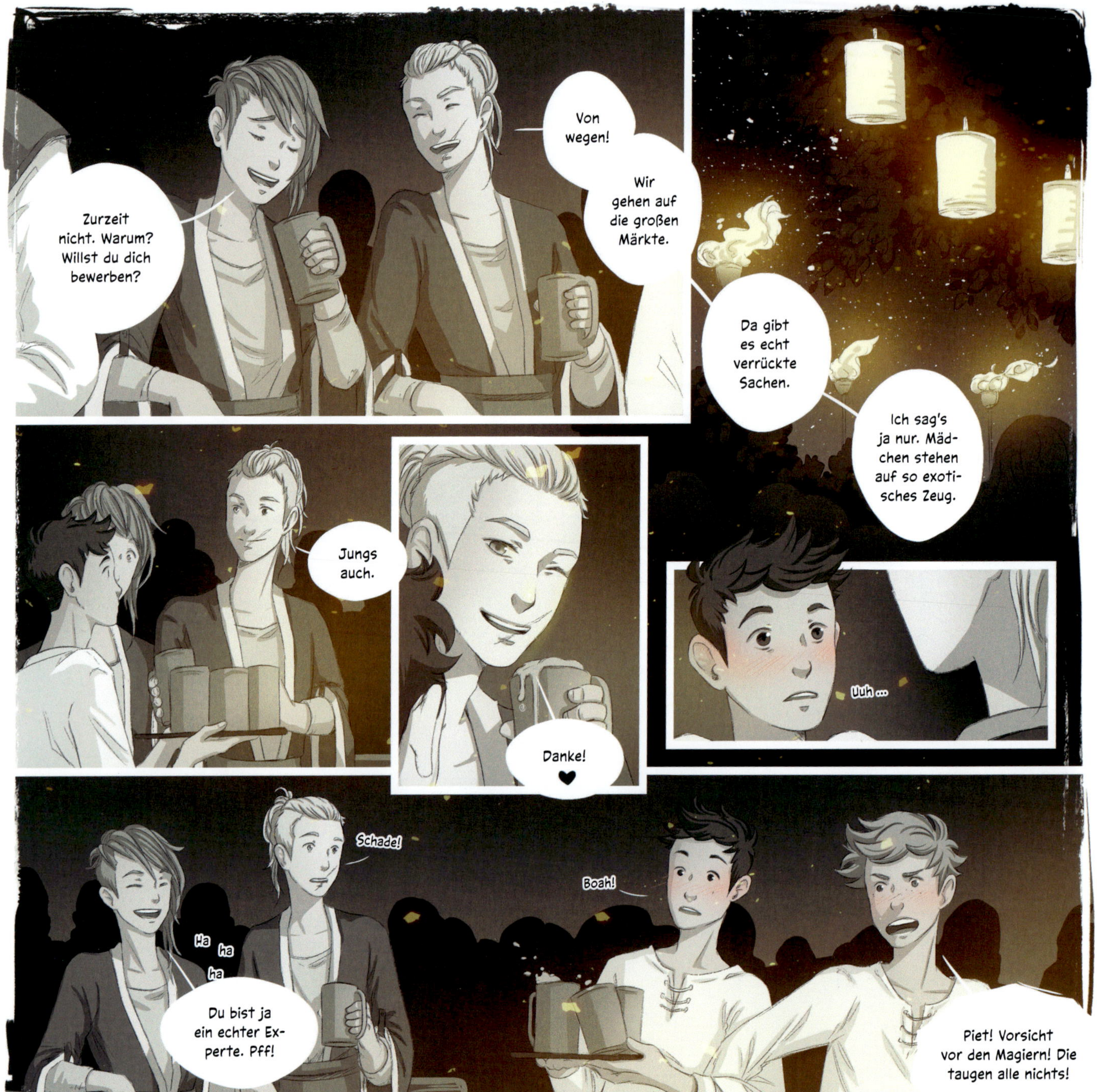
Zurzeit nicht. Warum? Willst du dich bewerben?
Von wegen!
Wir gehen auf die großen Märkte.
Da gibt es echt verrückte Sachen.
Ich sag's ja nur. Mädchen stehen auf so exotisches Zeug.
Jungs auch.
Danke! ♥
Uuh ...
Ha ha ha
Du bist ja ein echter Experte. Pff!
Schade!
Boah!
Piet! Vorsicht vor den Magiern! Die taugen alle nichts!

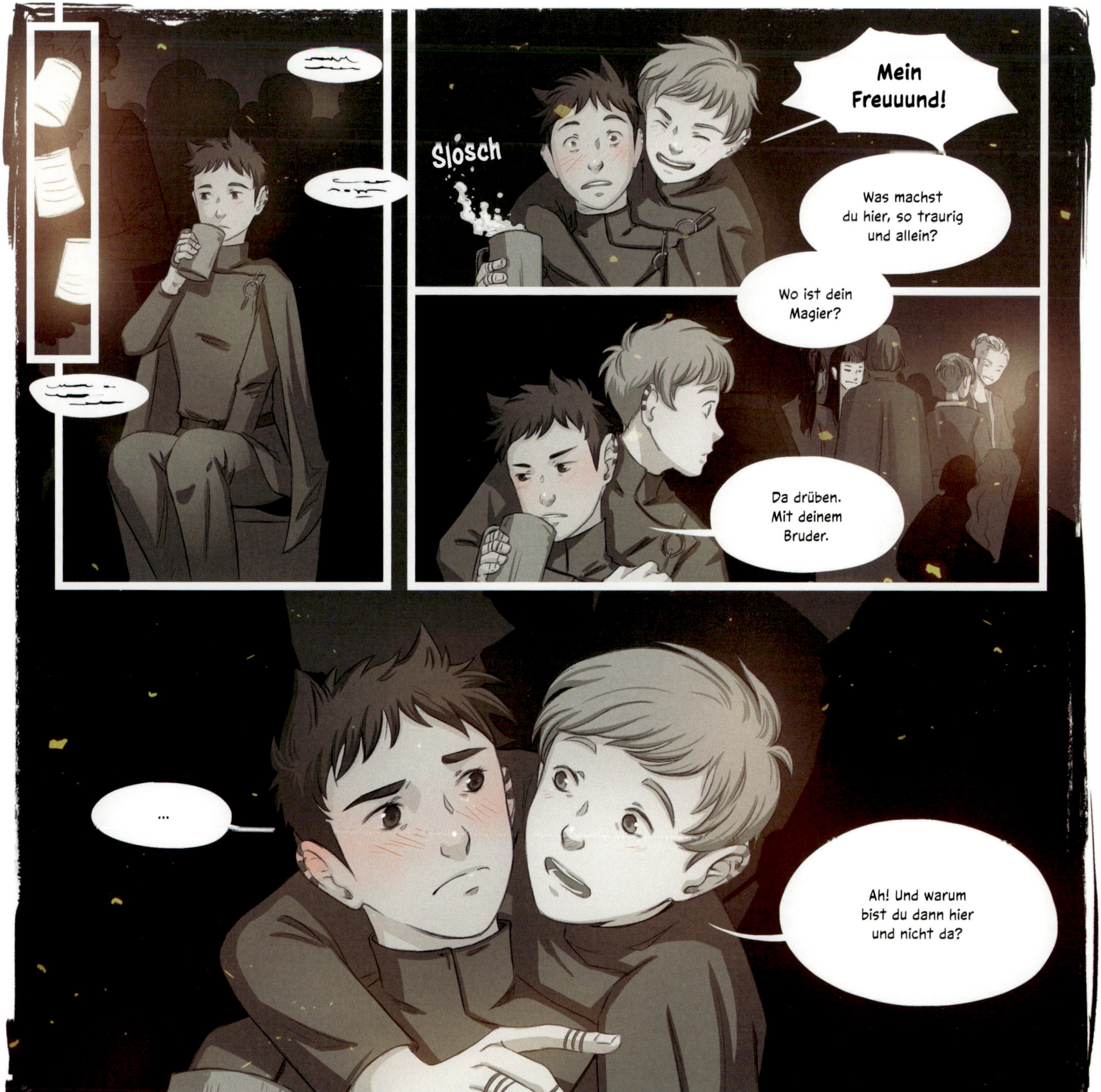
Mein Freuuund!
Slosch
Was machst du hier, so traurig und allein?
Wo ist dein Magier?
Da drüben. Mit deinem Bruder.
...
Ah! Und warum bist du dann hier und nicht da?

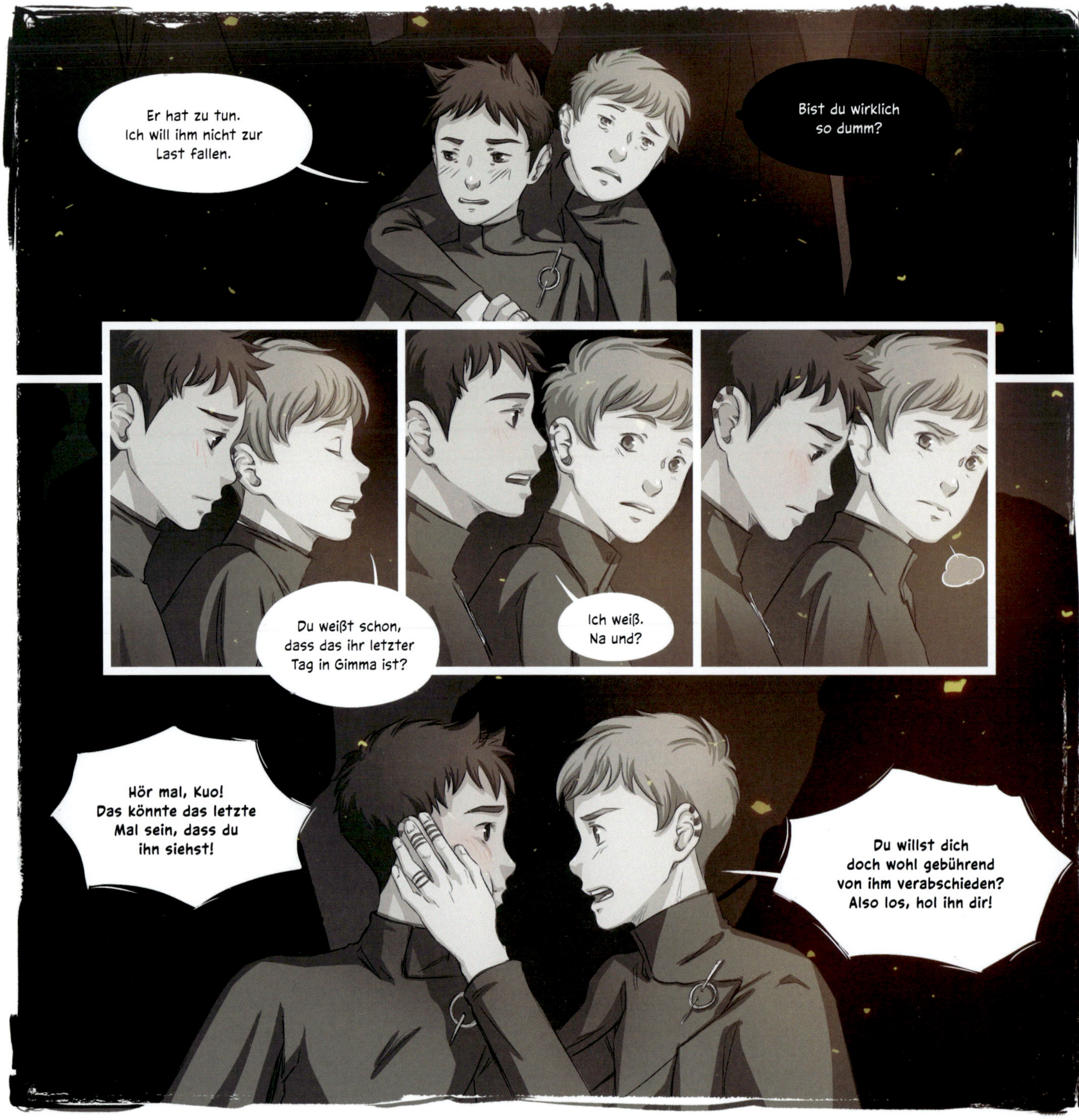
Er hat zu tun. Ich will ihm nicht zur Last fallen.
Bist du wirklich so dumm?
Du weißt schon, dass das ihr letzter Tag in Gimma ist?
Ich weiß. Na und?
Hör mal, Kuo! Das könnte das letzte Mal sein, dass du ihn siehst!
Du willst dich doch wohl gebührend von ihm verabschieden? Also los, hol ihn dir!

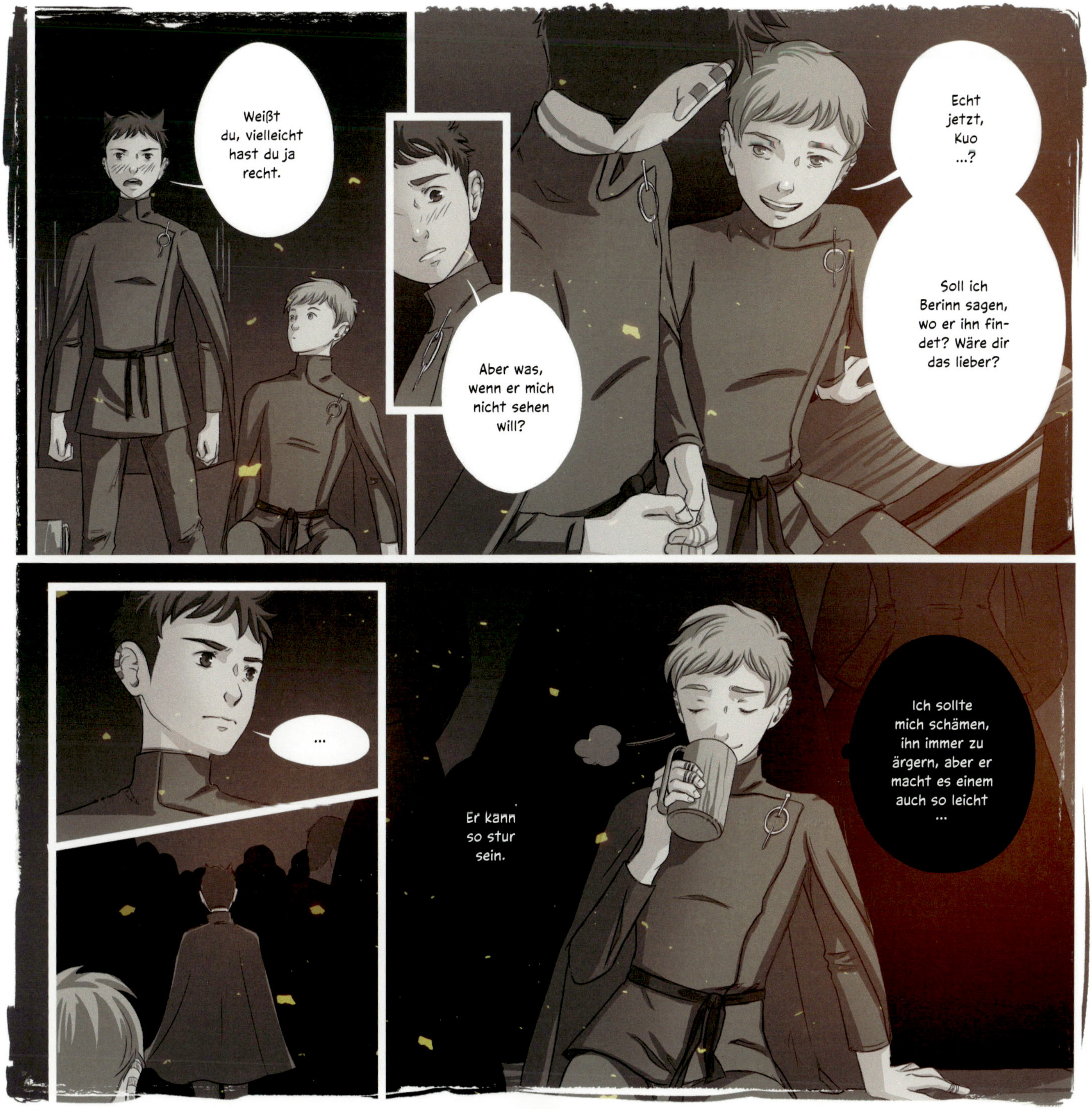
Weißt du, vielleicht hast du ja recht.
Aber was, wenn er mich nicht sehen will?
Echt jetzt, Kuo …?
Soll ich Berinn sagen, wo er ihn fin-det? Wäre dir das lieber?
…
Er kann so stur sein.
Ich sollte mich schämen, ihn immer zu ärgern, aber er macht es einem auch so leicht …

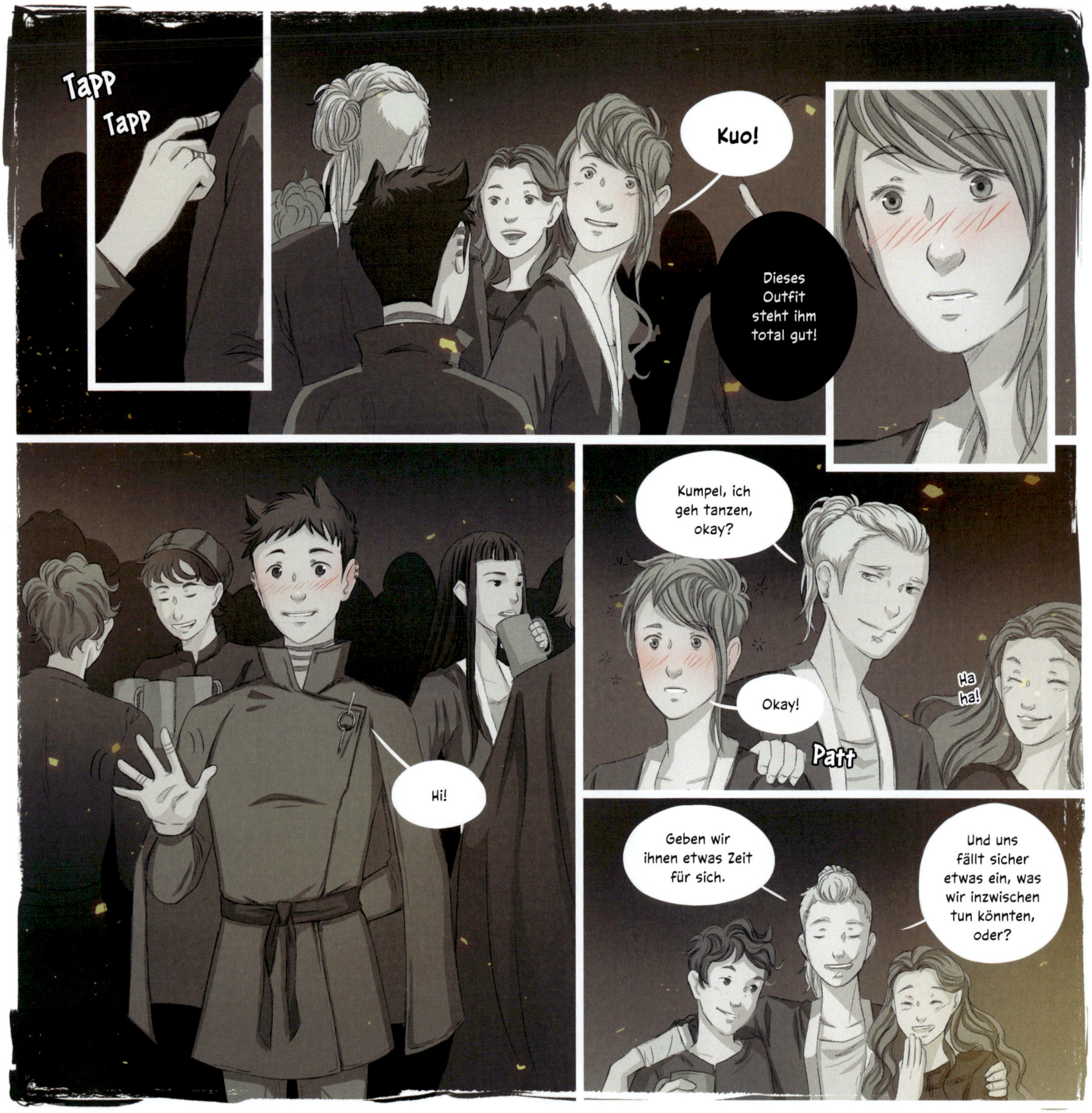
Tapp
Tapp
Kuo!
Dieses Outfit steht ihm total gut!
Hi!
Kumpel, ich geh tanzen, okay?
Okay!
Patt
Ha ha!
Geben wir ihnen etwas Zeit für sich.
Und uns fällt sicher etwas ein, was wir inzwischen tun könnten, oder?

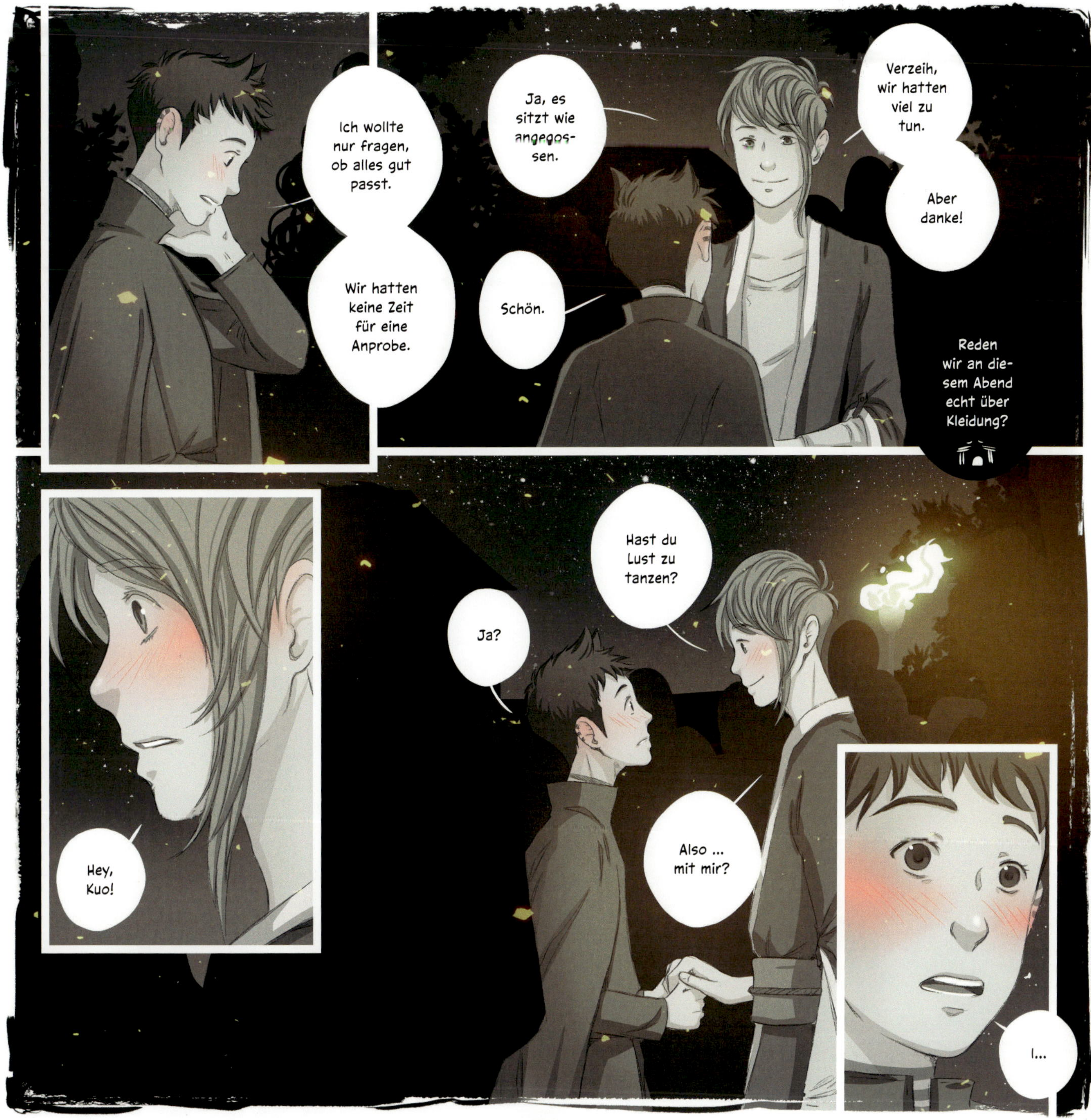
Ich wollte nur fragen, ob alles gut passt.
Wir hatten keine Zeit für eine Anprobe.
Ja, es sitzt wie angegossen.
Schön.
Verzeih, wir hatten viel zu tun.
Aber danke!
Reden wir an diesem Abend echt über Kleidung?
Hey, Kuo!
Ja?
Hast du Lust zu tanzen?
Also ... mit mir?
I...

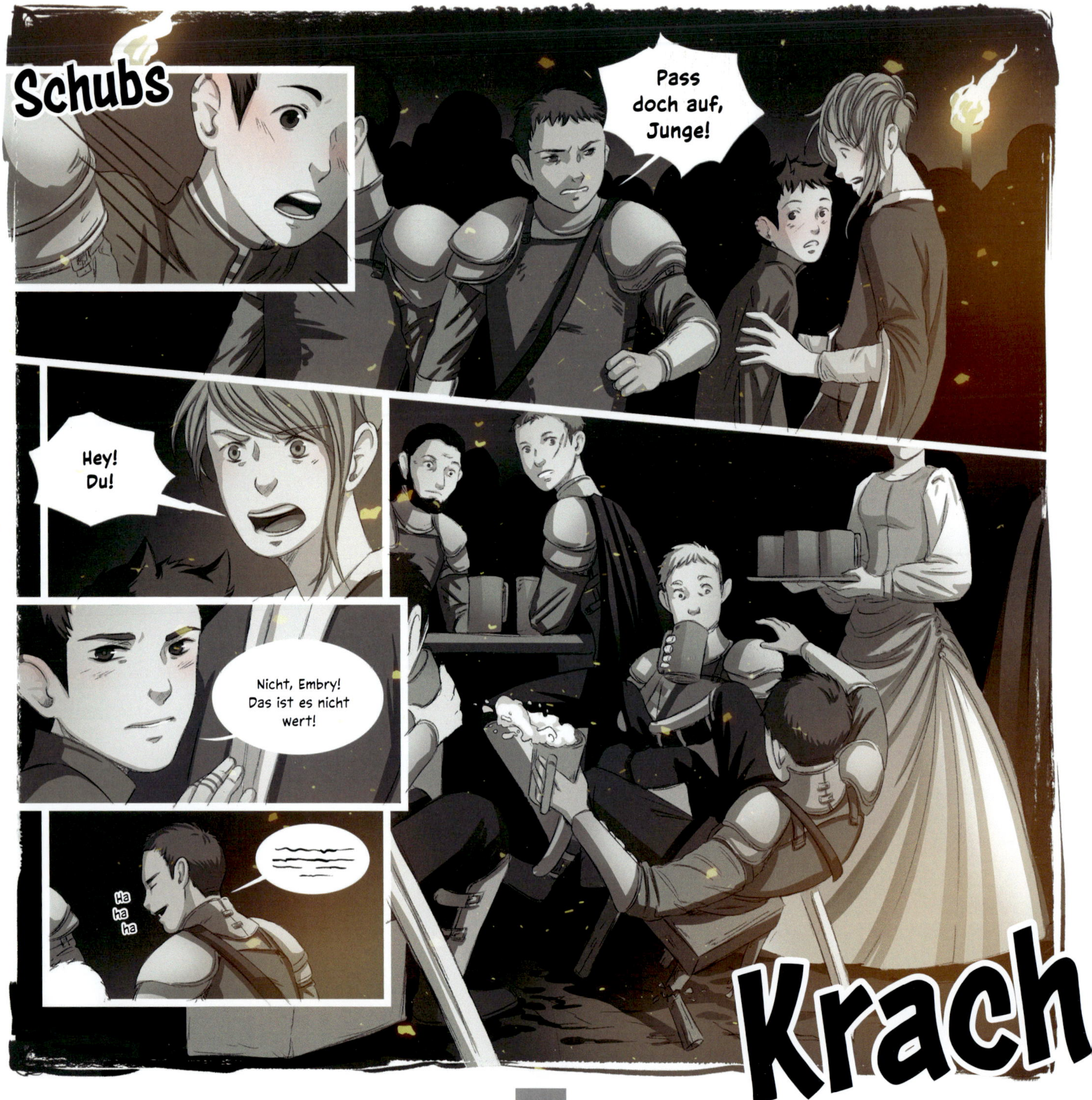
Schubs
Pass doch auf, Junge!
Hey! Du!
Nicht, Embry! Das ist es nicht wert!
Ha ha ha
Krach

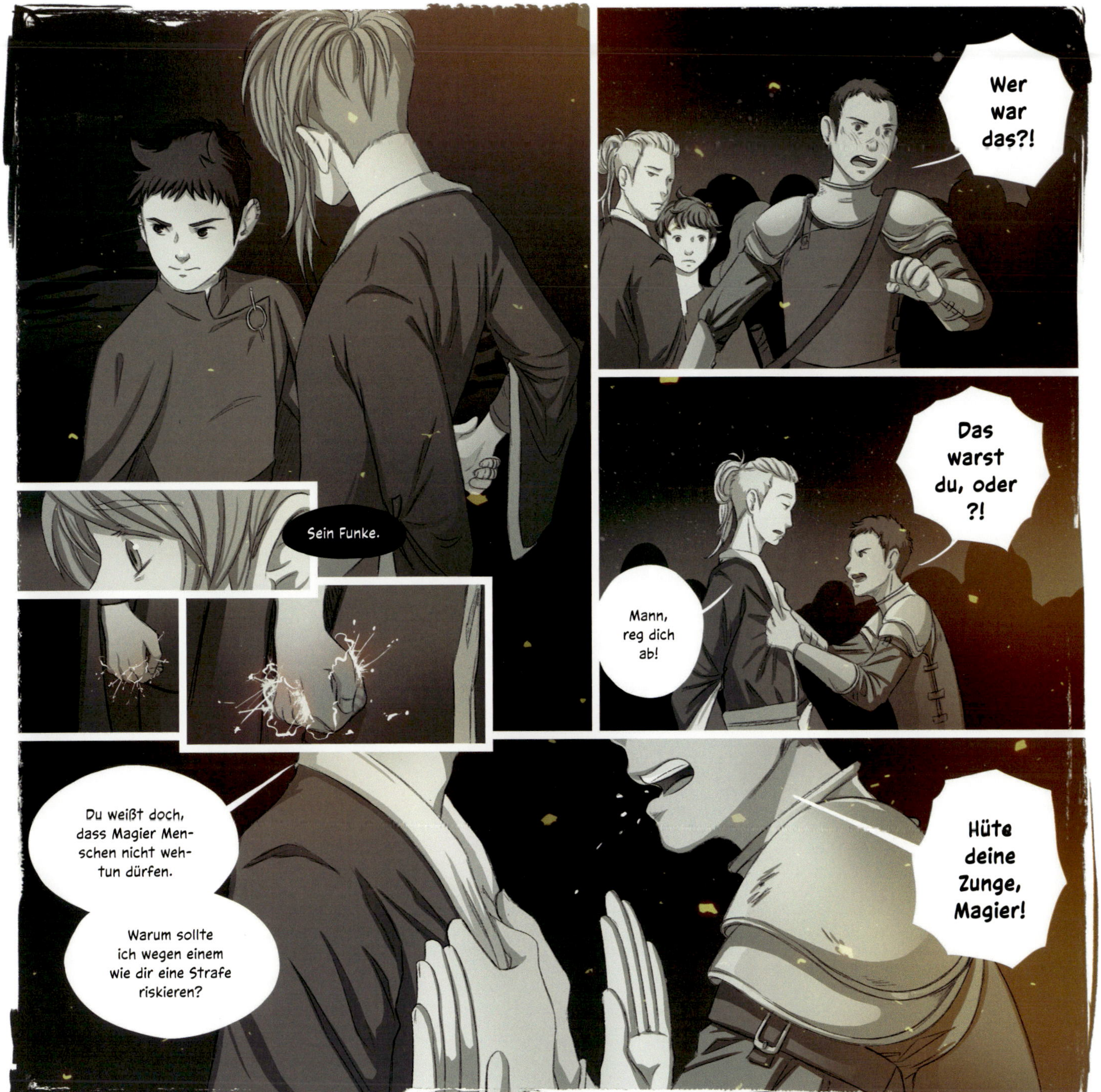
Sein Funke.
Wer war das?!
Das warst du, oder ?!
Mann, reg dich ab!
Hüte deine Zunge, Magier!
Du weißt doch, dass Magier Menschen nicht wehtun dürfen.
Warum sollte ich wegen einem wie dir eine Strafe riskieren?

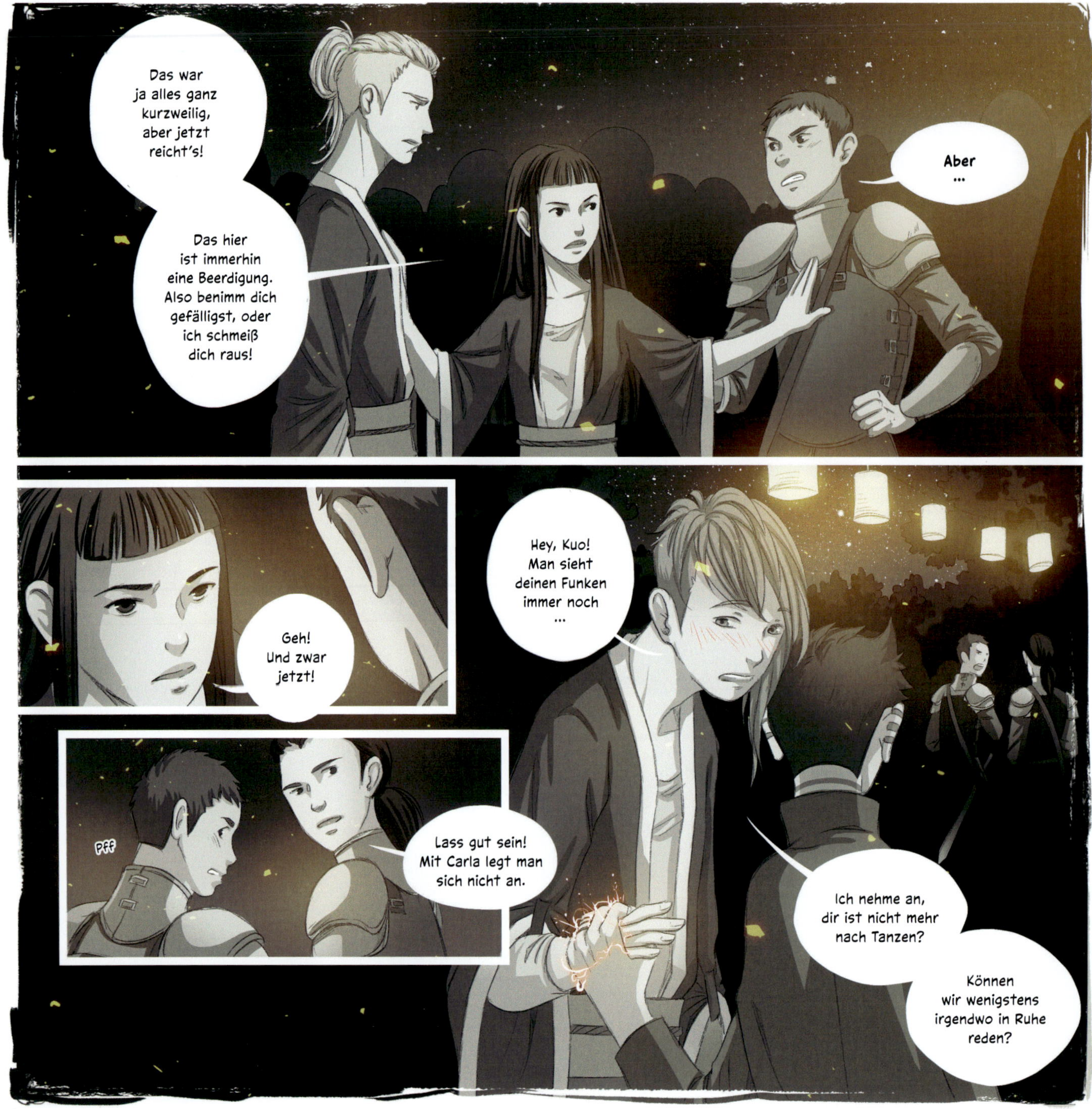
Das war ja alles ganz kurzweilig, aber jetzt reicht's!
Das hier ist immerhin eine Beerdigung. Also benimm dich gefälligst, oder ich schmeiß dich raus!
Aber ...
Geh! Und zwar jetzt!
Pff
Lass gut sein! Mit Carla legt man sich nicht an.
Hey, Kuo! Man sieht deinen Funken immer noch ...
Ich nehme an, dir ist nicht mehr nach Tanzen?
Können wir wenigstens irgendwo in Ruhe reden?

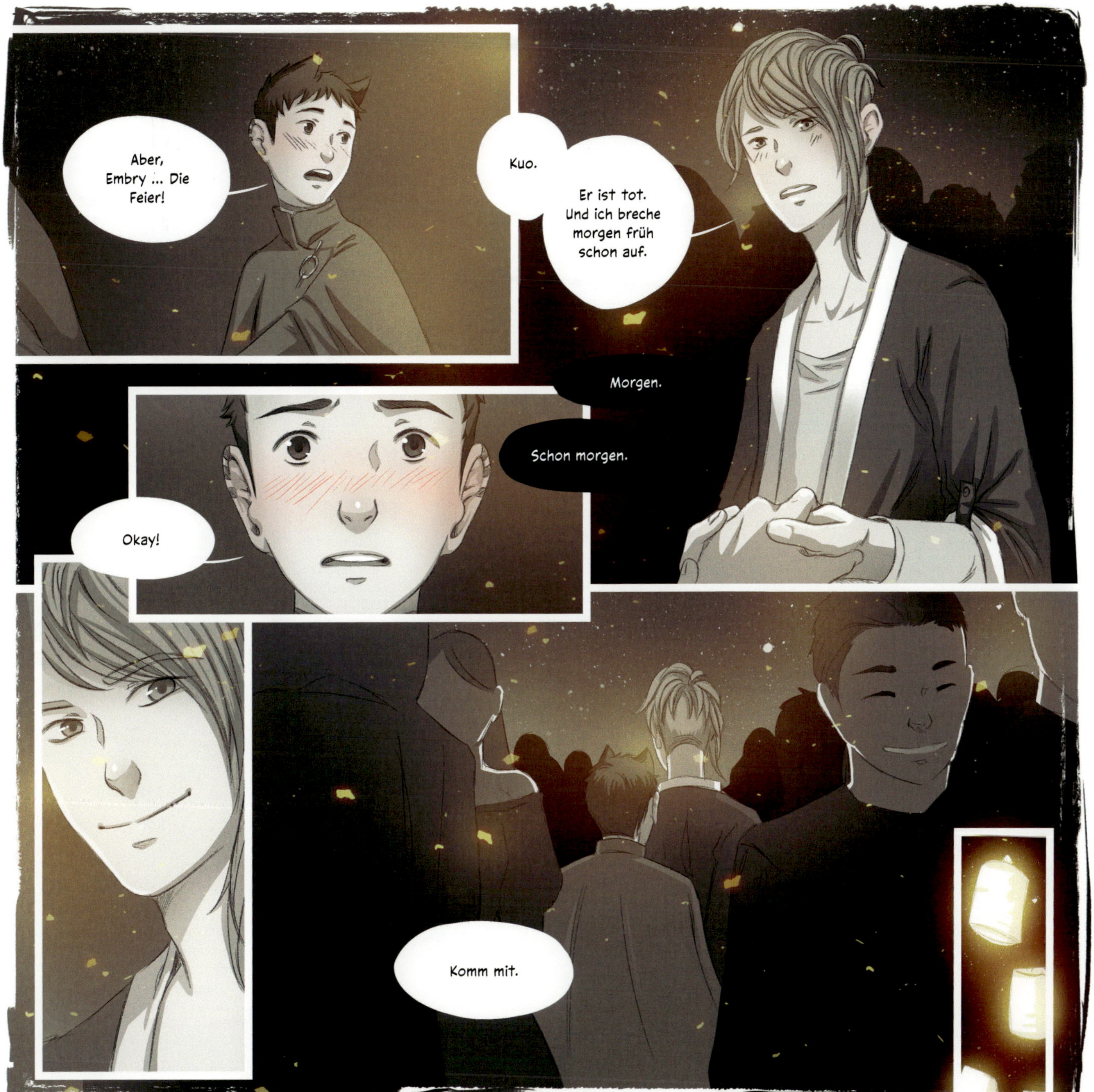
Aber,
Embry ... Die
Feier!
Kuo.
Er ist tot.
Und ich breche
morgen früh
schon auf.
Morgen.
Schon morgen.
Okay!
Komm mit.

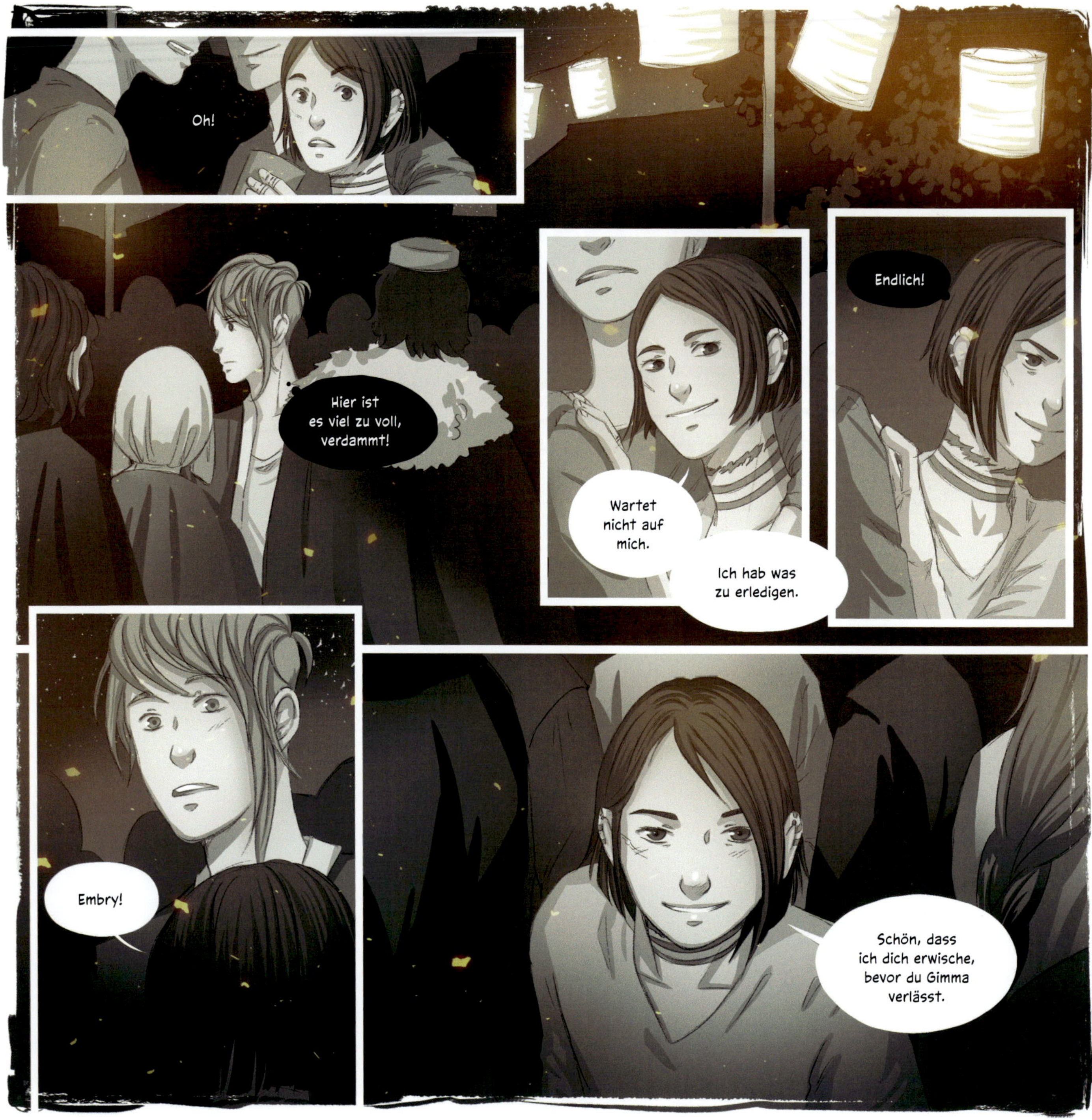
Oh!
Hier ist es viel zu voll, verdammt!
Wartet nicht auf mich.
Ich hab was zu erledigen.
Endlich!
Embry!
Schön, dass ich dich erwische, bevor du Gimma verlässt.

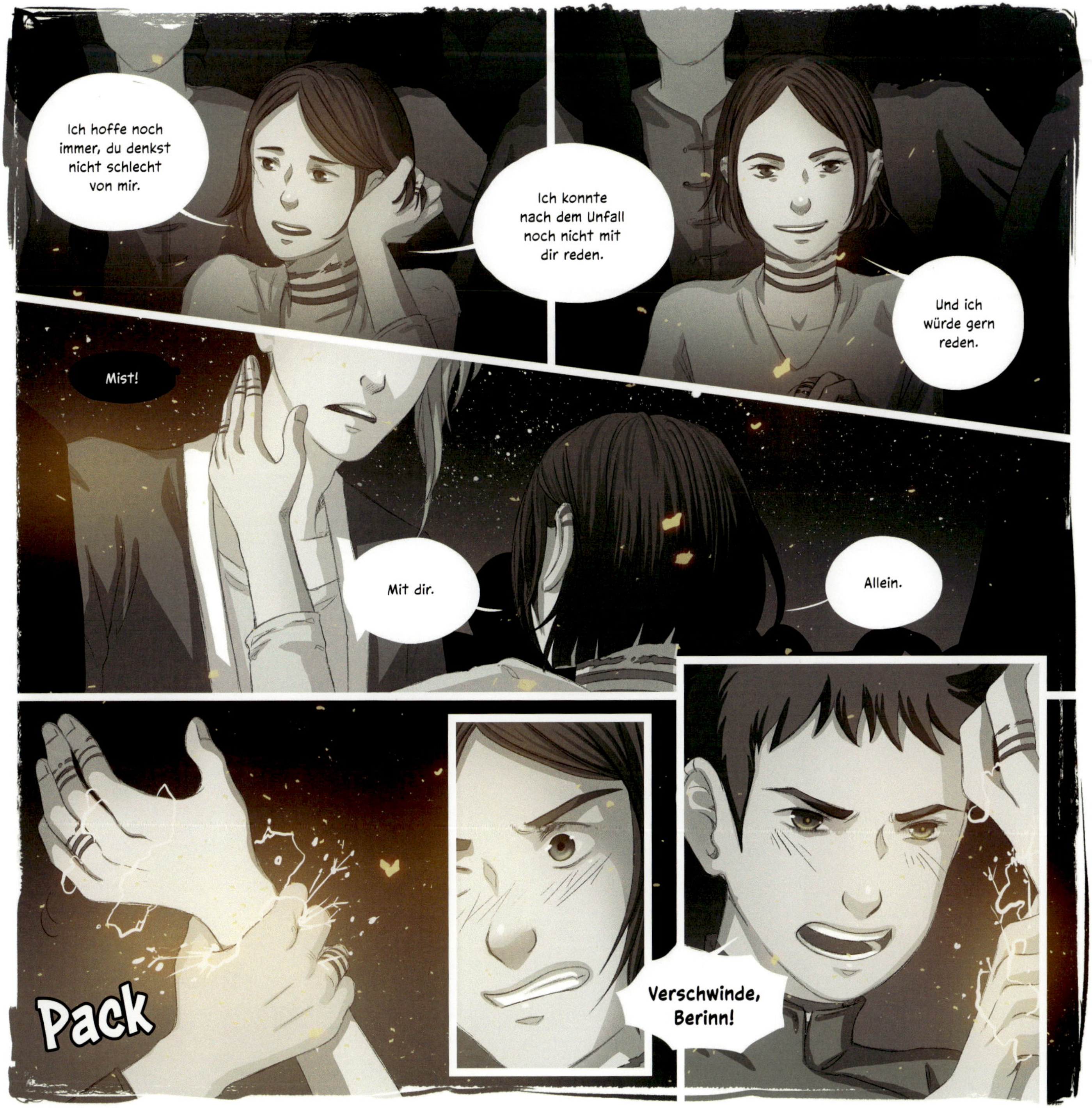
Ich hoffe noch immer, du denkst nicht schlecht von mir.
Ich konnte nach dem Unfall noch nicht mit dir reden.
Und ich würde gern reden.
Mist!
Mit dir.
Allein.
Pack
Verschwinde, Berinn!

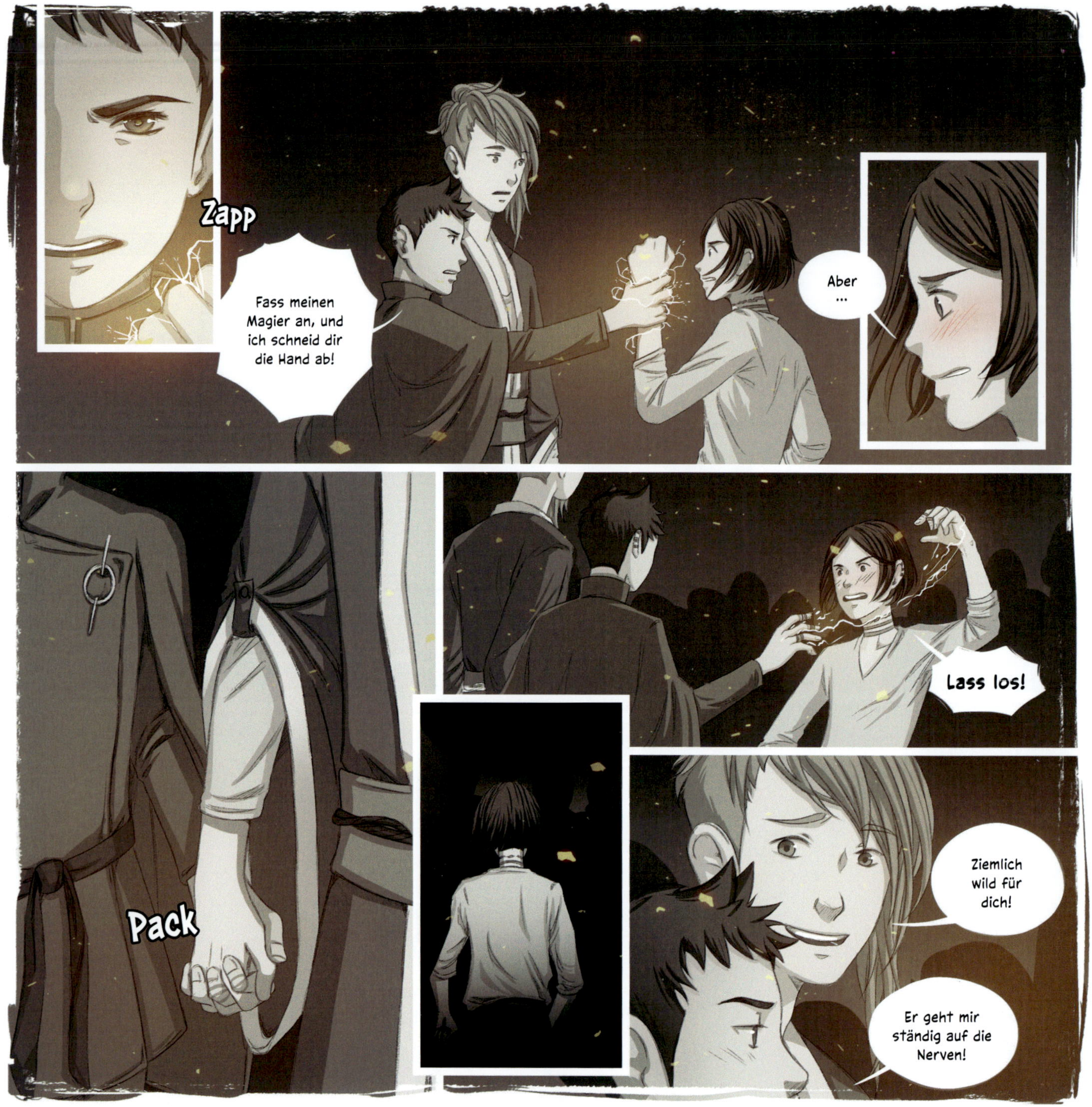
Zapp
Fass meinen Magier an, und ich schneid dir die Hand ab!
Aber ...
Pack
Lass los!
Ziemlich wild für dich!
Er geht mir ständig auf die Nerven!

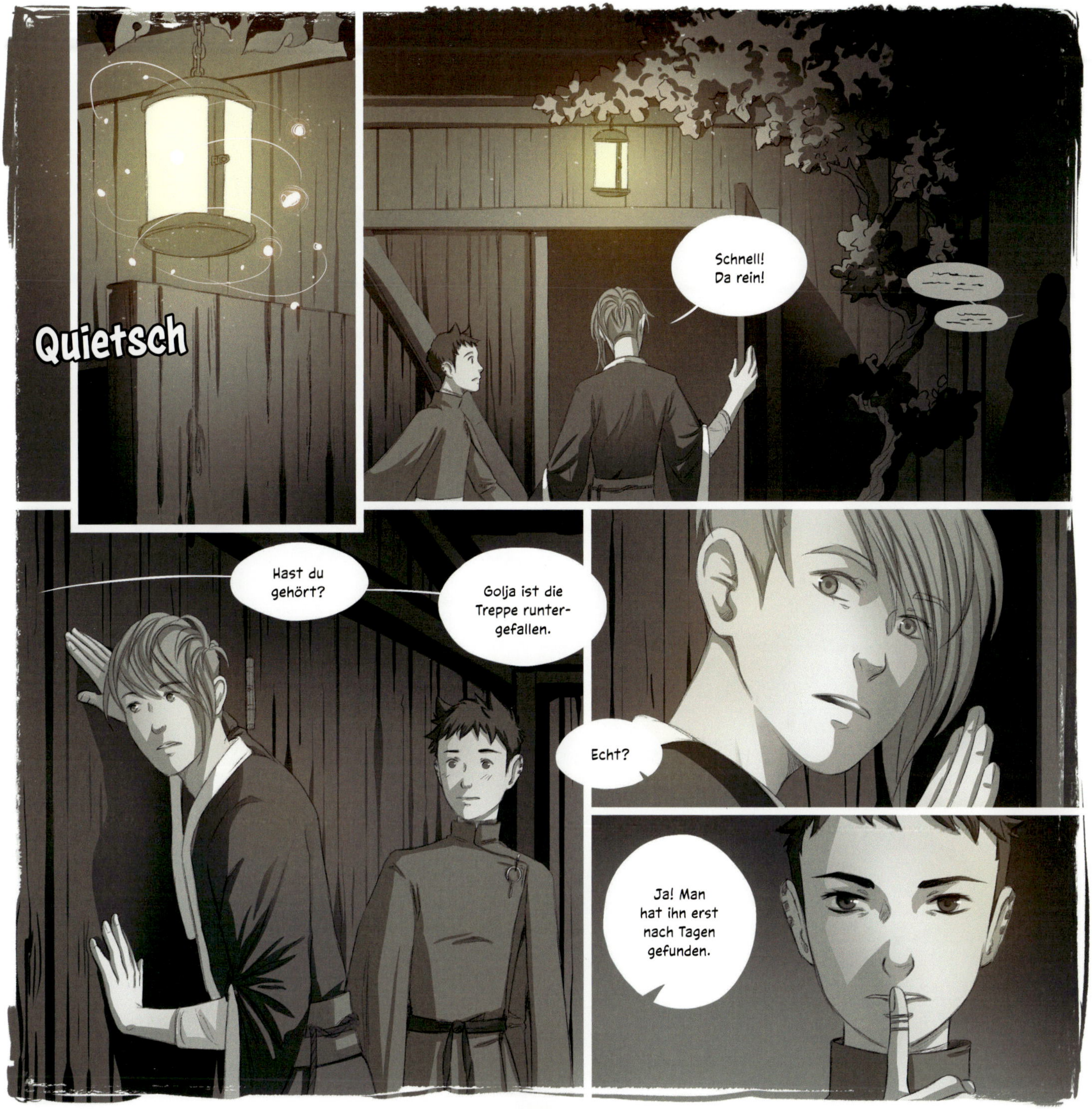
Quietsch
Schnell! Da rein!
Hast du gehört?
Golja ist die Treppe runter-gefallen.
Echt?
Ja! Man hat ihn erst nach Tagen gefunden.

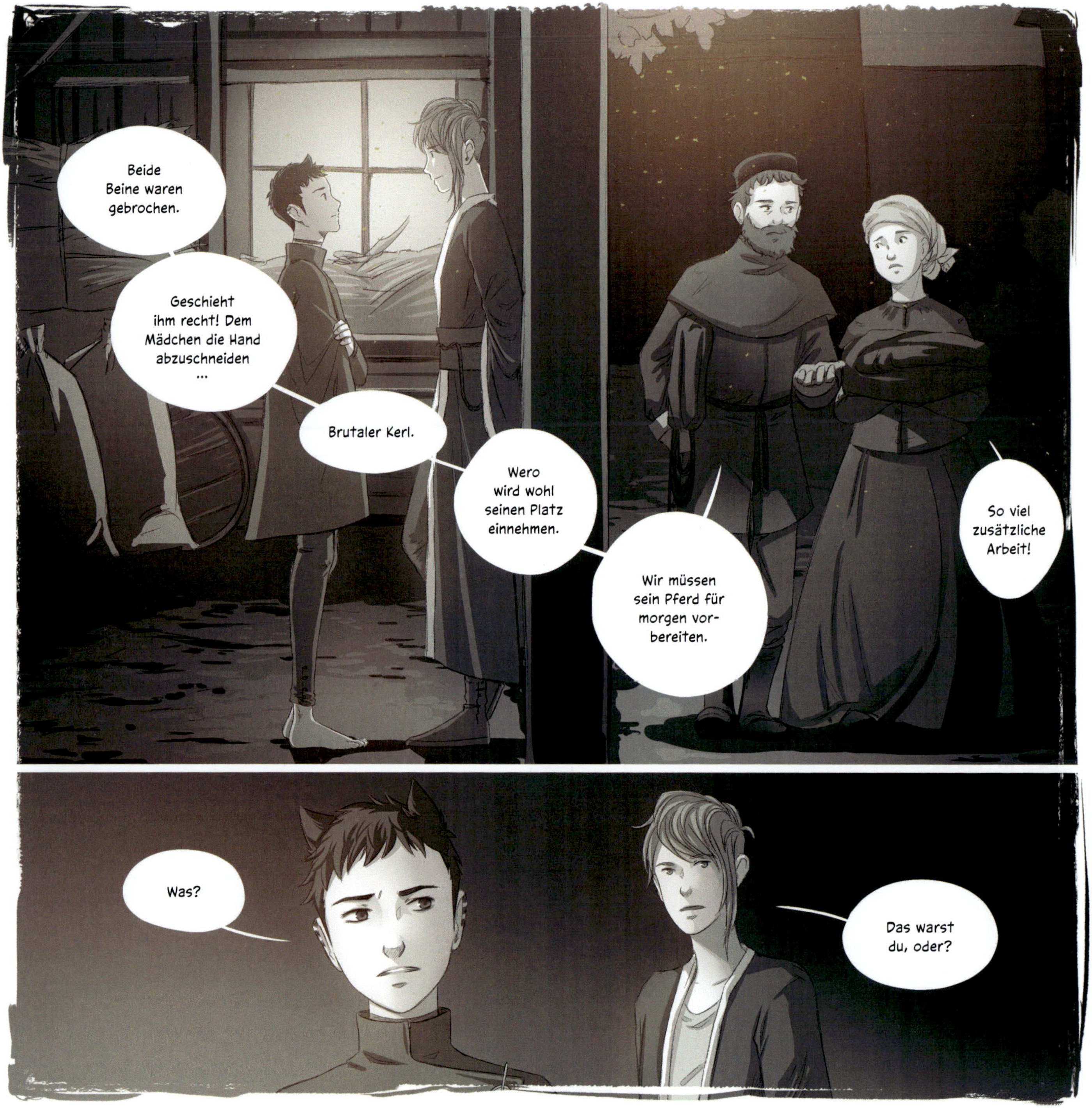
Beide Beine waren gebrochen.
Geschieht ihm recht! Dem Mädchen die Hand abzuschneiden ...
Brutaler Kerl.
Wero wird wohl seinen Platz einnehmen.
Wir müssen sein Pferd für morgen vor- bereiten.
So viel zusätzliche Arbeit!
Was?
Das warst du, oder?

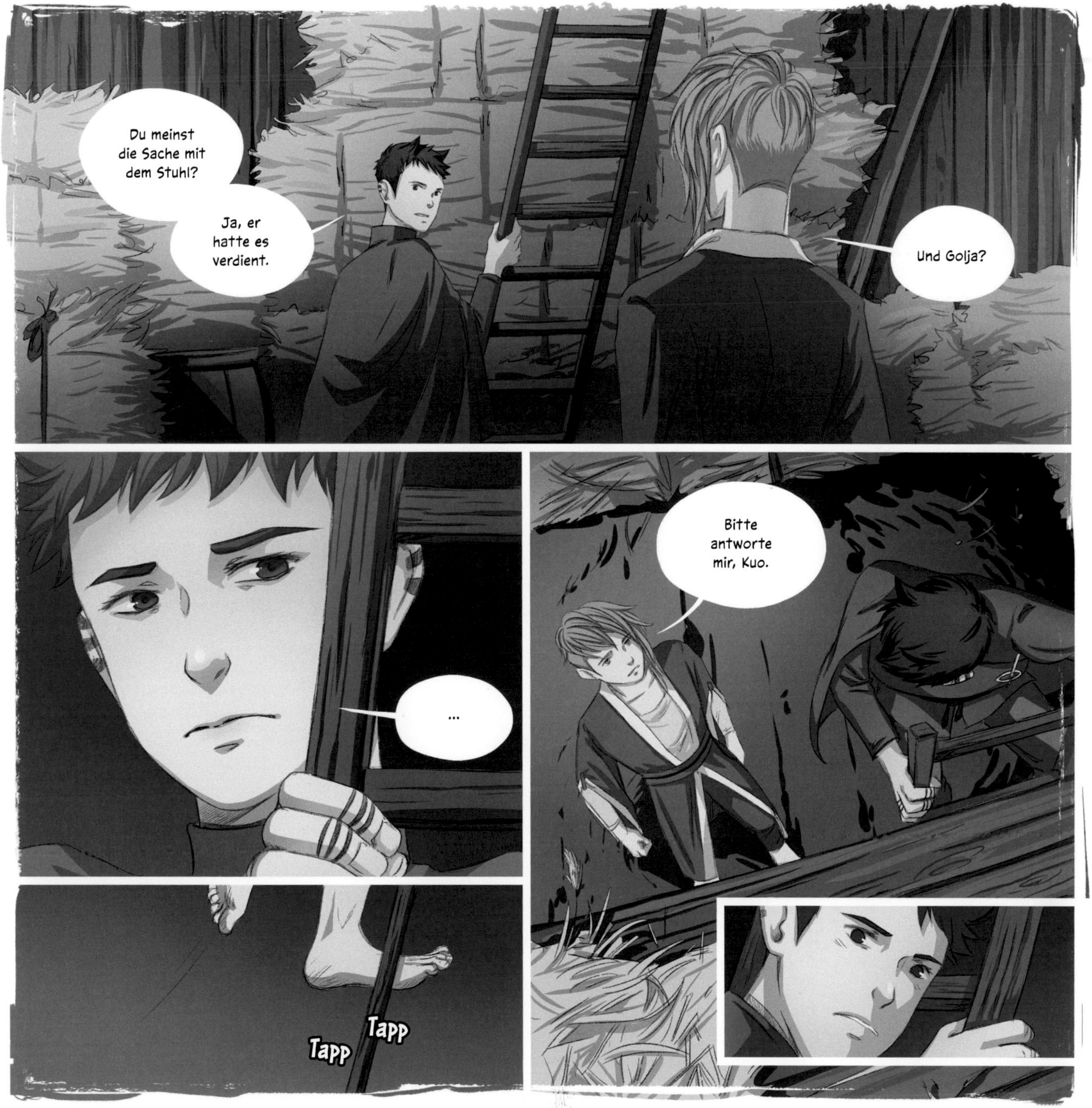

Du meinst die Sache mit dem Stuhl?
Ja, er hatte es verdient.
Und Golja?
...
Tapp
Tapp
Bitte antworte mir, Kuo.

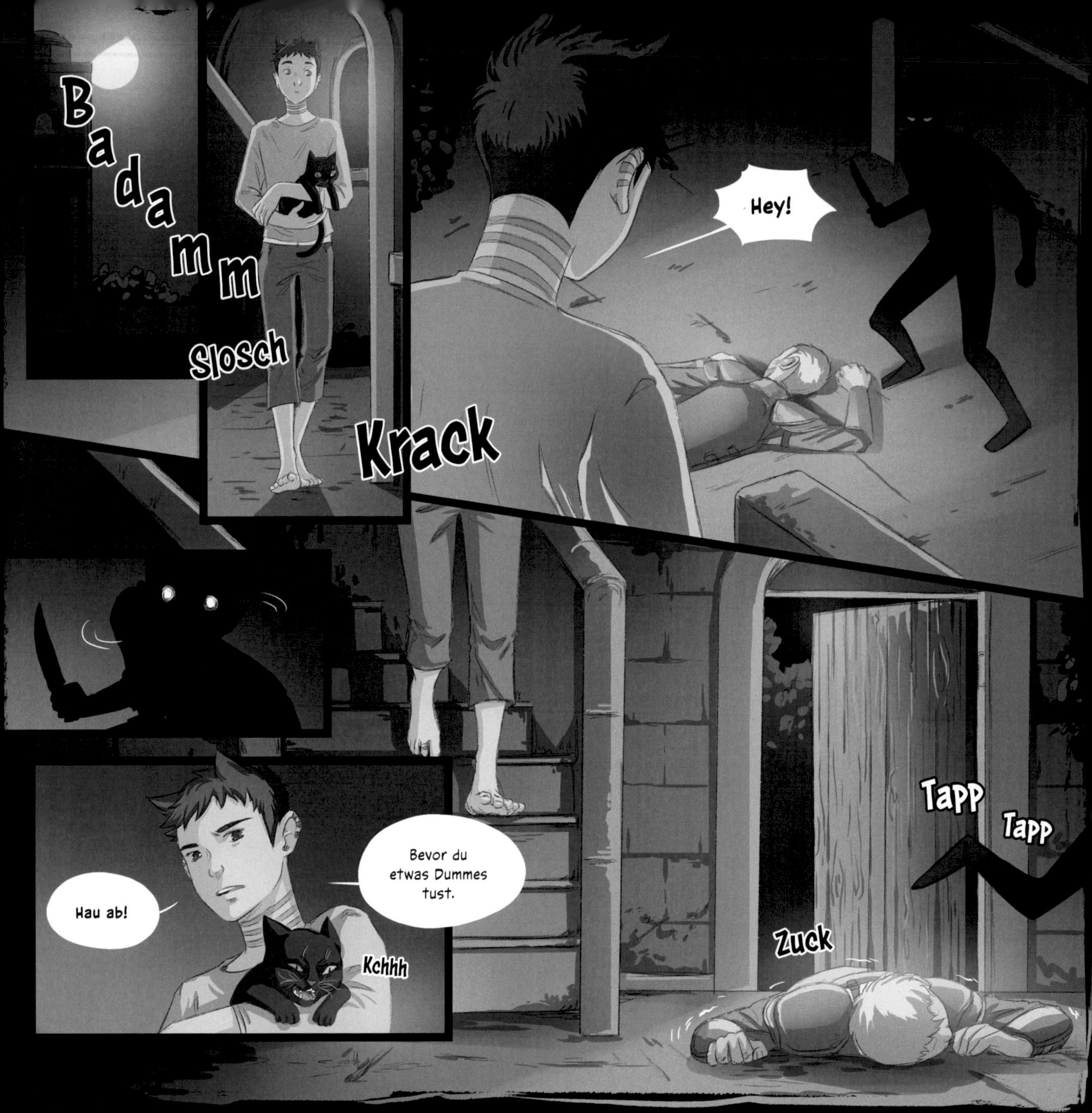

Badamm
Slosch
Krack
Hey!
Hau ab!
Bevor du etwas Dummes tust.
Kchhh
Tapp
Tapp
Zuck

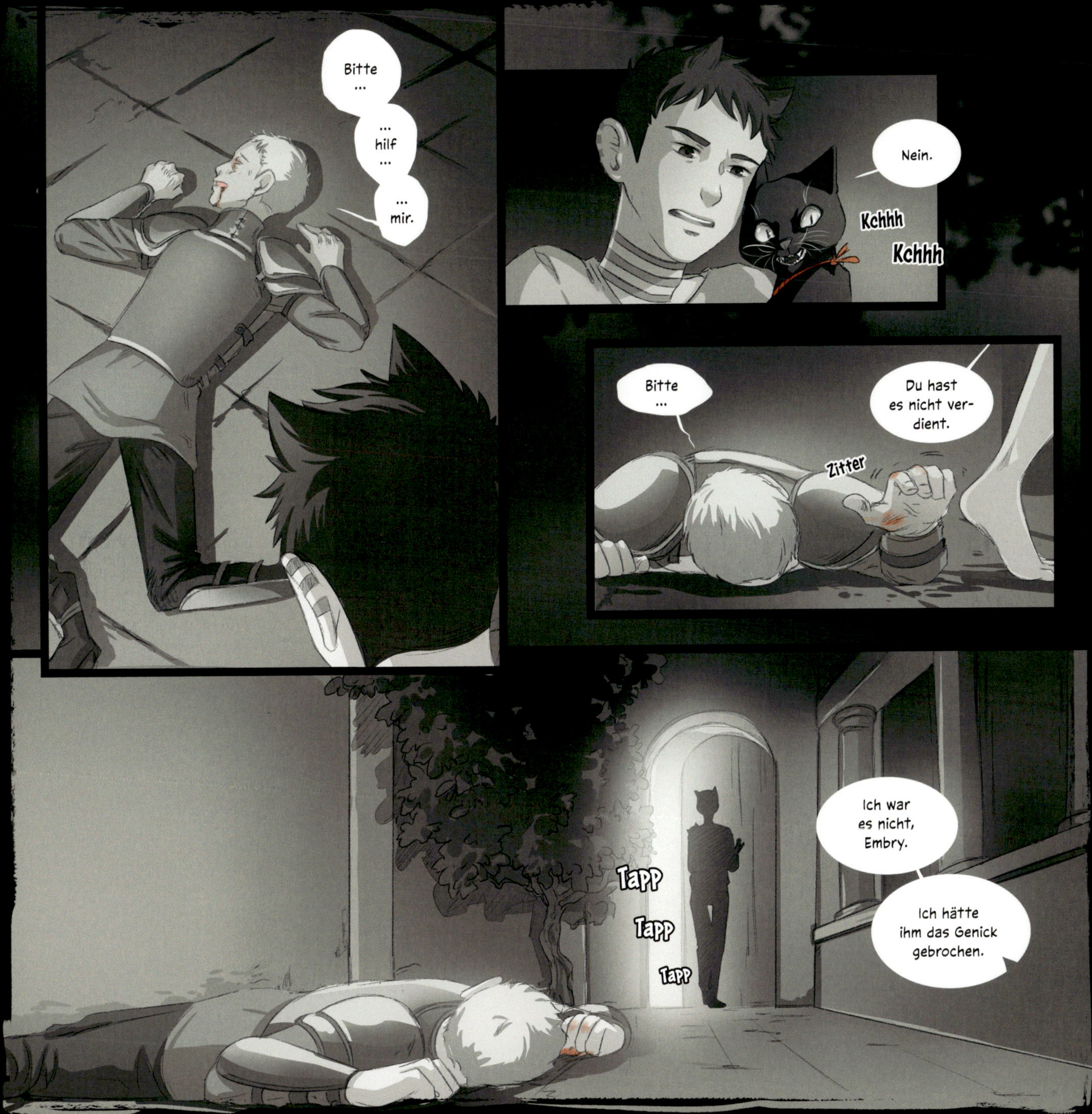
Bitte …
… hilf …
… mir.
Nein.
Kchhh
Kchhh
Bitte …
Du hast es nicht verdient.
Zitter
Tapp
Tapp
Tapp
Ich war es nicht, Embry.
Ich hätte ihm das Genick gebrochen.

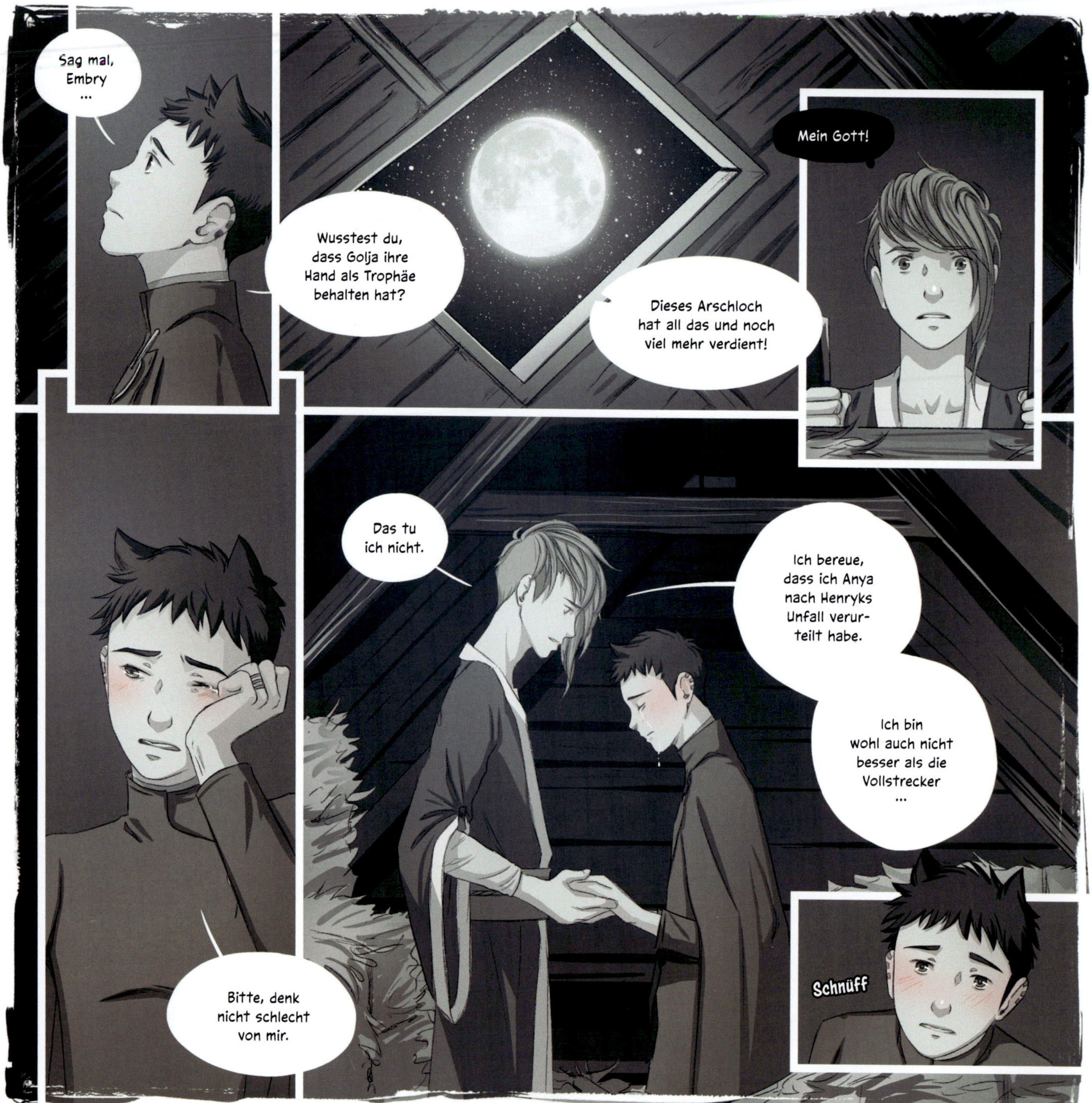
Sag mal, Embry …
Wusstest du, dass Golja ihre Hand als Trophäe behalten hat?
Mein Gott!
Dieses Arschloch hat all das und noch viel mehr verdient!
Bitte, denk nicht schlecht von mir.
Das tu ich nicht.
Ich bereue, dass ich Anya nach Henryks Unfall verurteilt habe.
Ich bin wohl auch nicht besser als die Vollstrecker …
Schnüff

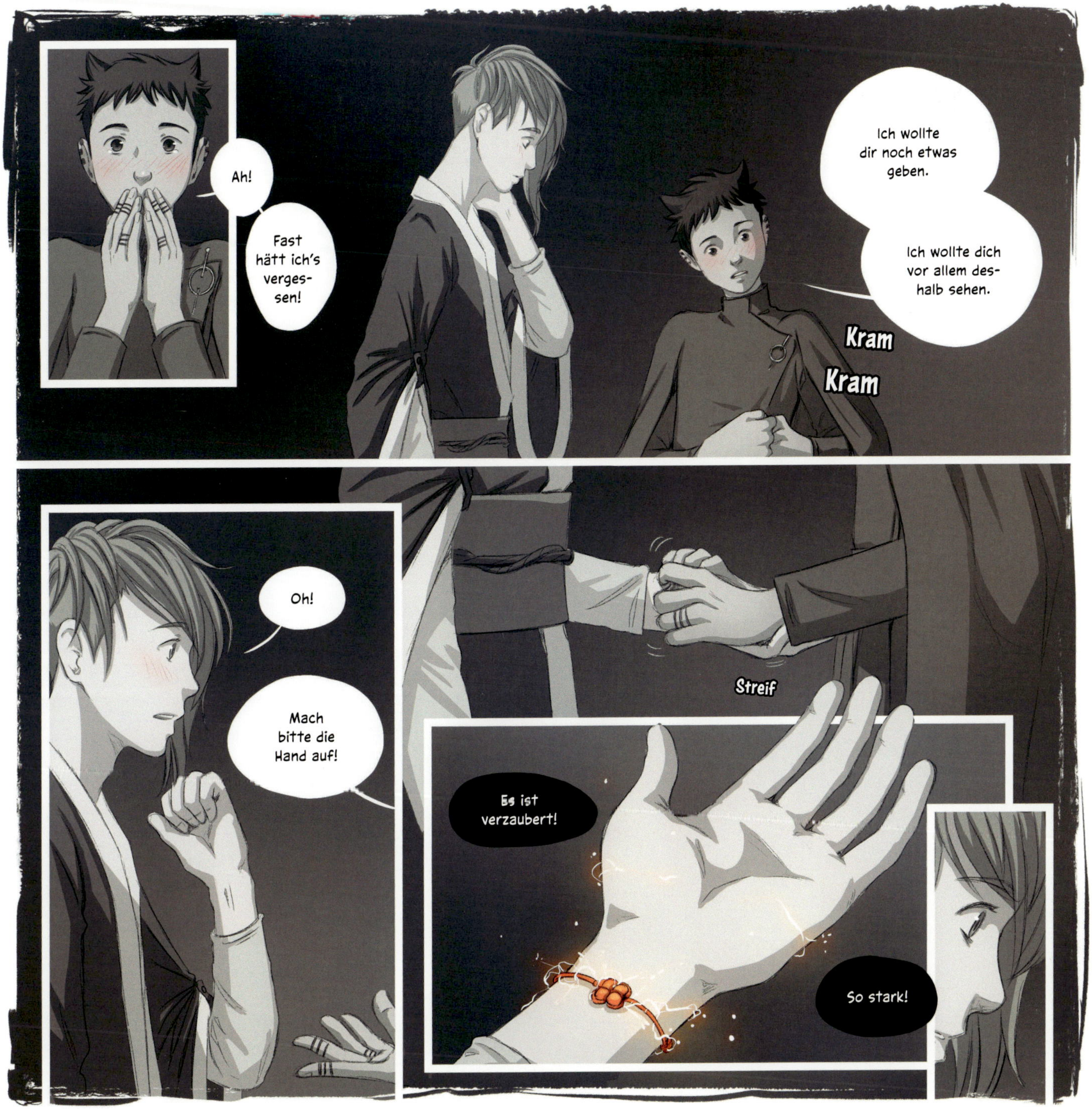
Ah!
Fast hätt ich's verges-sen!
Ich wollte dir noch etwas geben.
Ich wollte dich vor allem des-halb sehen.
Kram
Kram
Oh!
Mach bitte die Hand auf!
Streif
Es ist verzaubert!
So stark!

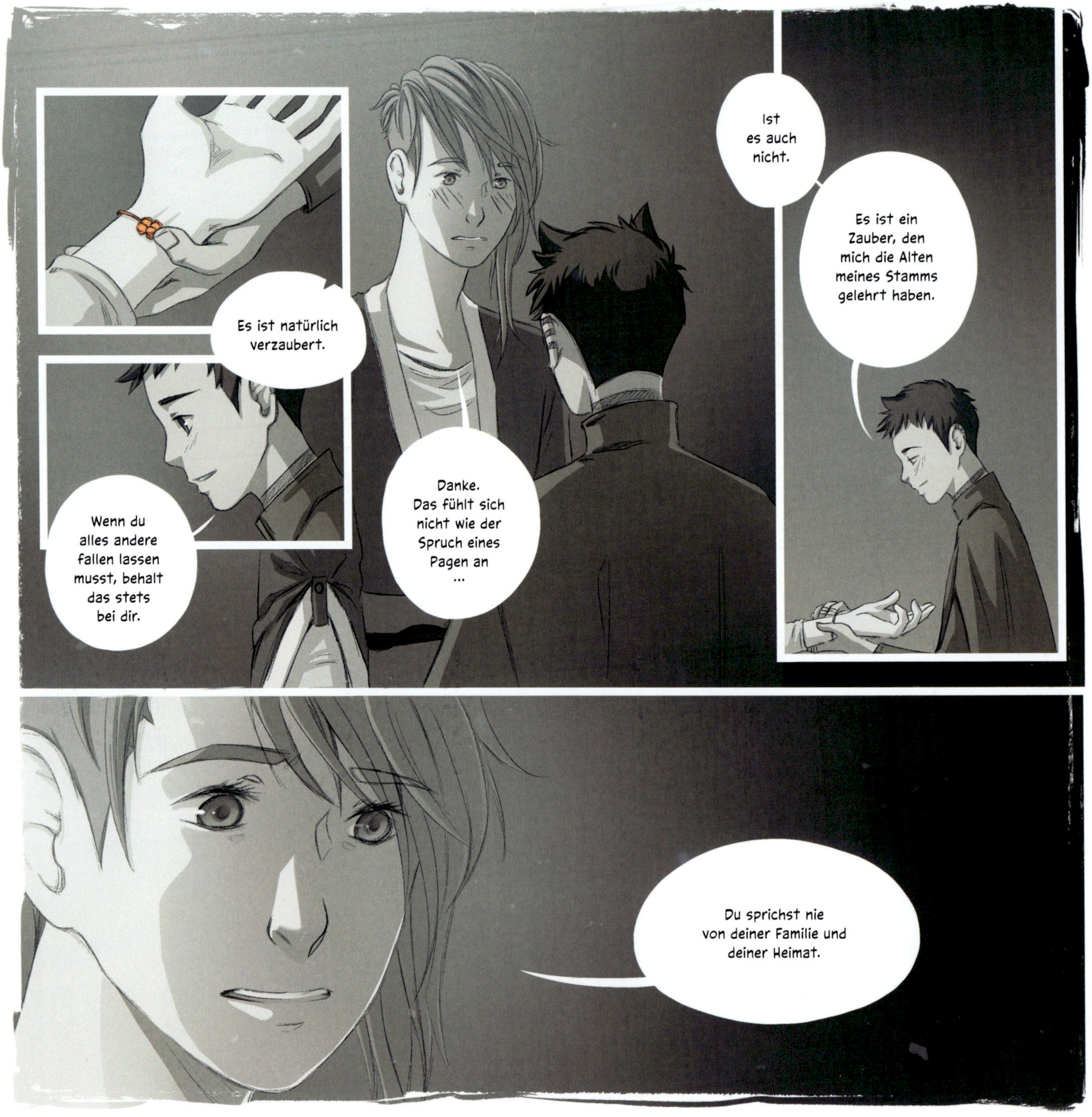
Es ist natürlich verzaubert.
Wenn du alles andere fallen lassen musst, behalt das stets bei dir.
Danke. Das fühlt sich nicht wie der Spruch eines Pagen an ...
Ist es auch nicht.
Es ist ein Zauber, den mich die Alten meines Stamms gelehrt haben.
Du sprichst nie von deiner Familie und deiner Heimat.

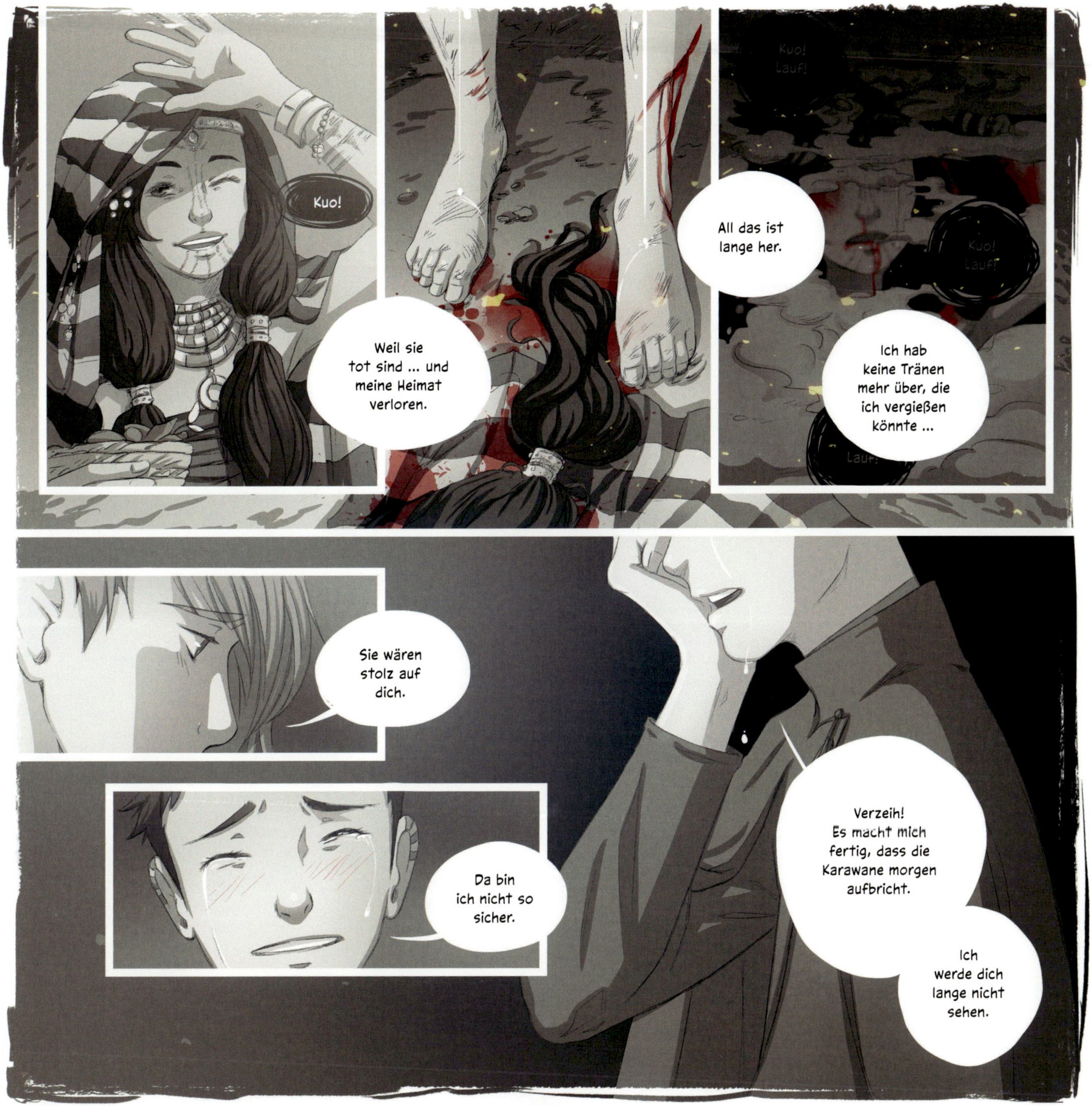
Kuo!
Weil sie tot sind ... und meine Heimat verloren.
Kuo! Lauf!
All das ist lange her.
Kuo! Lauf!
Ich hab keine Tränen mehr über, die ich vergießen könnte ...
Sie wären stolz auf dich.
Da bin ich nicht so sicher.
Verzeih! Es macht mich fertig, dass die Karawane morgen aufbricht.
Ich werde dich lange nicht sehen.

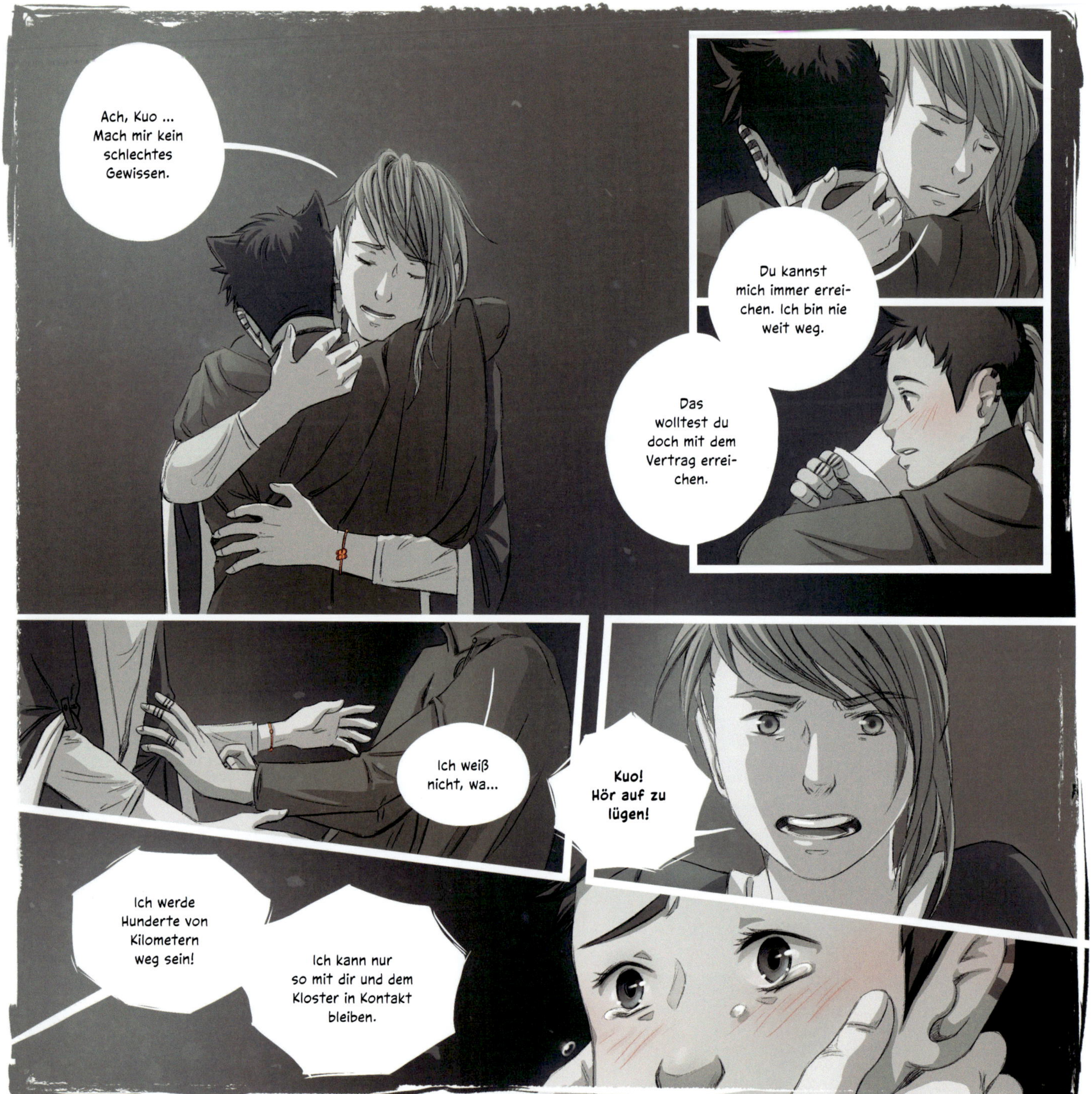
Ach, Kuo ... Mach mir kein schlechtes Gewissen.
Du kannst mich immer errei-chen. Ich bin nie weit weg.
Das wolltest du doch mit dem Vertrag errei-chen.
Ich weiß nicht, wa...
Kuo! Hör auf zu lügen!
Ich werde Hunderte von Kilometern weg sein!
Ich kann nur so mit dir und dem Kloster in Kontakt bleiben.

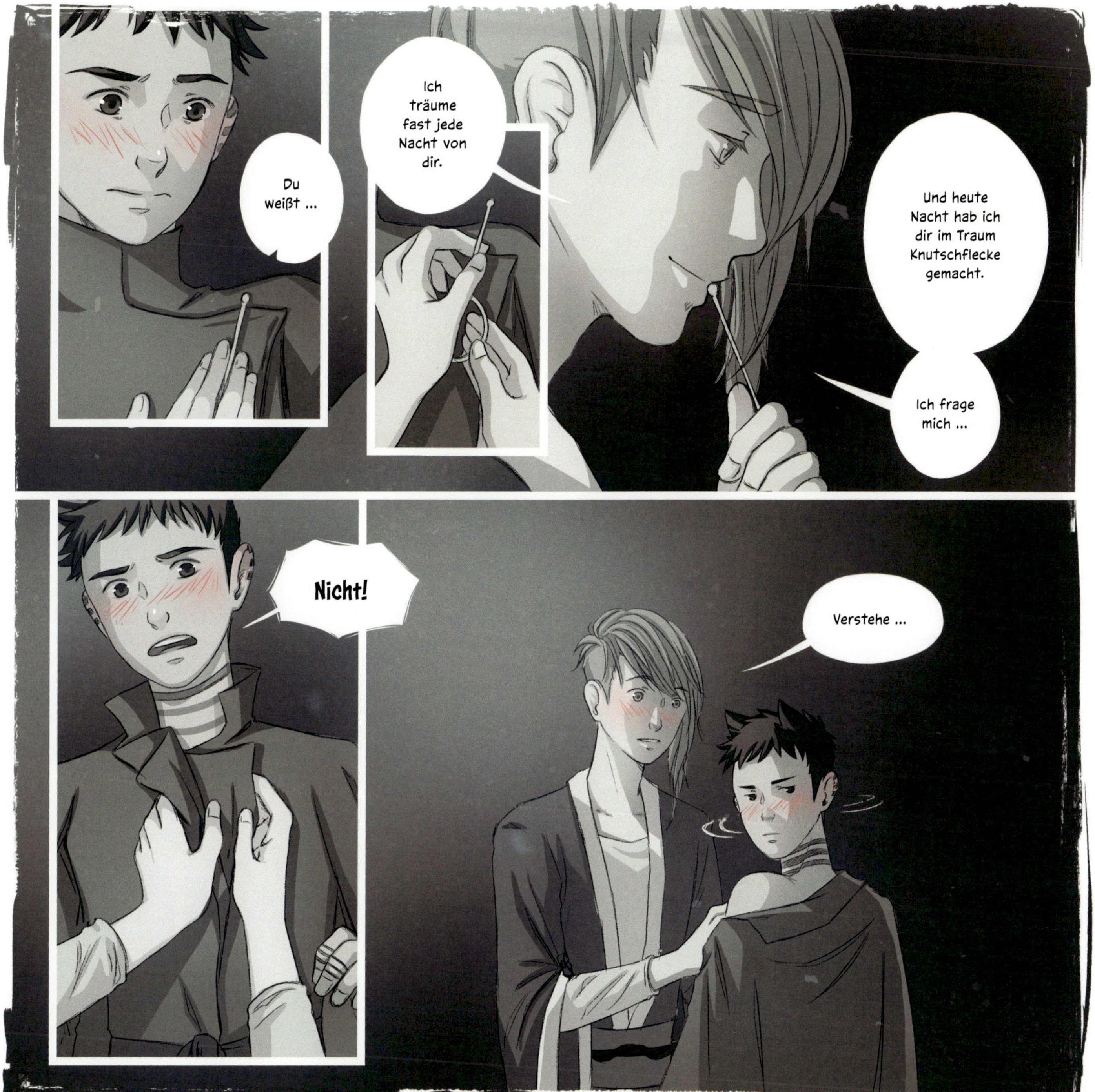
Du weißt ...
Ich träume fast jede Nacht von dir.
Und heute Nacht hab ich dir im Traum Knutschflecke gemacht.
Ich frage mich ...
Nicht!
Verstehe ...

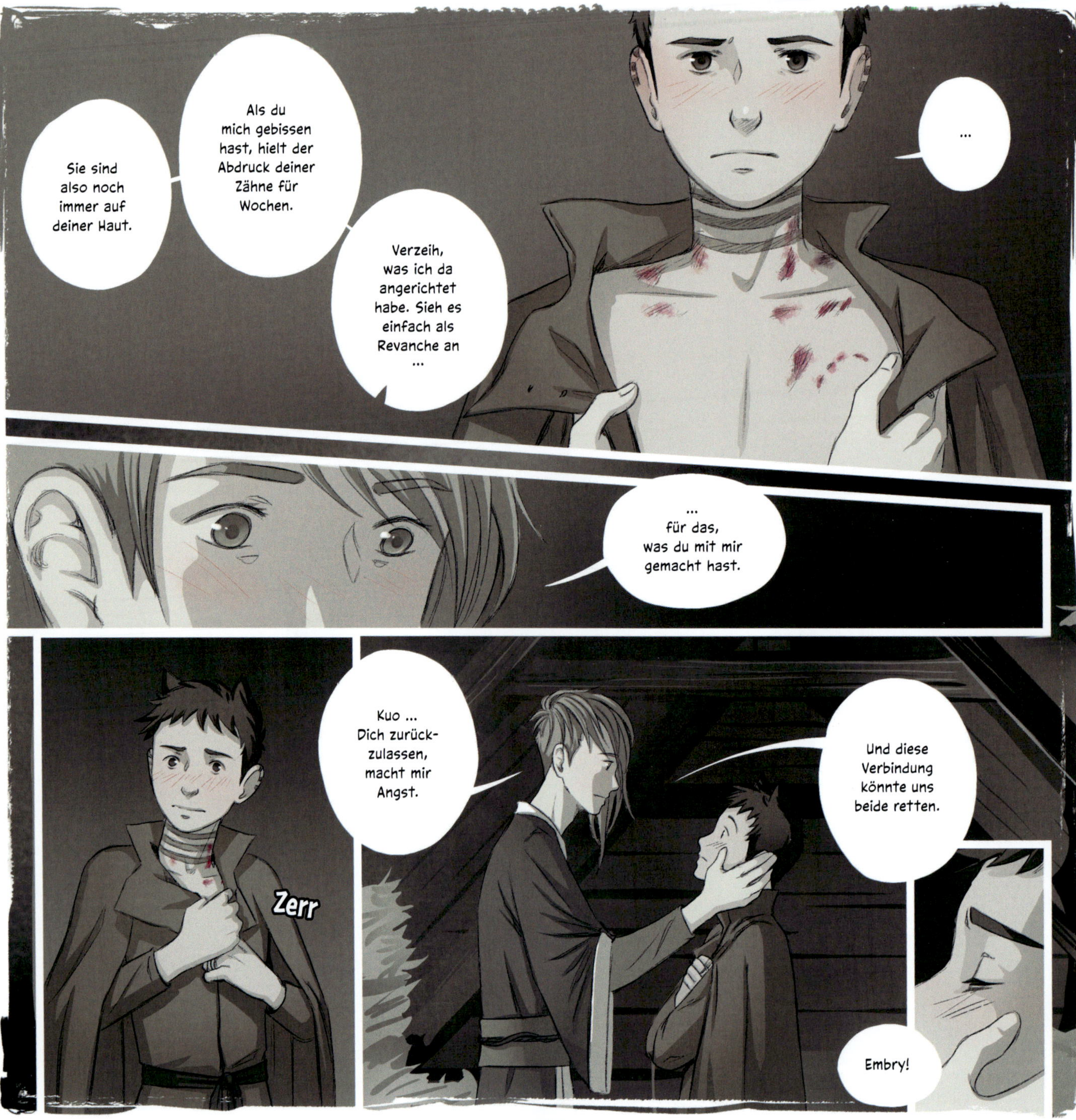
Sie sind also noch immer auf deiner Haut.
Als du mich gebissen hast, hielt der Abdruck deiner Zähne für Wochen.
Verzeih, was ich da angerichtet habe. Sieh es einfach als Revanche an …
…
… für das, was du mit mir gemacht hast.
Zerr
Kuo … Dich zurück-zulassen, macht mir Angst.
Und diese Verbindung könnte uns beide retten.
Embry!

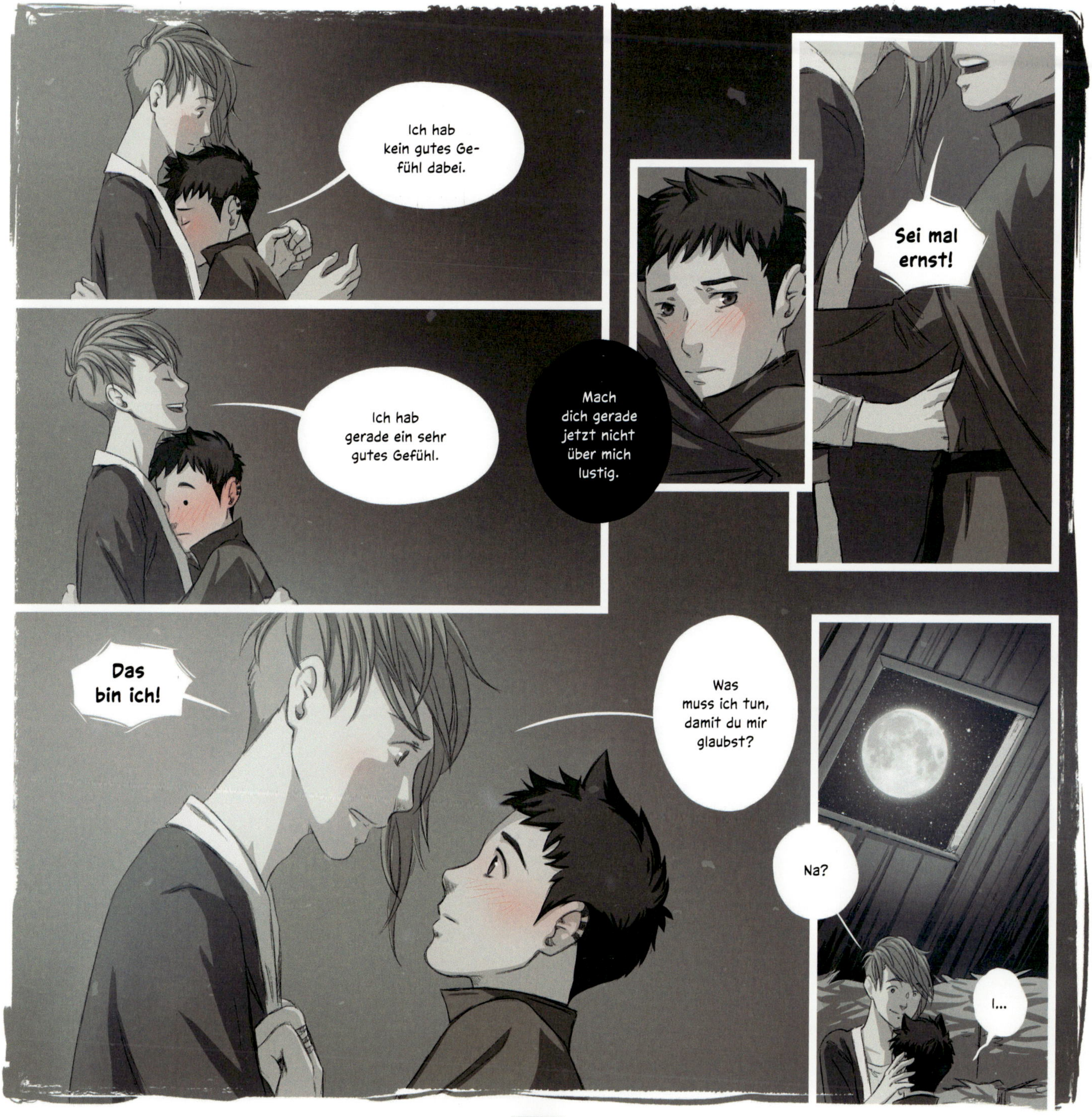
Ich hab kein gutes Gefühl dabei.
Ich hab gerade ein sehr gutes Gefühl.
Mach dich gerade jetzt nicht über mich lustig.
Sei mal ernst!
Das bin ich!
Was muss ich tun, damit du mir glaubst?
Na?
I...

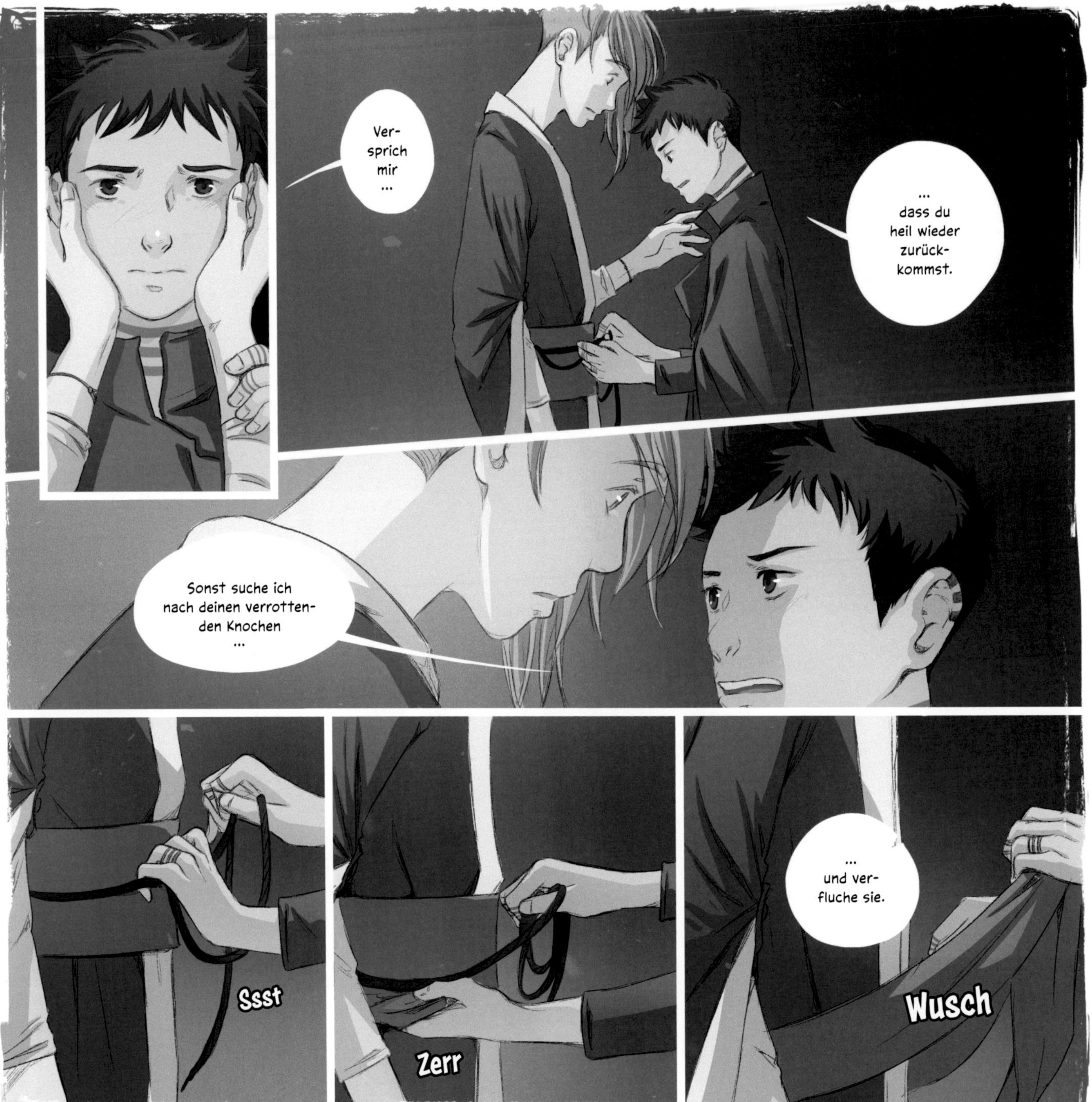
Ver-
sprich
mir
...
...
dass du
heil wieder
zurück-
kommst.
Sonst suche ich
nach deinen verrotten-
den Knochen
...
Ssst
Zerr
...
und ver-
fluche sie.
Wusch

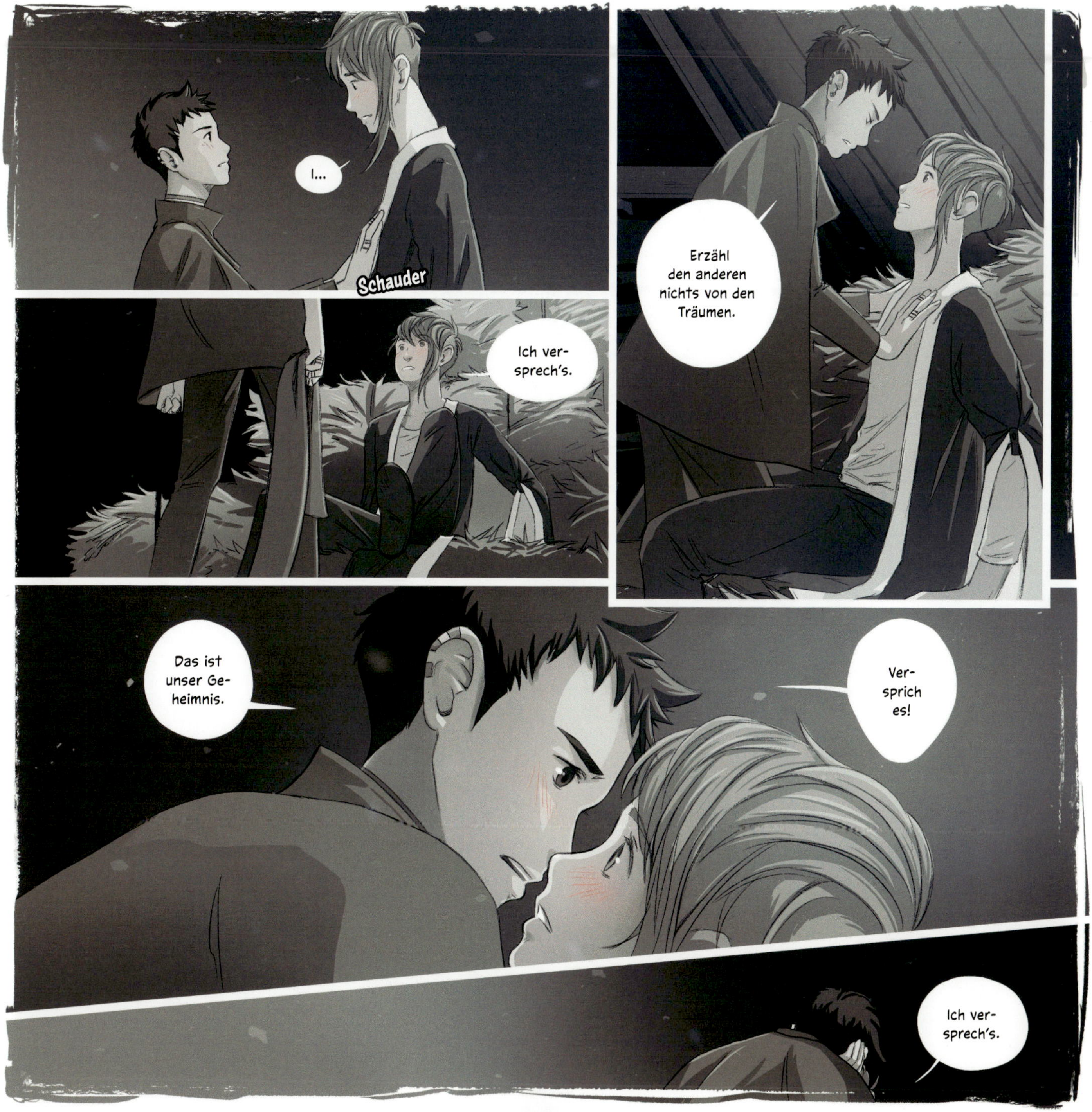
I...
Schauder
Ich ver-sprech's.
Erzähl den anderen nichts von den Träumen.
Das ist unser Ge-heimnis.
Ver-sprich es!
Ich ver-sprech's.

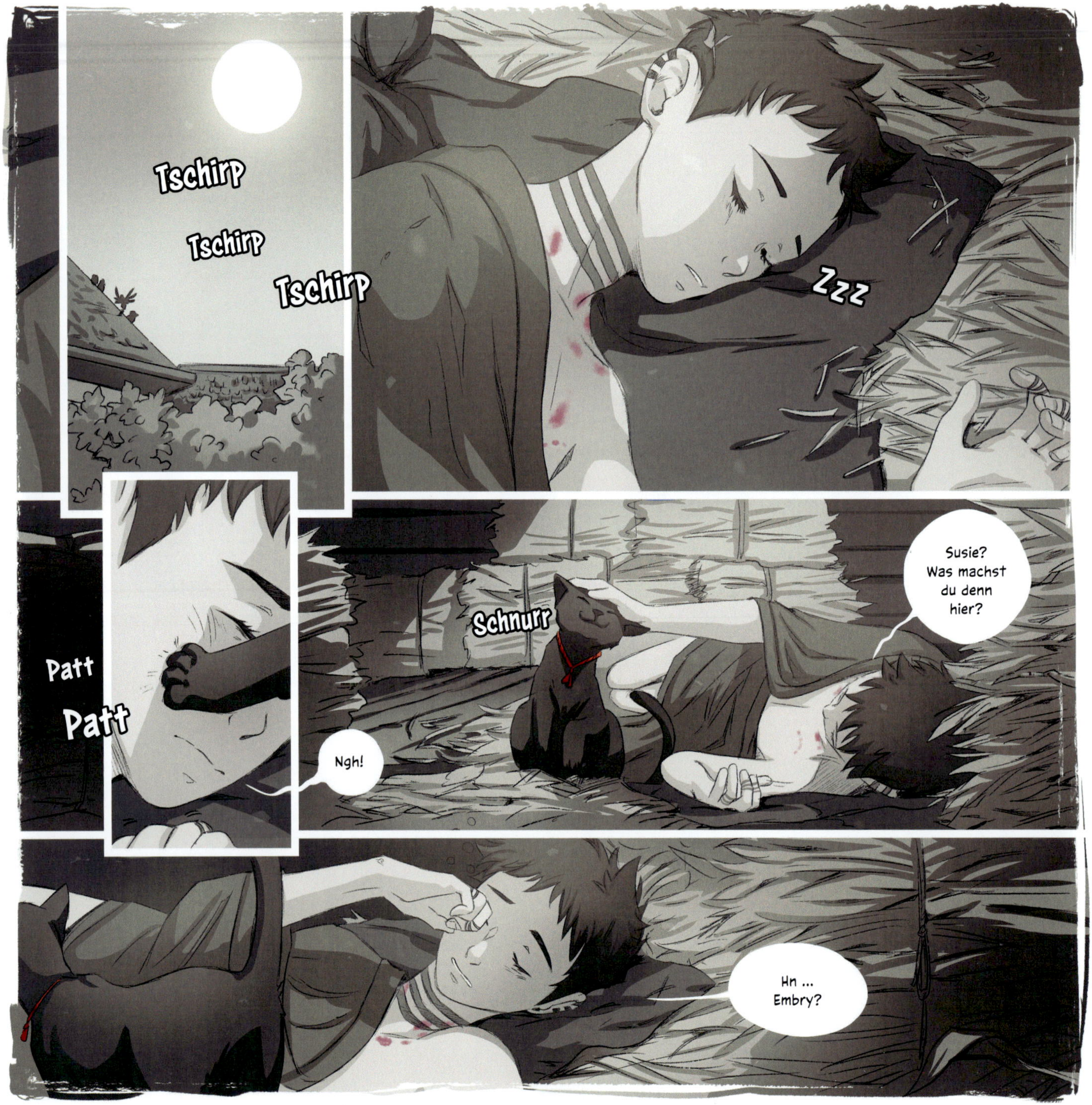
Tschirp
Tschirp
Tschirp
Zzz
Patt
Patt
Ngh!
Schnurr
Susie? Was machst du denn hier?
Hn ... Embry?

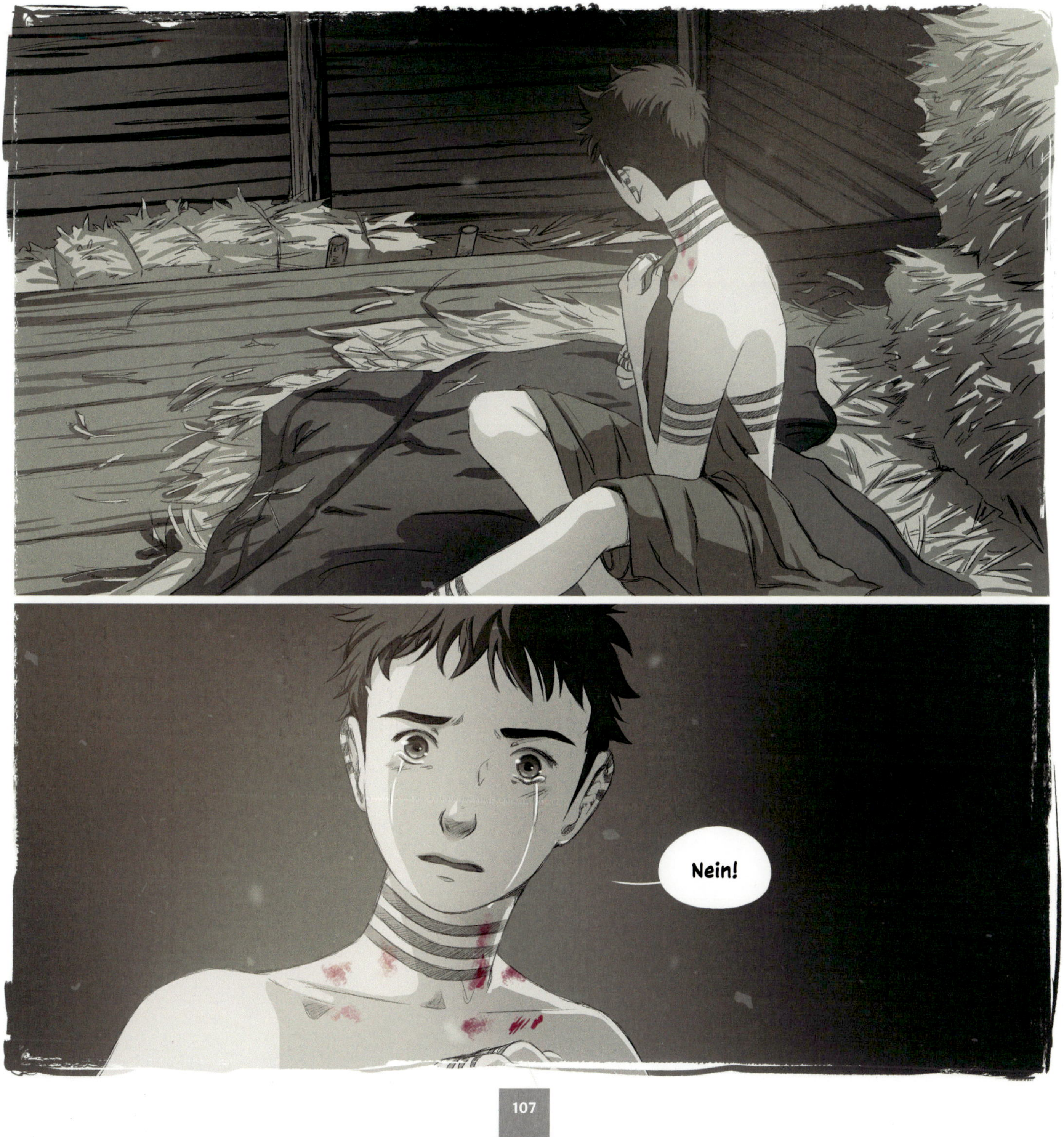
Nein!

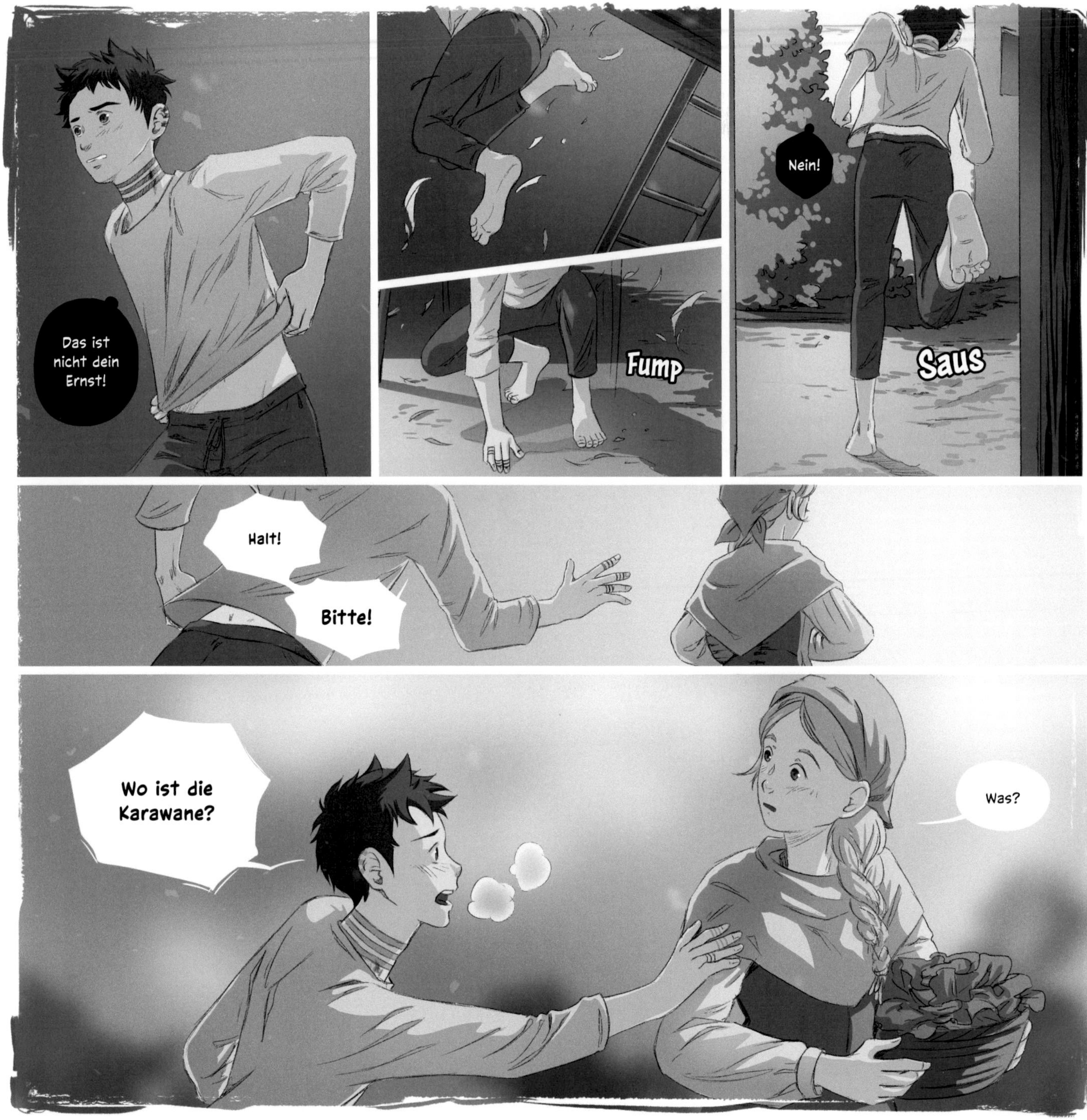
Das ist nicht dein Ernst!
Fump
Nein!
Saus
Halt!
Bitte!
Wo ist die Karawane?
Was?

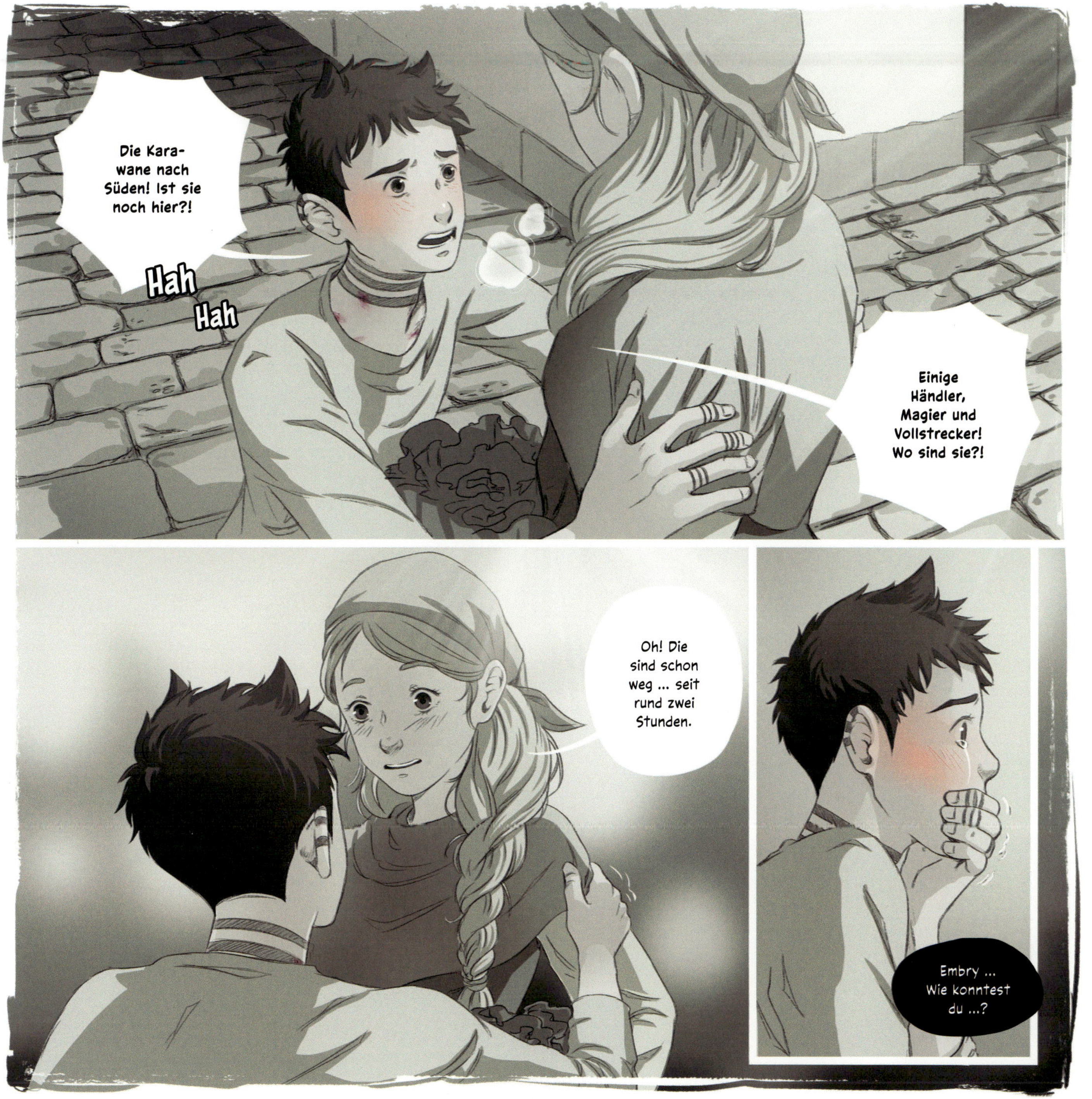

Die Karawane nach Süden! Ist sie noch hier?!
Hah
Hah
Einige Händler, Magier und Vollstrecker! Wo sind sie?!
Oh! Die sind schon weg ... seit rund zwei Stunden.
Embry ... Wie konntest du ...?

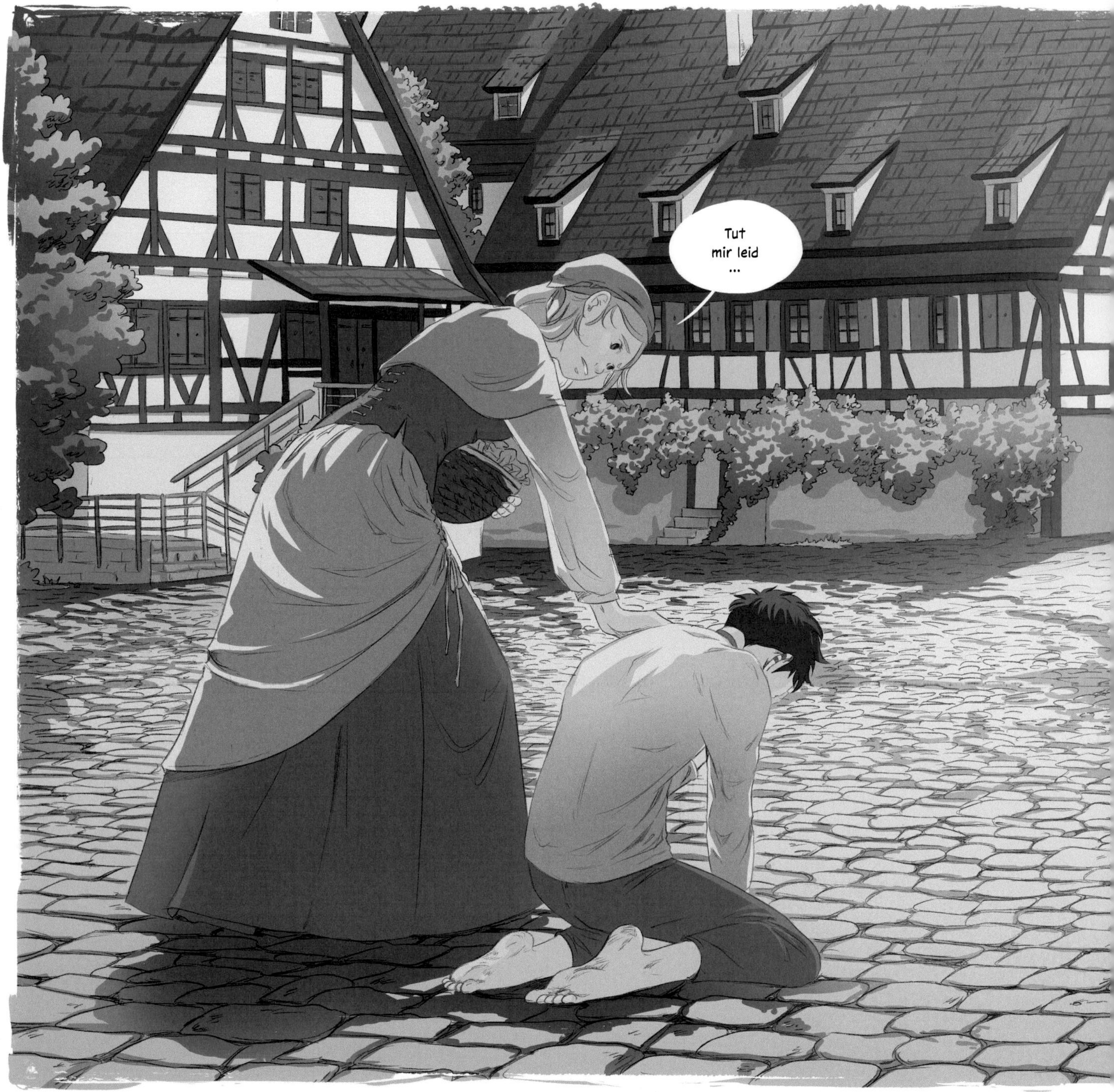
Tut mir leid ...

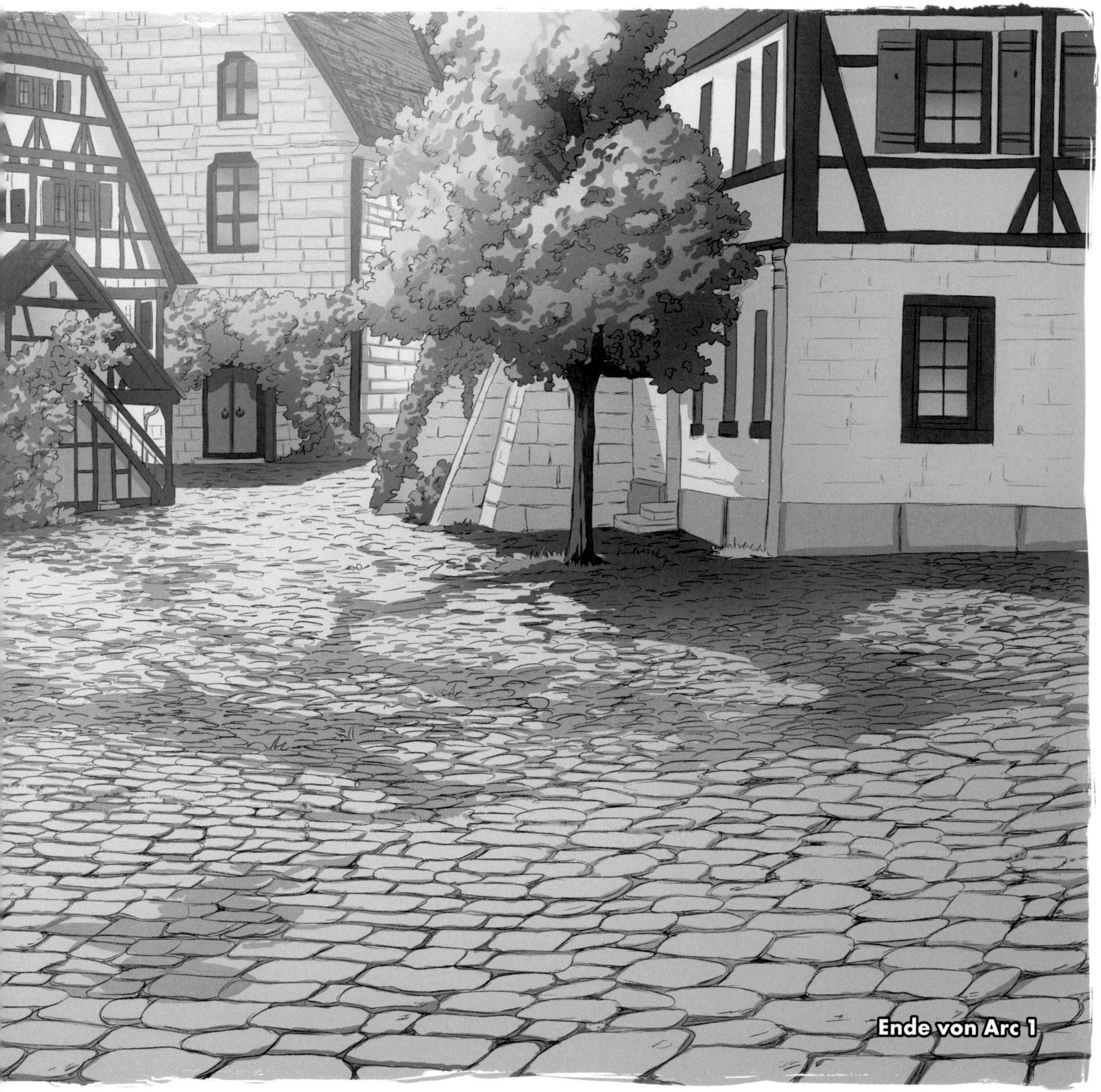
Ende von Arc 1

BOUND

DER VERTRAG

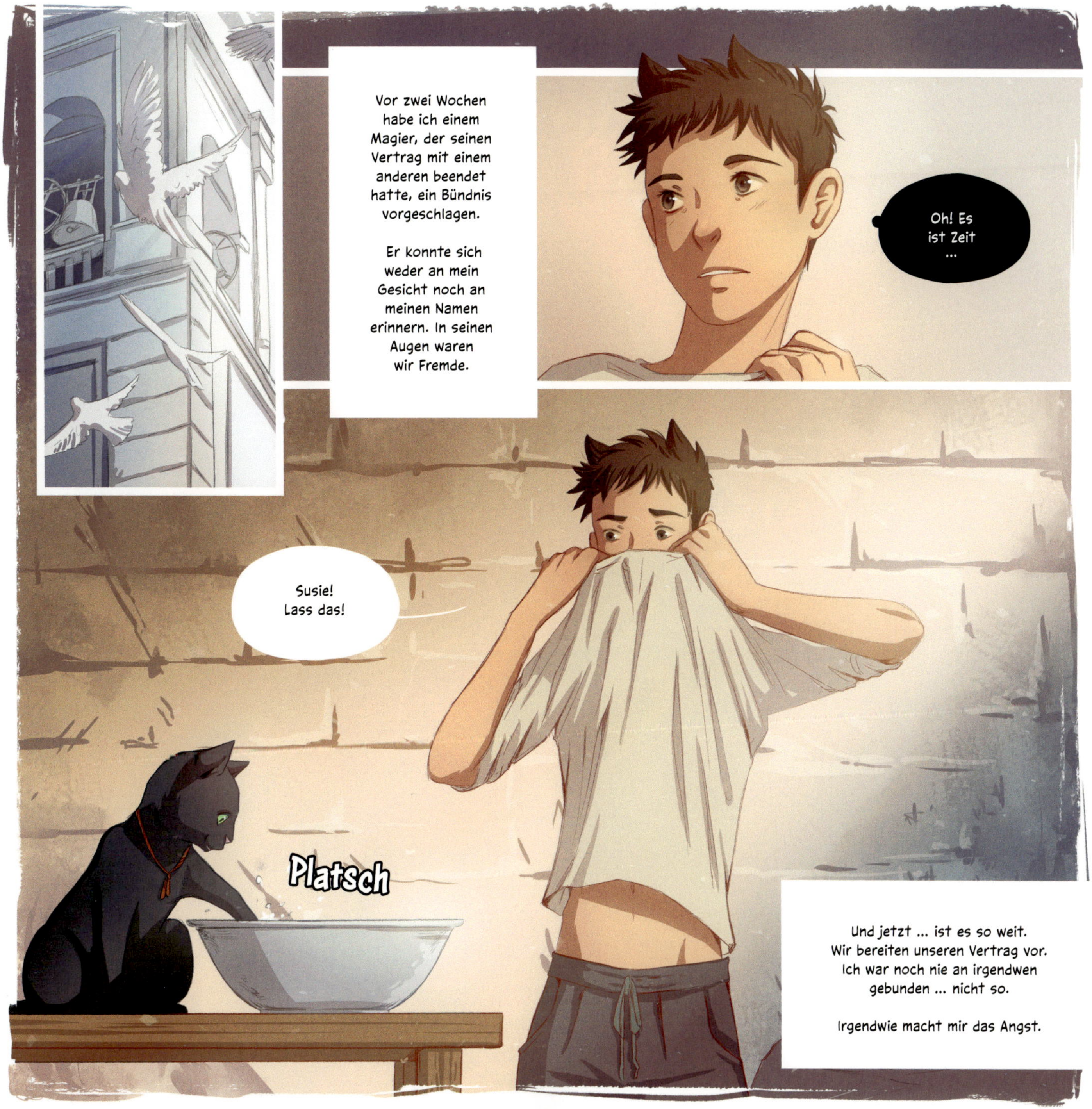

Vor zwei Wochen habe ich einem Magier, der seinen Vertrag mit einem anderen beendet hatte, ein Bündnis vorgeschlagen.
Er konnte sich weder an mein Gesicht noch an meinen Namen erinnern. In seinen Augen waren wir Fremde.
Oh! Es ist Zeit ...
Susie! Lass das!
Platsch
Und jetzt ... ist es so weit. Wir bereiten unseren Vertrag vor. Ich war noch nie an irgendwen gebunden ... nicht so.
Irgendwie macht mir das Angst.

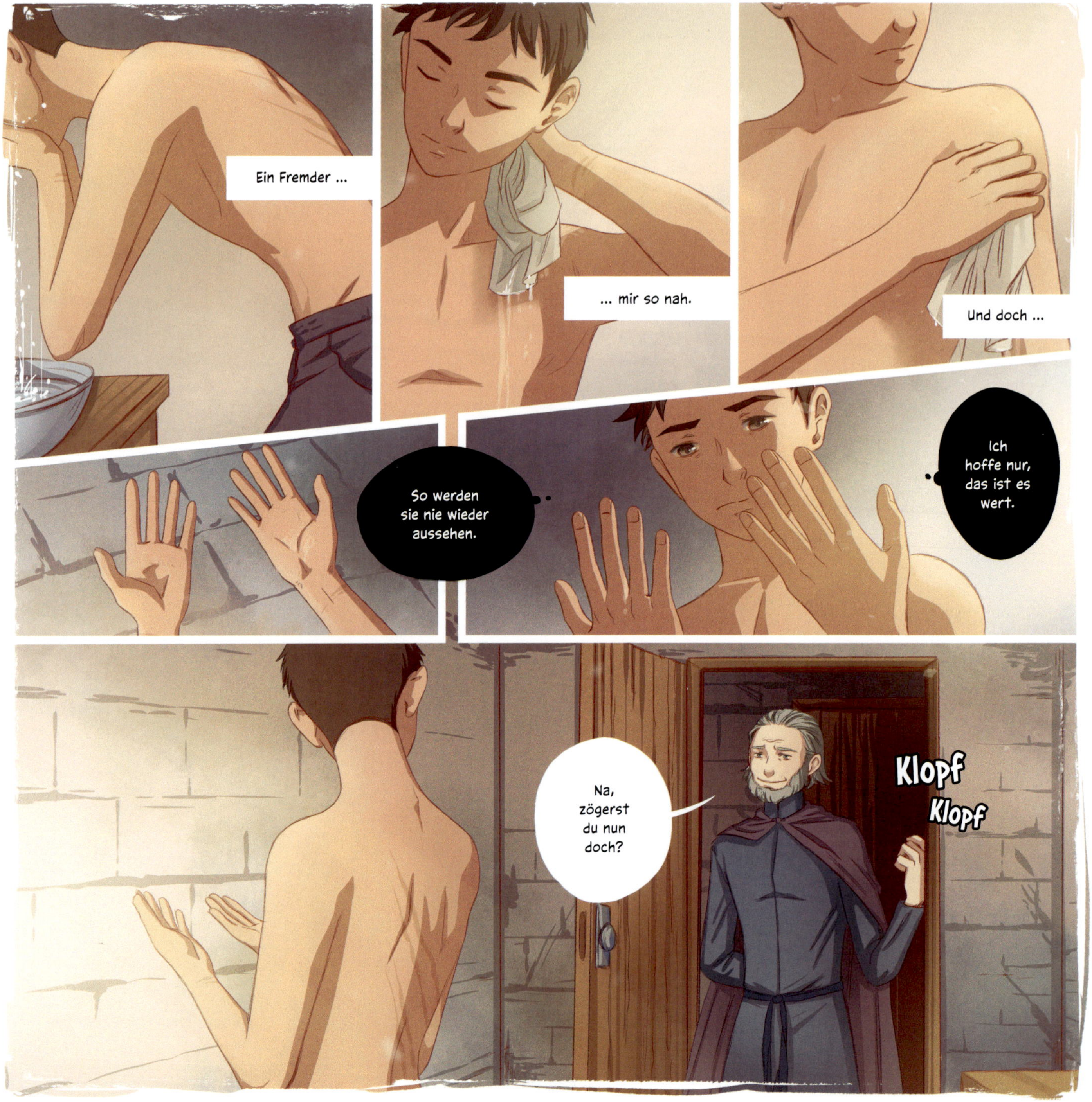
Ein Fremder ...
... mir so nah.
Und doch ...
So werden sie nie wieder aussehen.
Ich hoffe nur, das ist es wert.
Na, zögerst du nun doch?
Klopf
Klopf

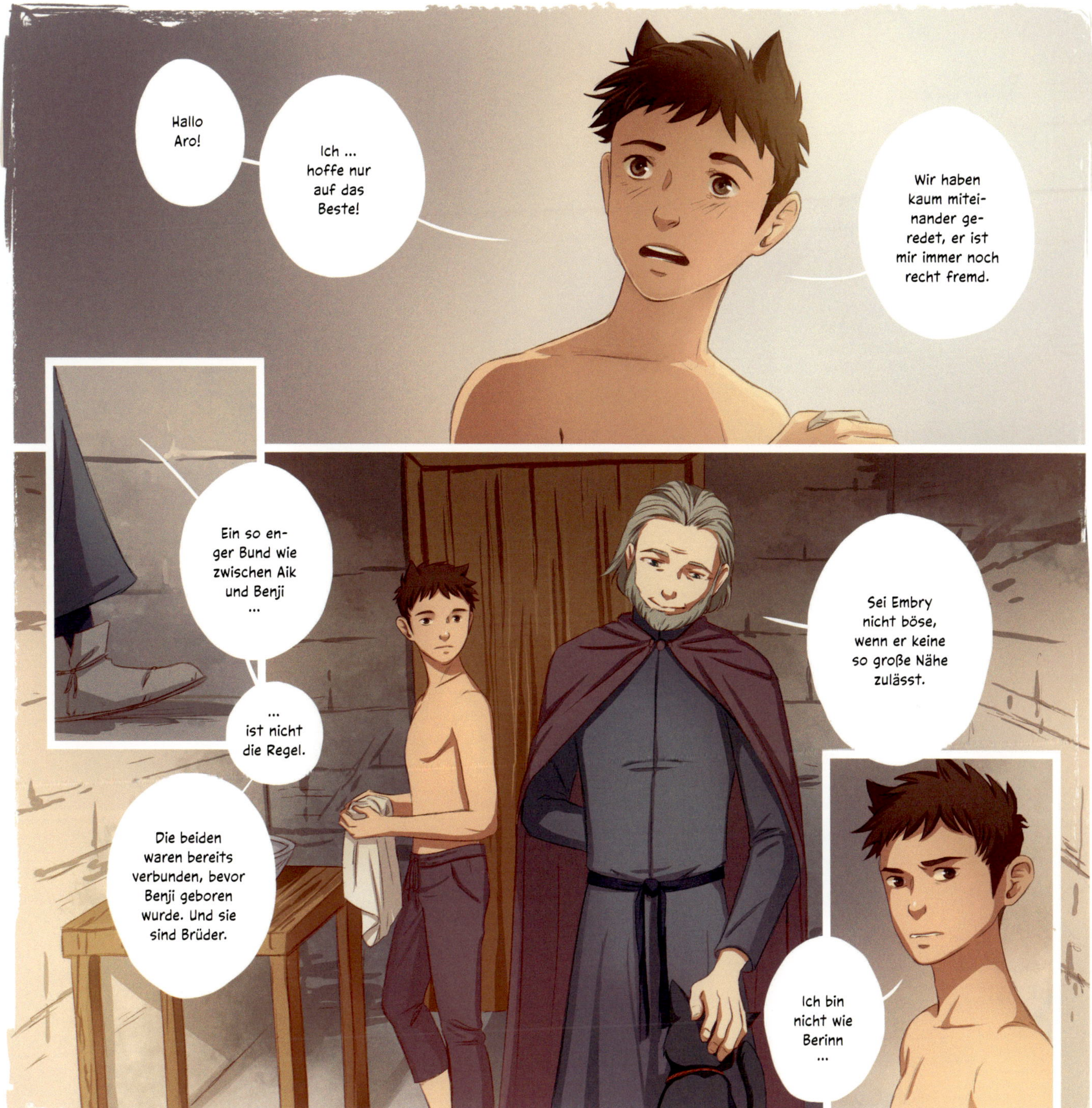
Hallo Aro!
Ich ... hoffe nur auf das Beste!
Wir haben kaum mitei-nander ge-redet, er ist mir immer noch recht fremd.
Ein so en-ger Bund wie zwischen Aik und Benji ...
... ist nicht die Regel.
Die beiden waren bereits verbunden, bevor Benji geboren wurde. Und sie sind Brüder.
Sei Embry nicht böse, wenn er keine so große Nähe zulässt.
Ich bin nicht wie Berinn ...

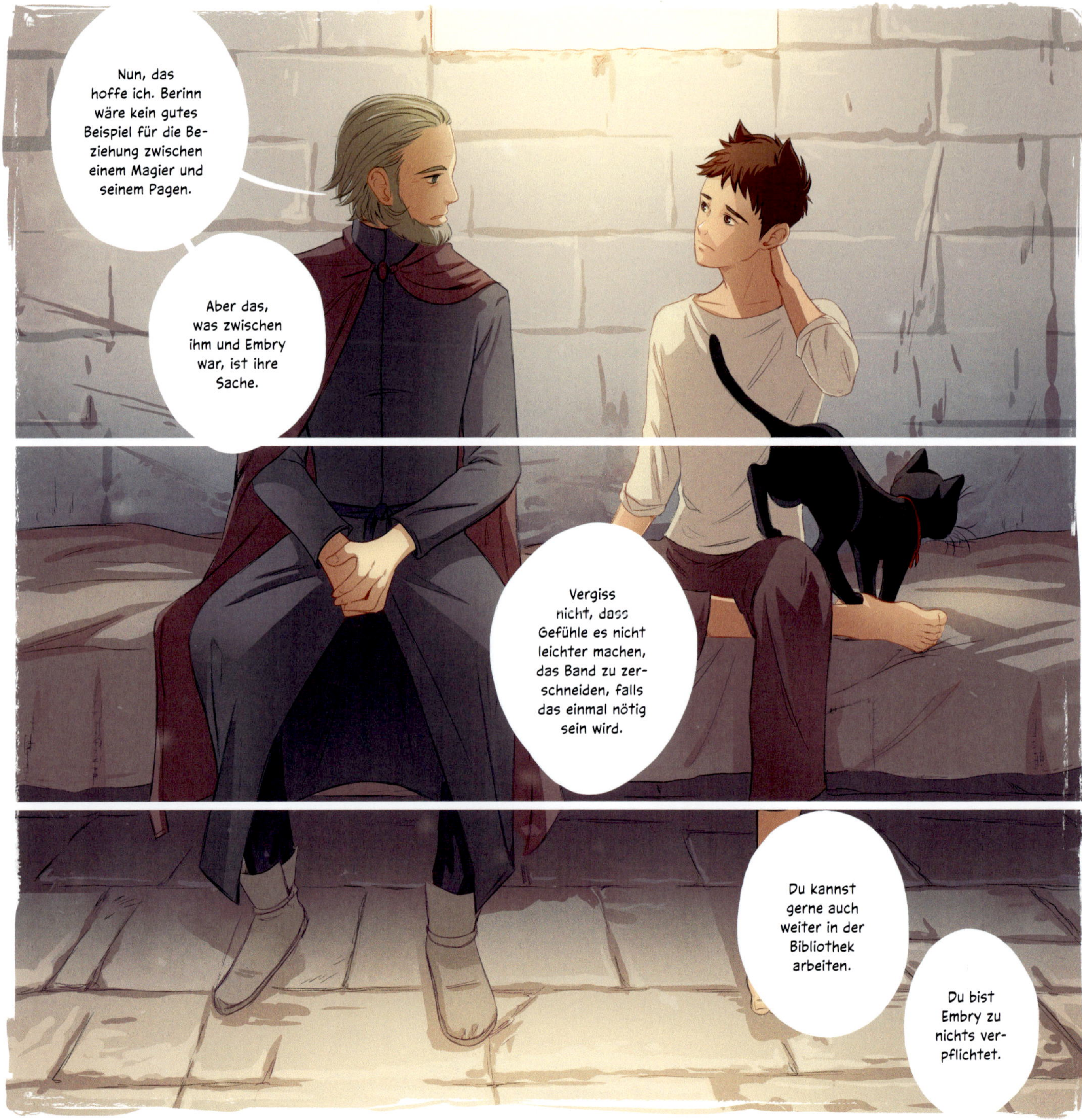
Nun, das hoffe ich. Berinn wäre kein gutes Beispiel für die Beziehung zwischen einem Magier und seinem Pagen.
Aber das, was zwischen ihm und Embry war, ist ihre Sache.
Vergiss nicht, dass Gefühle es nicht leichter machen, das Band zu zerschneiden, falls das einmal nötig sein wird.
Du kannst gerne auch weiter in der Bibliothek arbeiten.
Du bist Embry zu nichts verpflichtet.

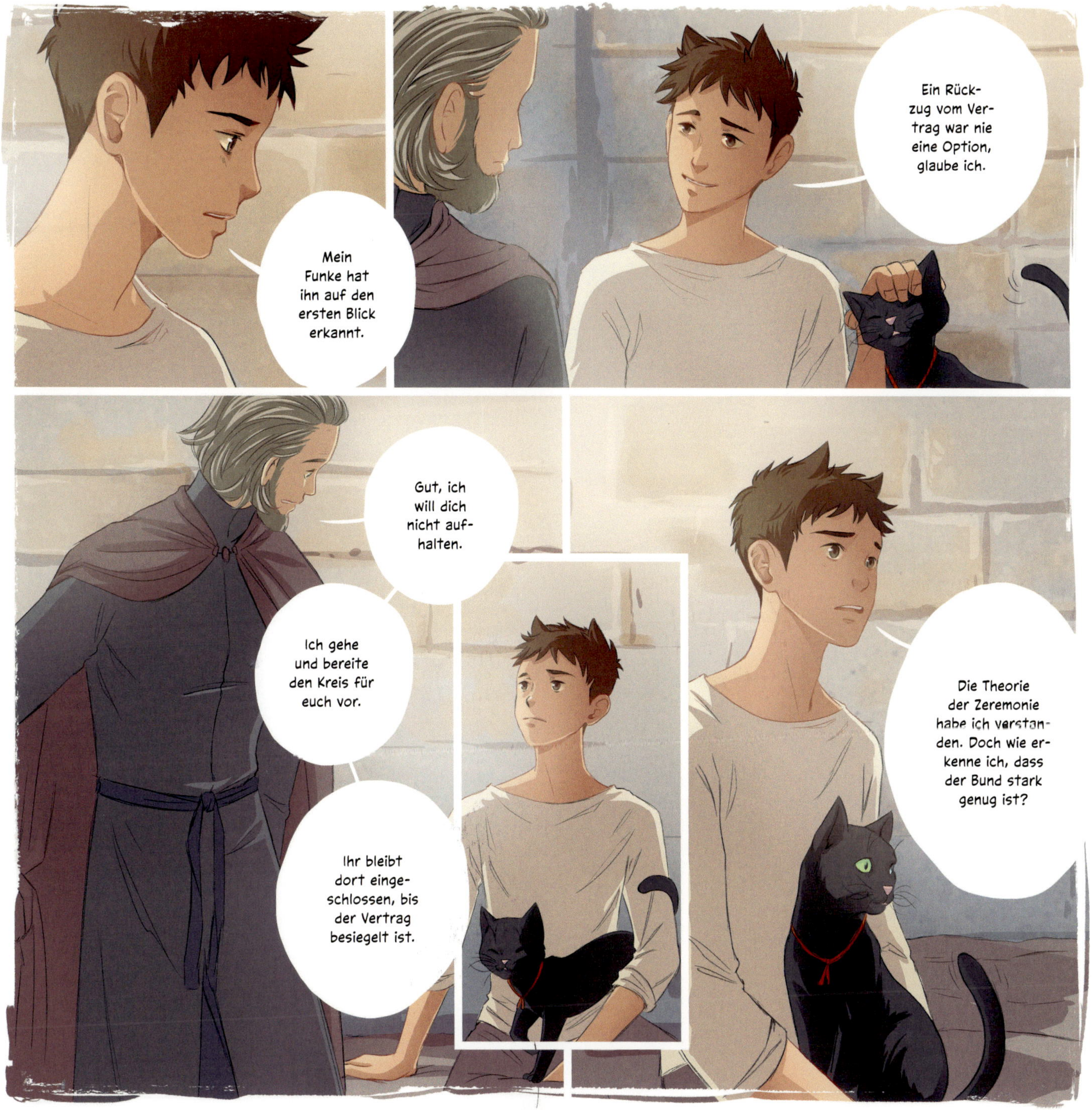
Mein Funke hat ihn auf den ersten Blick erkannt.
Ein Rückzug vom Vertrag war nie eine Option, glaube ich.
Gut, ich will dich nicht aufhalten.
Ich gehe und bereite den Kreis für euch vor.
Ihr bleibt dort eingeschlossen, bis der Vertrag besiegelt ist.
Die Theorie der Zeremonie habe ich verstanden. Doch wie erkenne ich, dass der Bund stark genug ist?

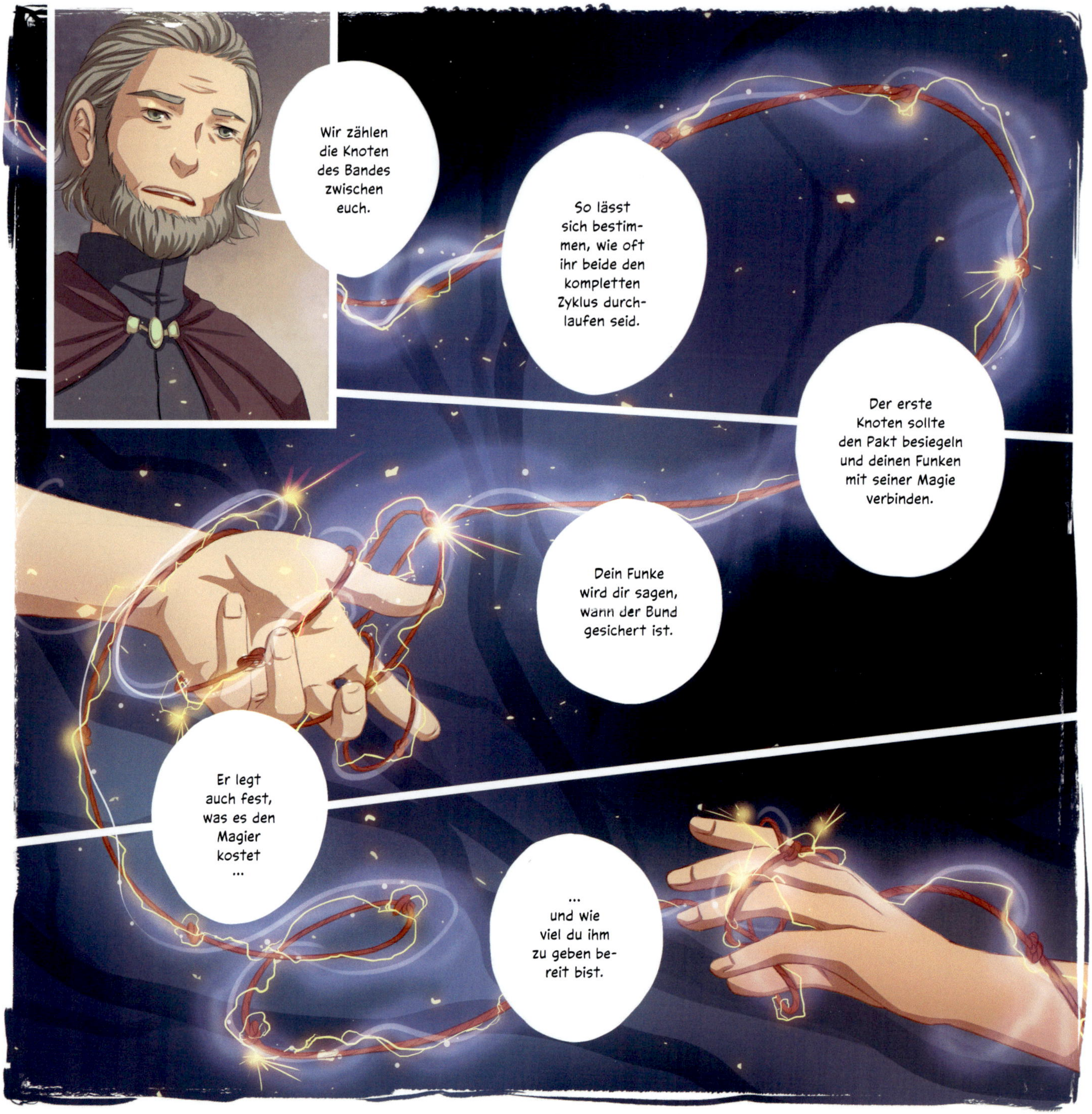
Wir zählen die Knoten des Bandes zwischen euch.
So lässt sich bestimmen, wie oft ihr beide den kompletten Zyklus durchlaufen seid.
Der erste Knoten sollte den Pakt besiegeln und deinen Funken mit seiner Magie verbinden.
Dein Funke wird dir sagen, wann der Bund gesichert ist.
Er legt auch fest, was es den Magier kostet ...
... und wie viel du ihm zu geben bereit bist.

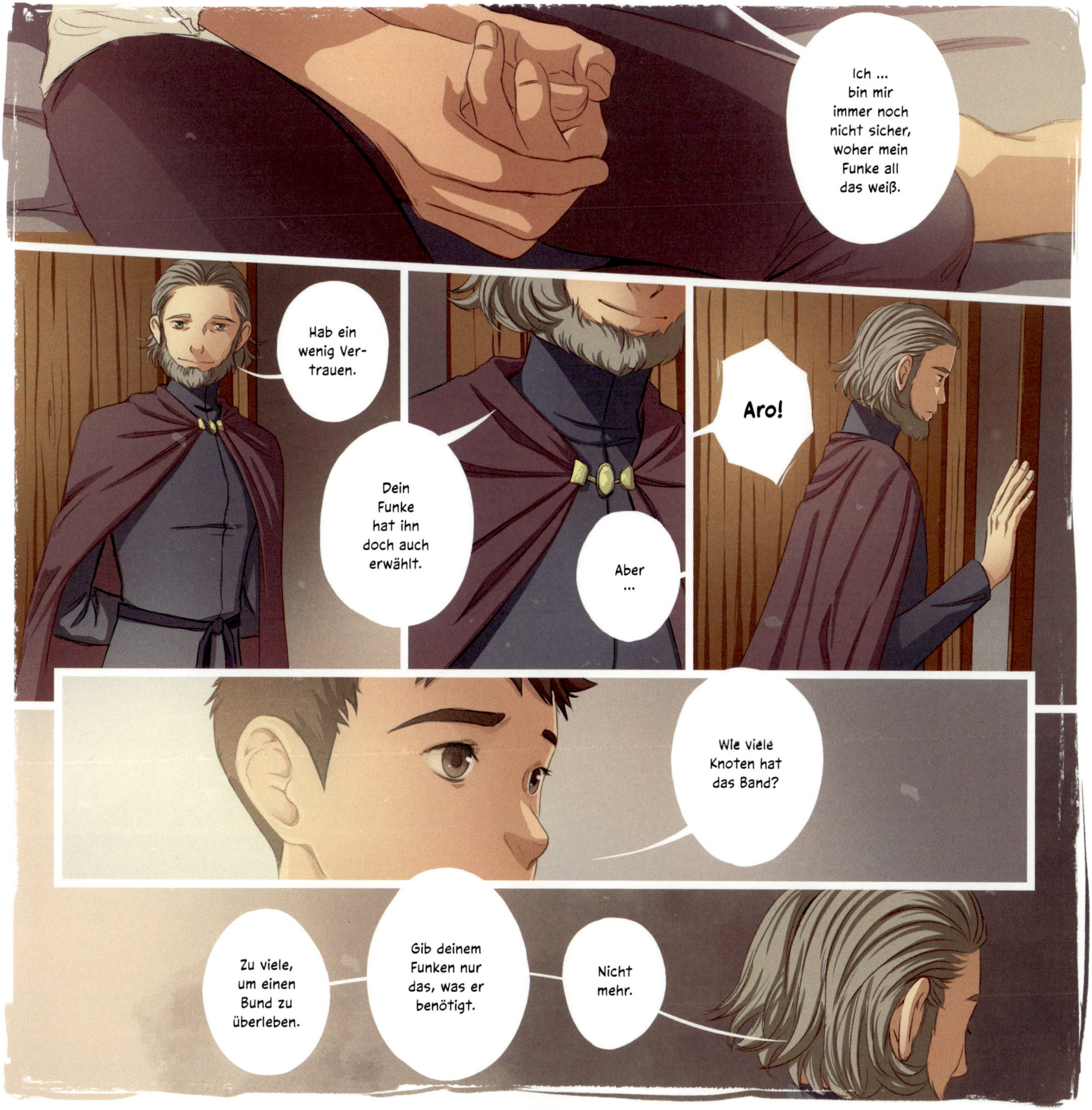
Ich ... bin mir immer noch nicht sicher, woher mein Funke all das weiß.
Hab ein wenig Vertrauen.
Dein Funke hat ihn doch auch erwählt.
Aber ...
Aro!
Wie viele Knoten hat das Band?
Zu viele, um einen Bund zu überleben.
Gib deinem Funken nur das, was er benötigt.
Nicht mehr.

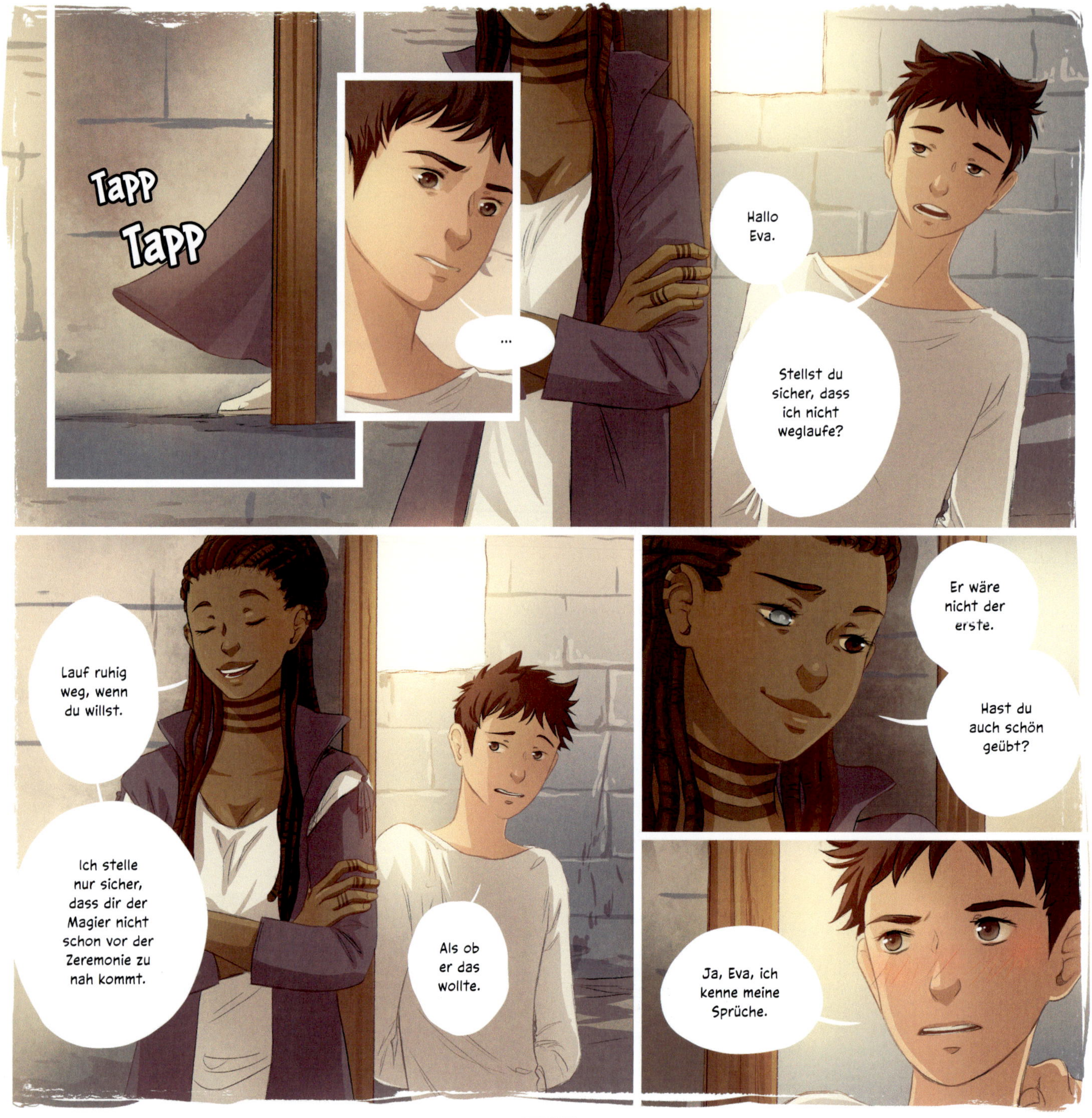

Tapp
Tapp
...
Hallo Eva.
Stellst du sicher, dass ich nicht weglaufe?
Lauf ruhig weg, wenn du willst.
Ich stelle nur sicher, dass dir der Magier nicht schon vor der Zeremonie zu nah kommt.
Als ob er das wollte.
Er wäre nicht der erste.
Hast du auch schön geübt?
Ja, Eva, ich kenne meine Sprüche.

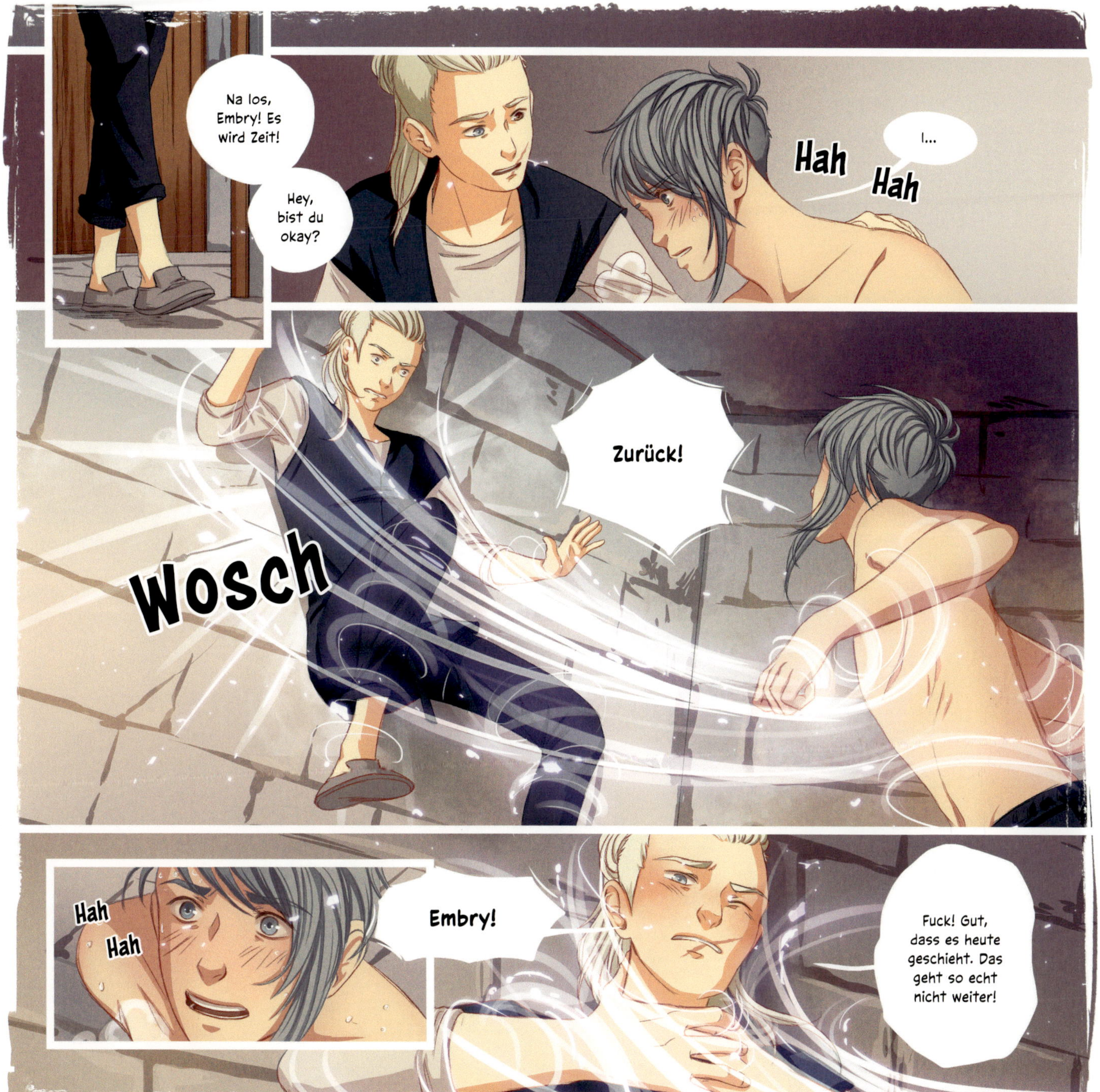
Na los, Embry! Es wird Zeit!
Hey, bist du okay?
Hah
Hah
I...
Zurück!
Wosch
Hah
Hah
Embry!
Fuck! Gut, dass es heute geschieht. Das geht so echt nicht weiter!

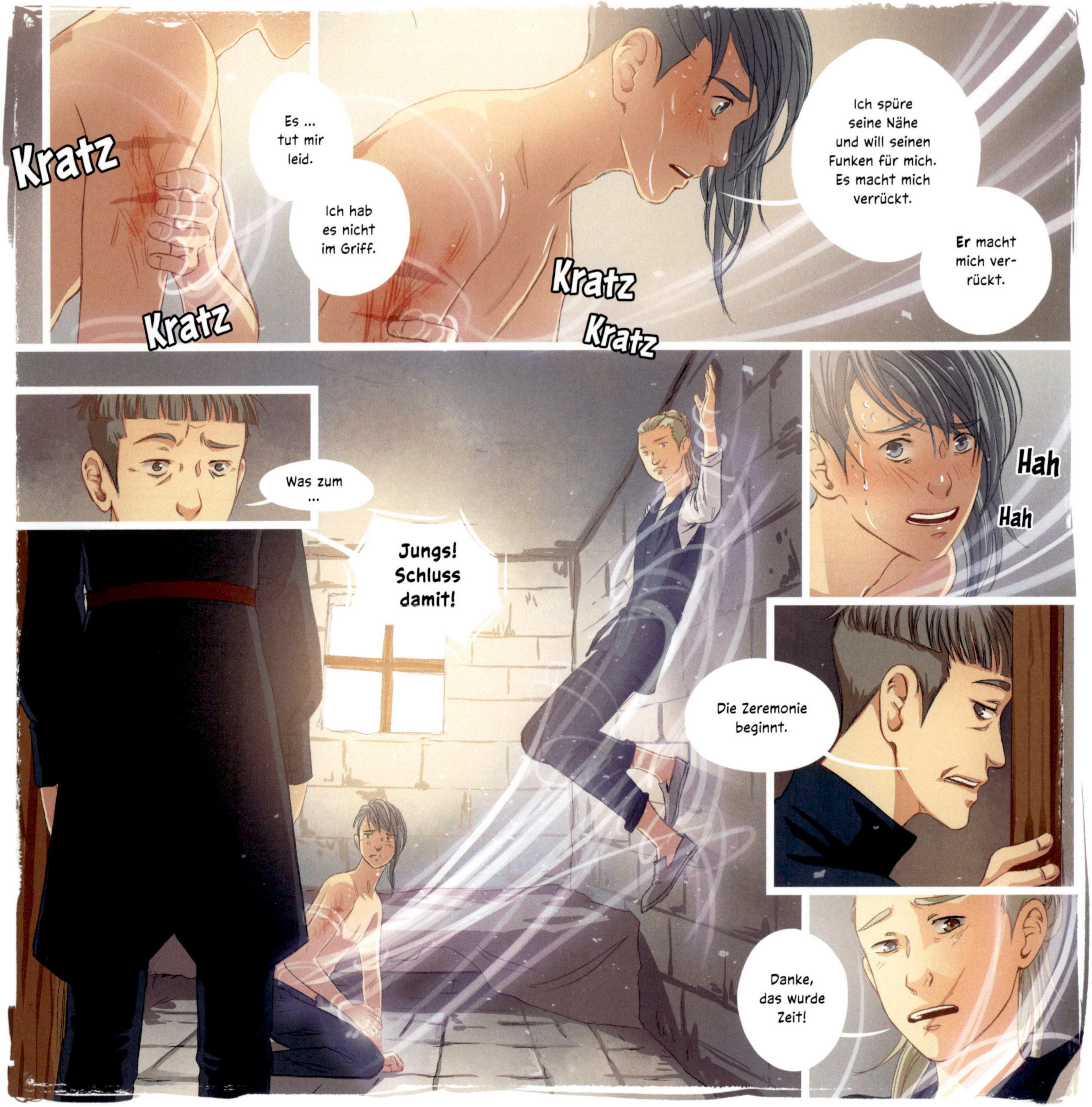
Kratz
Es ... tut mir leid.
Ich hab es nicht im Griff.
Kratz
Ich spüre seine Nähe und will seinen Funken für mich. Es macht mich verrückt.
Er macht mich verrückt.
Kratz
Kratz
Was zum ...
Jungs! Schluss damit!
Hah
Hah
Die Zeremonie beginnt.
Danke, das wurde Zeit!

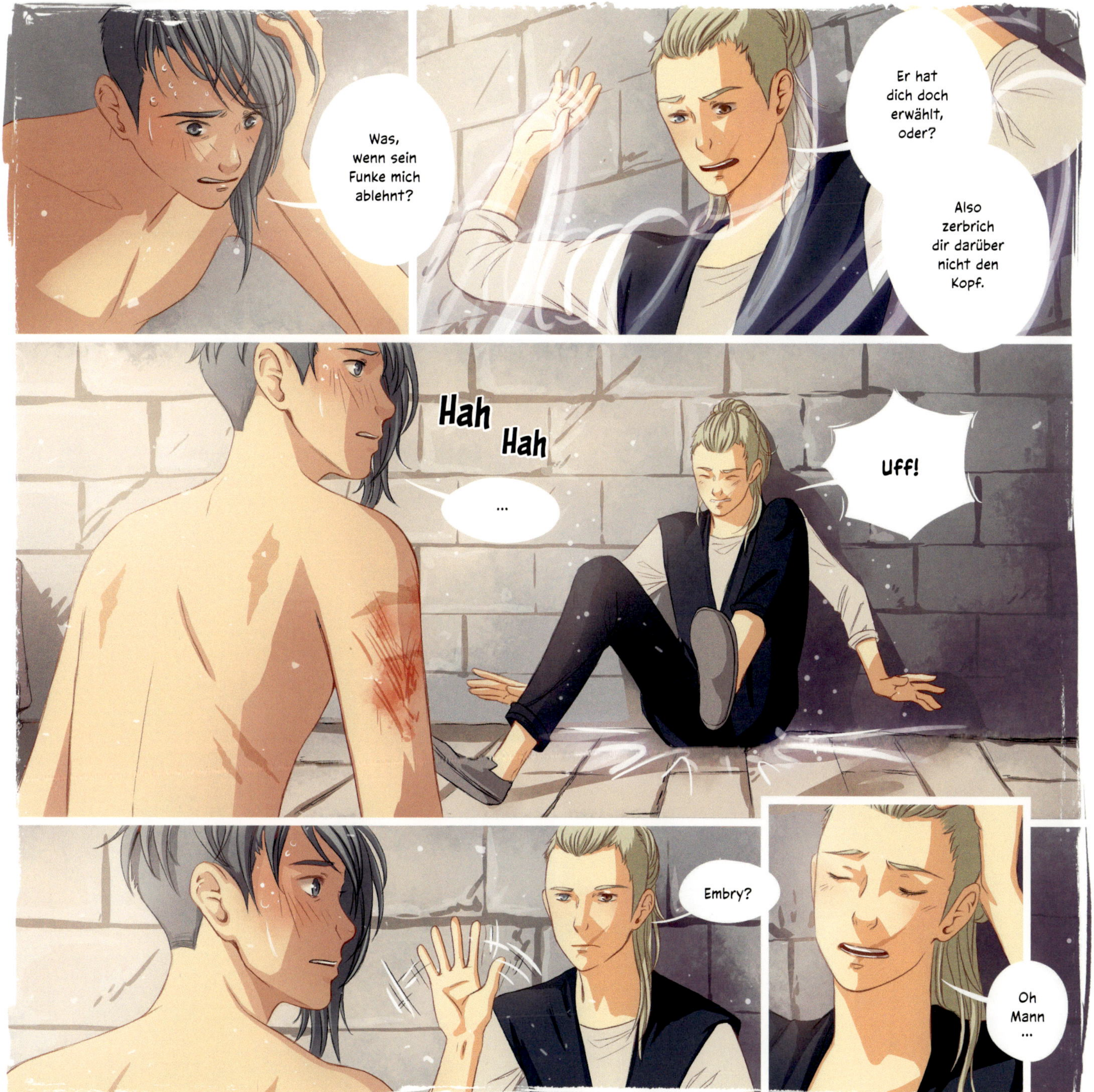

Was, wenn sein Funke mich ablehnt?
Er hat dich doch erwählt, oder?
Also zerbrich dir darüber nicht den Kopf.
Hah
Hah
...
Uff!
Embry?
Oh Mann ...

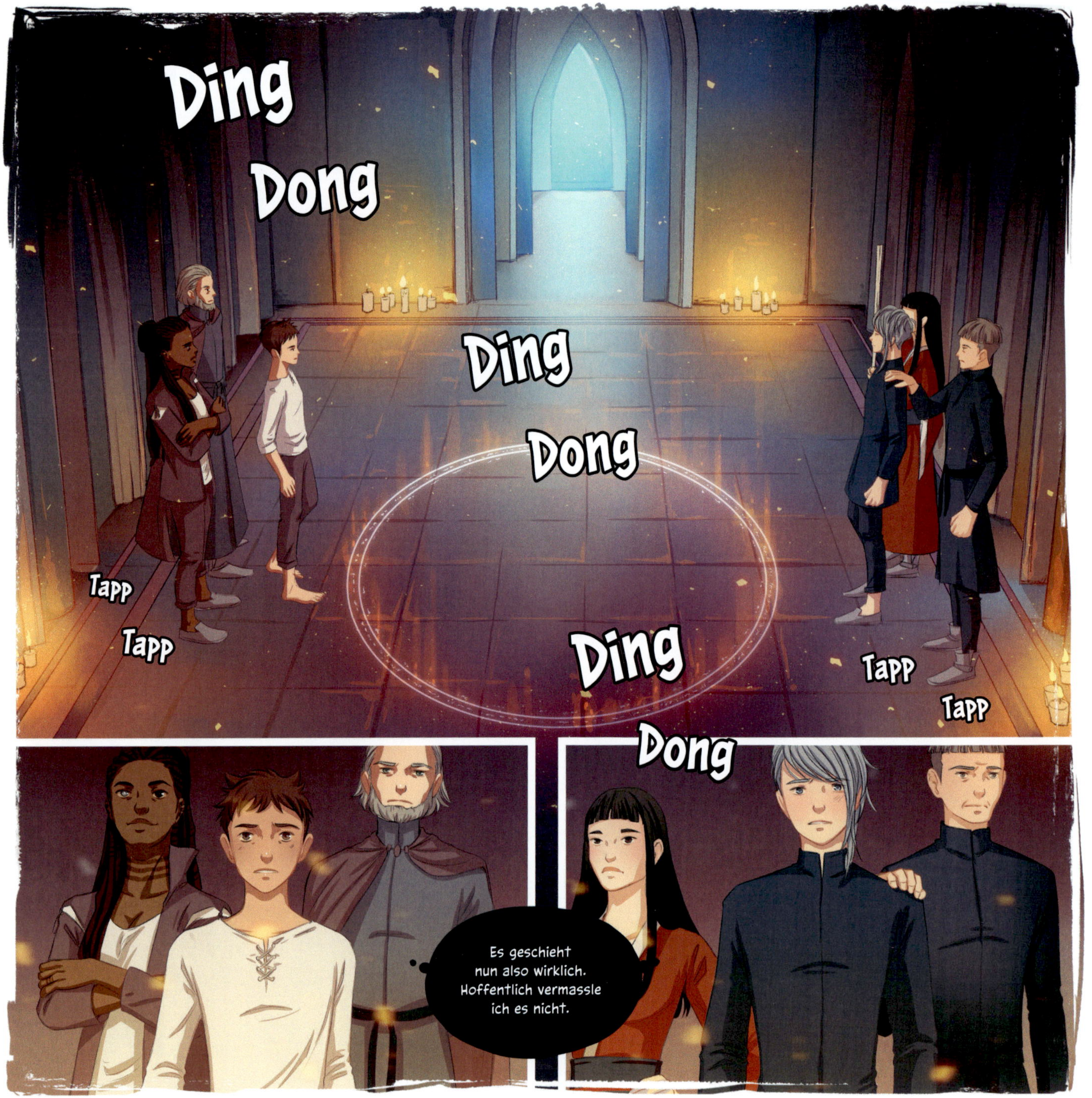
Ding
Dong
Ding
Dong
Tapp
Tapp
Ding
Tapp
Tapp
Dong
Es geschieht nun also wirklich. Hoffentlich vermassle ich es nicht.

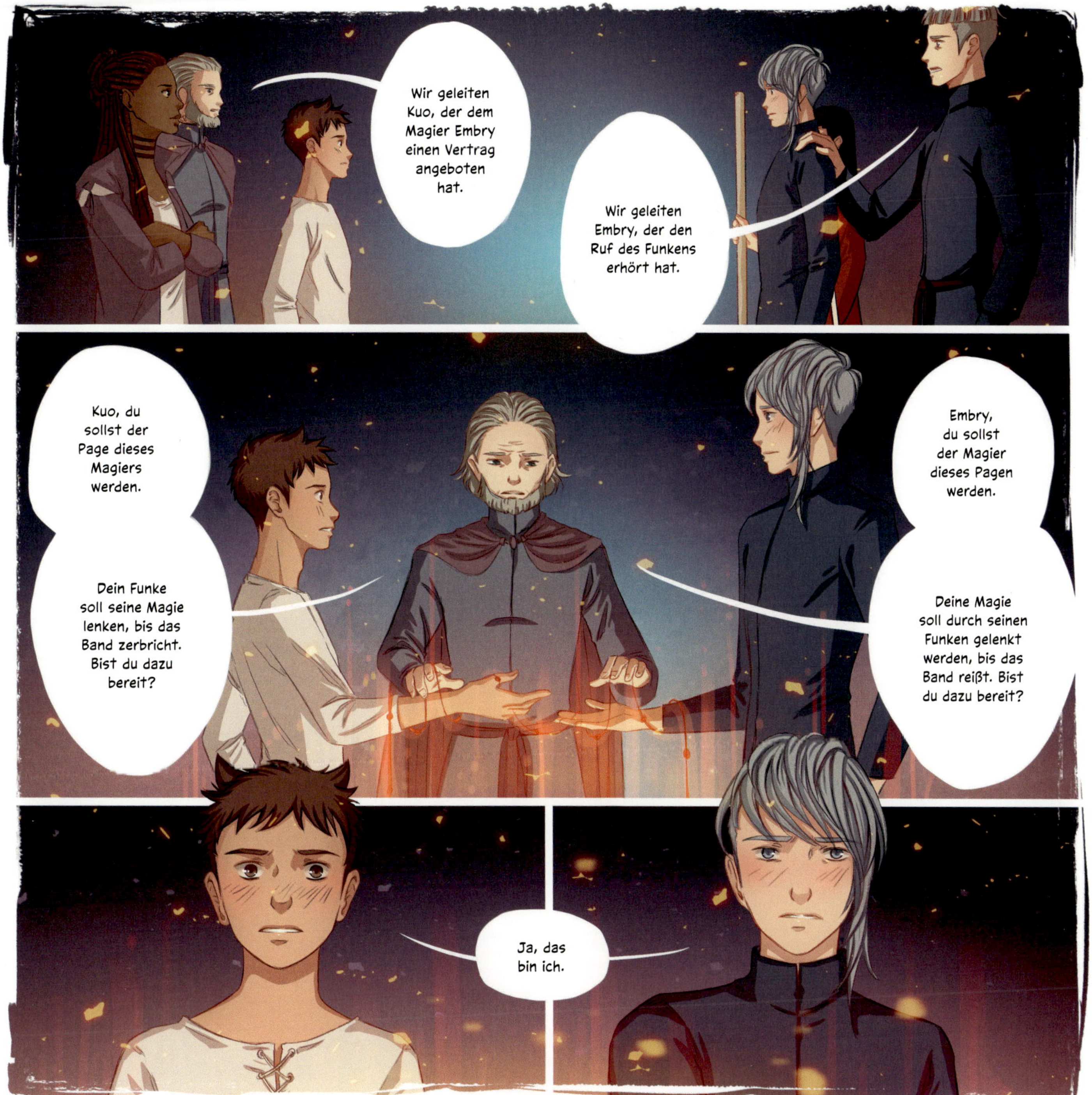
Wir geleiten Kuo, der dem Magier Embry einen Vertrag angeboten hat.
Wir geleiten Embry, der den Ruf des Funkens erhört hat.
Kuo, du sollst der Page dieses Magiers werden.
Dein Funke soll seine Magie lenken, bis das Band zerbricht. Bist du dazu bereit?
Embry, du sollst der Magier dieses Pagen werden.
Deine Magie soll durch seinen Funken gelenkt werden, bis das Band reißt. Bist du dazu bereit?
Ja, das bin ich.

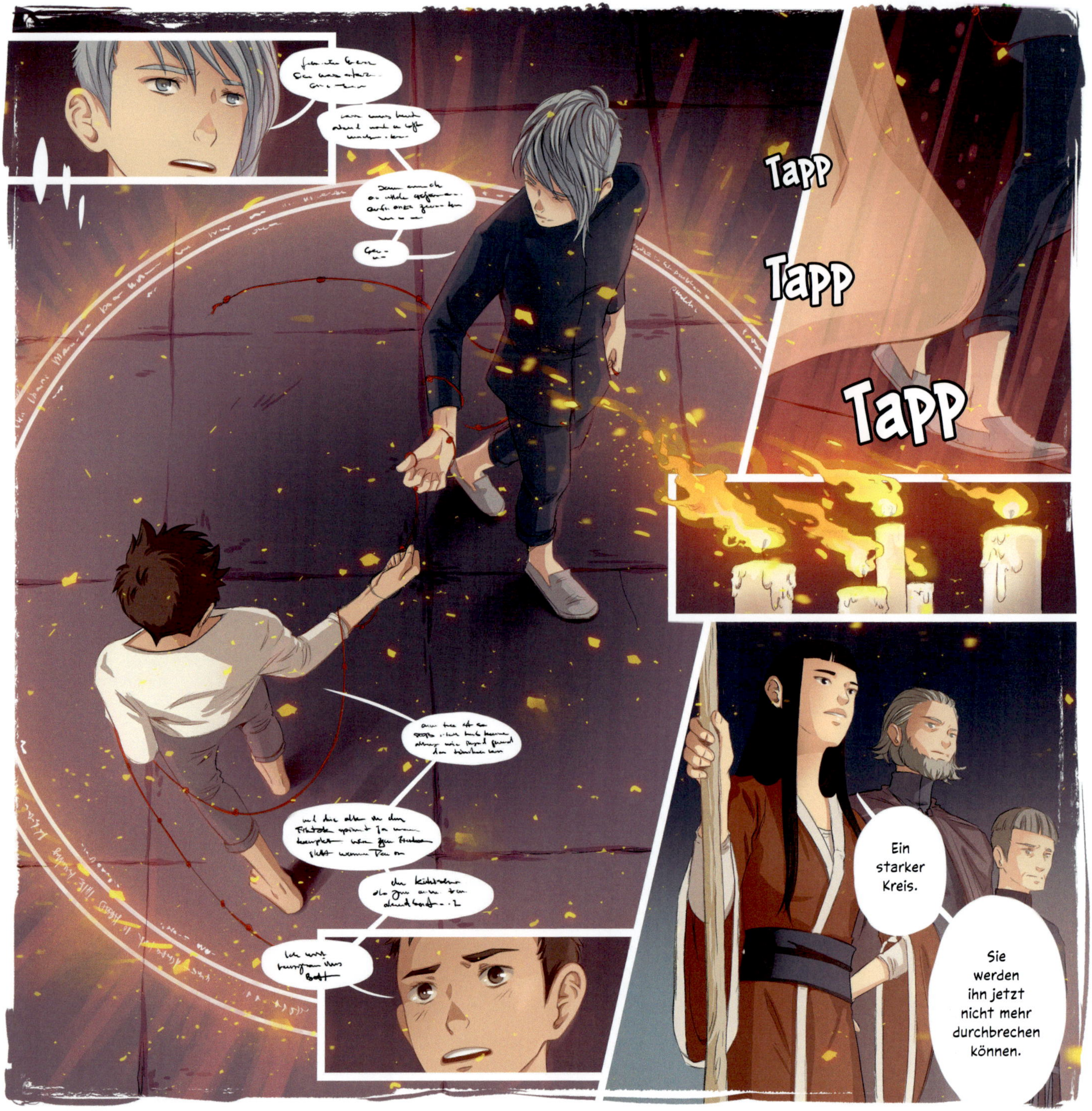
Tapp
Tapp
Tapp
Ein starker Kreis.
Sie werden ihn jetzt nicht mehr durchbrechen können.

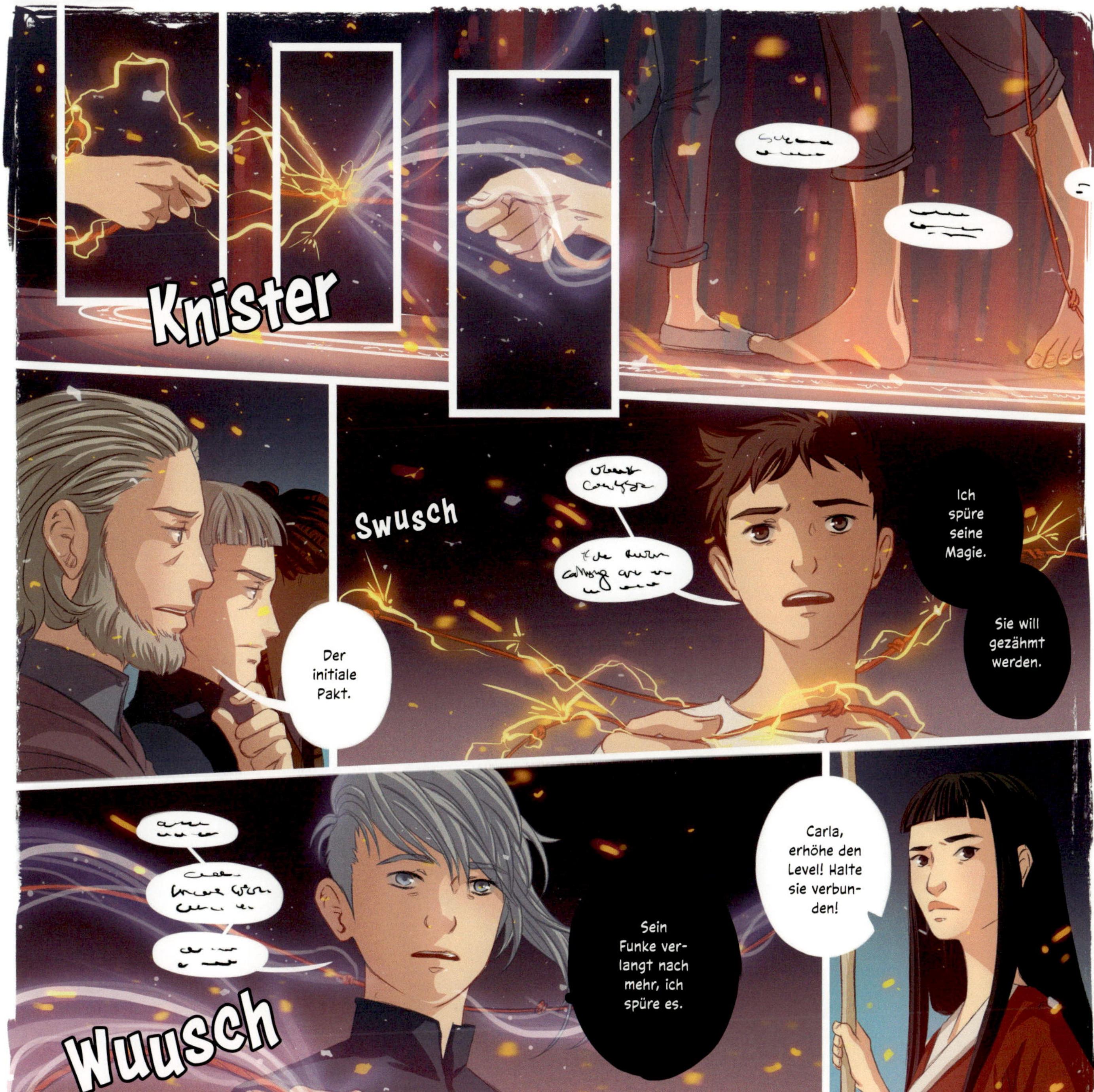
Knister
Swusch
Ich spüre seine Magie.
Sie will gezähmt werden.
Der initiale Pakt.
Carla, erhöhe den Level! Halte sie verbunden!
Sein Funke verlangt nach mehr, ich spüre es.
Wuusch

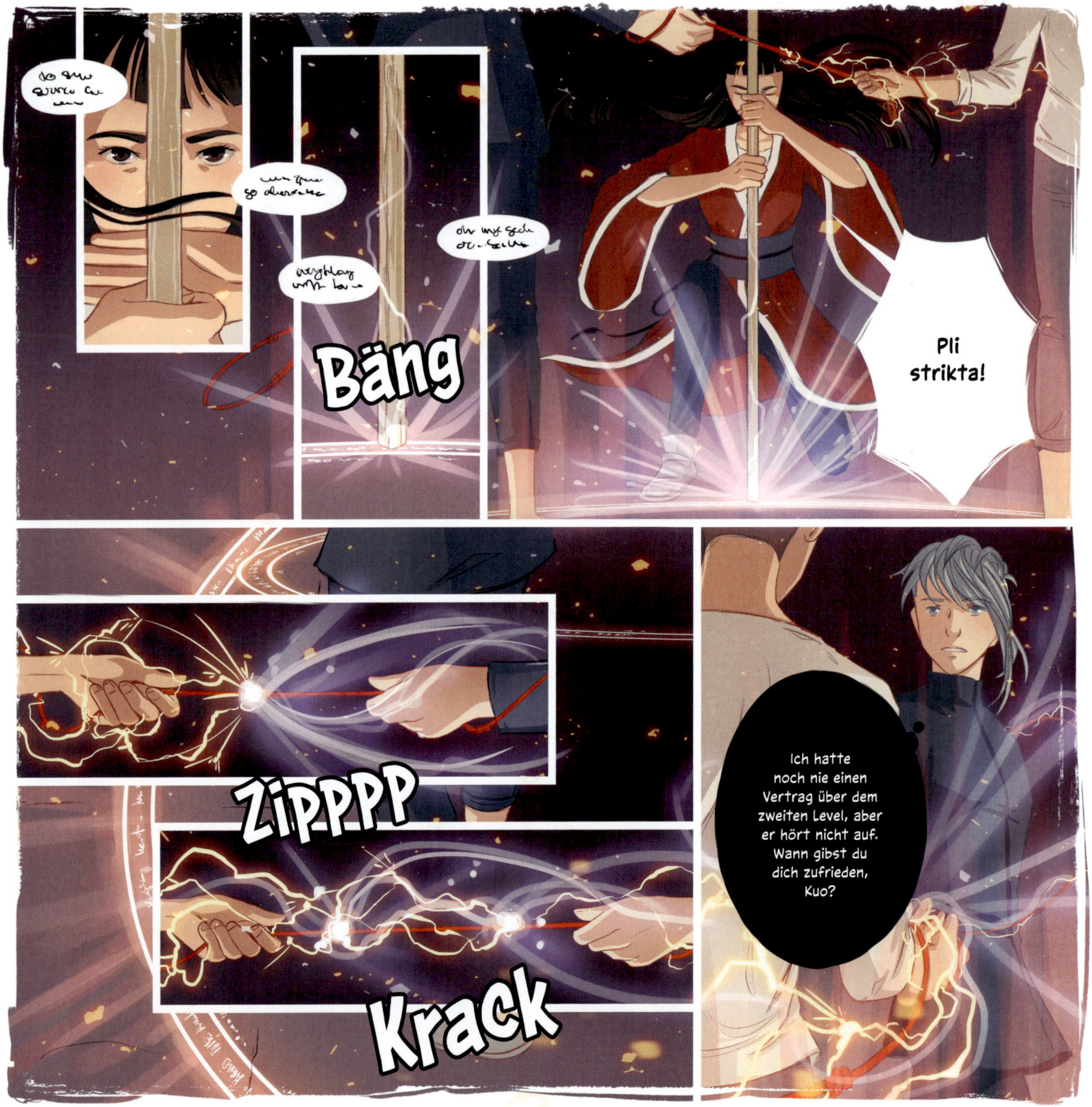
Bäng
Pli strikta!
ZiPPPP
Krack
Ich hatte noch nie einen Vertrag über dem zweiten Level, aber er hört nicht auf. Wann gibst du dich zufrieden, Kuo?

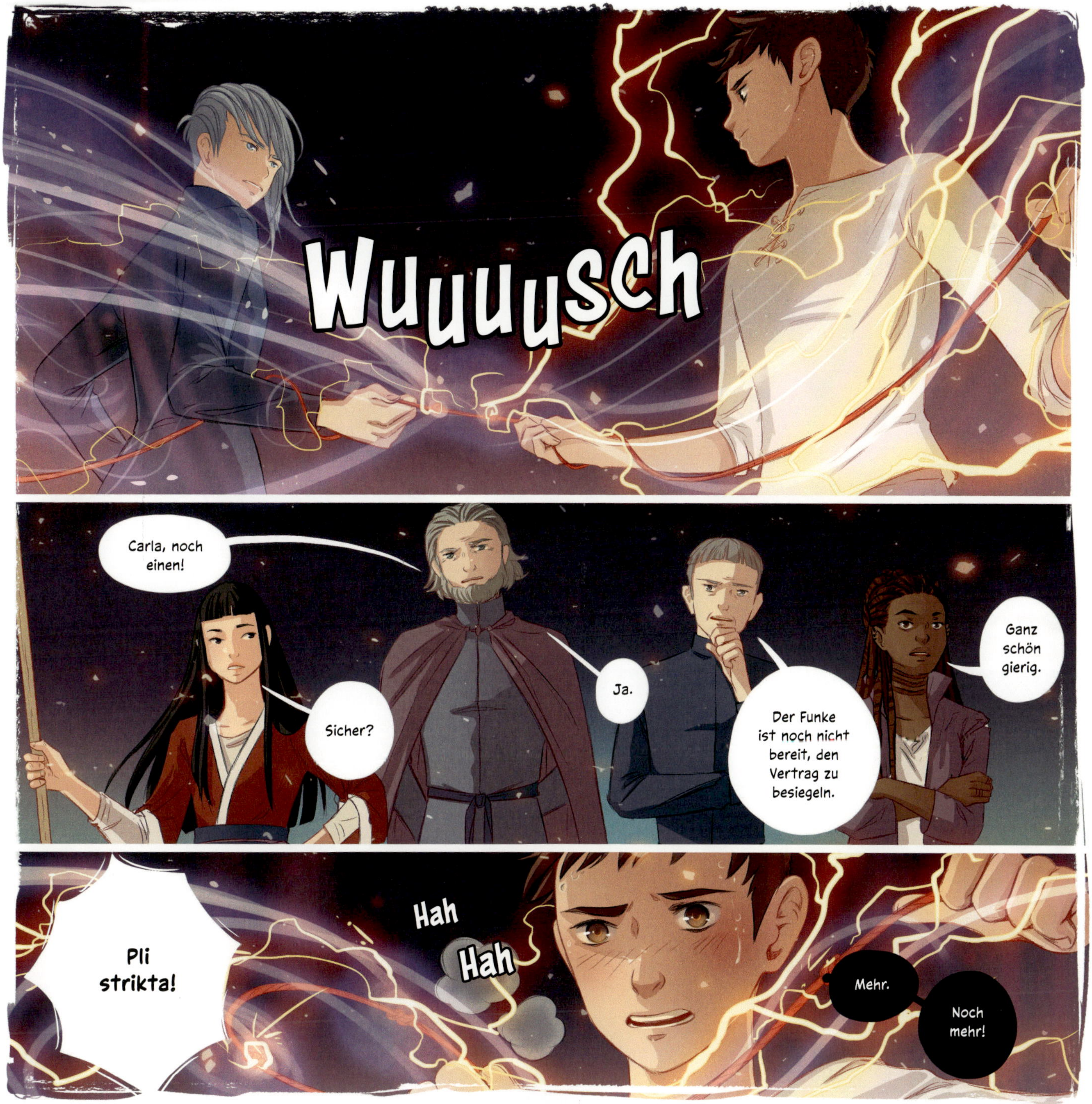
Wuuuusch
Carla, noch einen!
Sicher?
Ja.
Der Funke ist noch nicht bereit, den Vertrag zu besiegeln.
Ganz schön gierig.
Pli strikta!
Hah
Hah
Mehr.
Noch mehr!

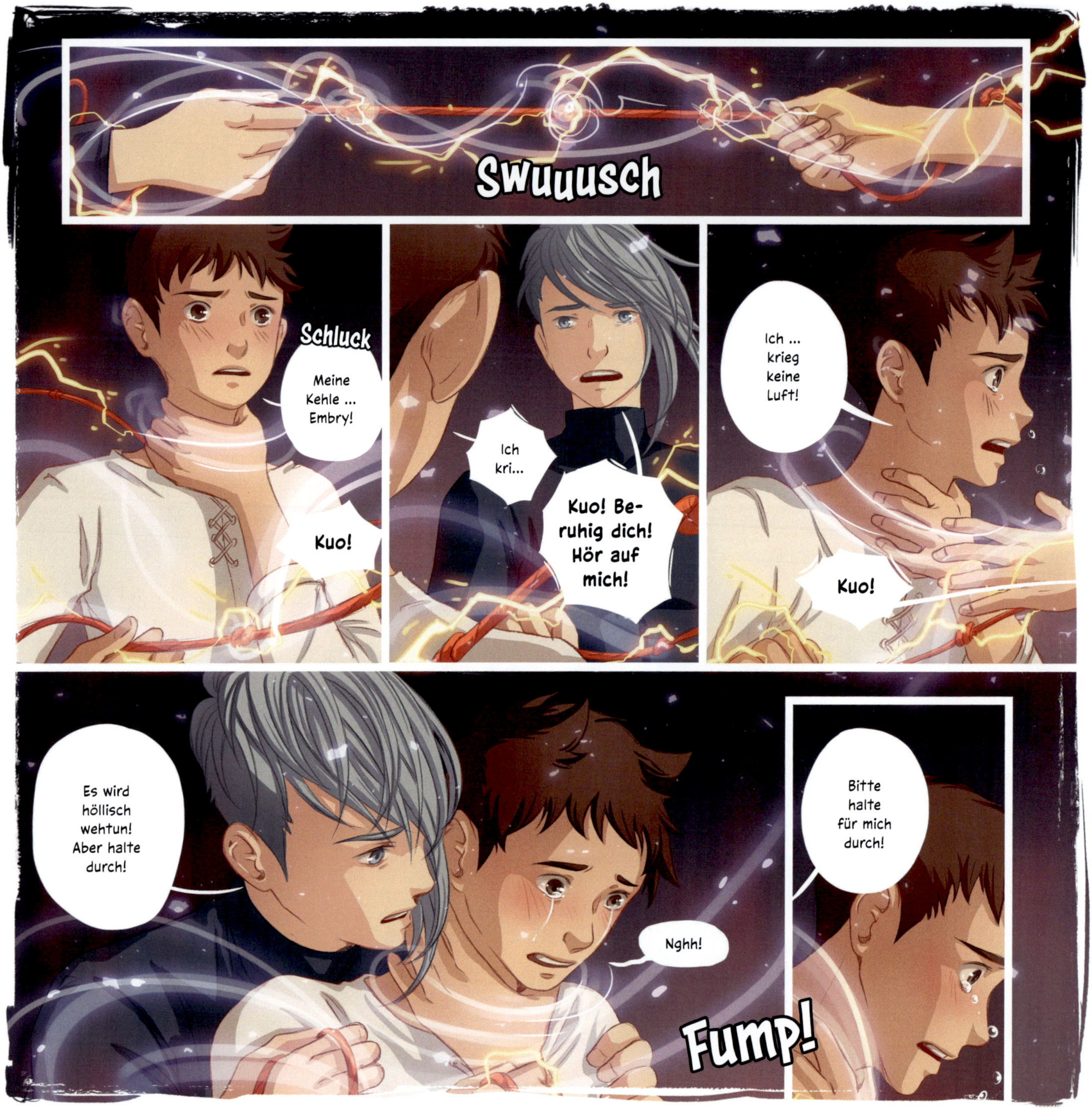

Swuuusch
Schluck
Meine Kehle ... Embry!
Kuo!
Ich kri...
Kuo! Beruhig dich! Hör auf mich!
Ich ... krieg keine Luft!
Kuo!
Es wird höllisch wehtun! Aber halte durch!
Nghh!
Fump!
Bitte halte für mich durch!

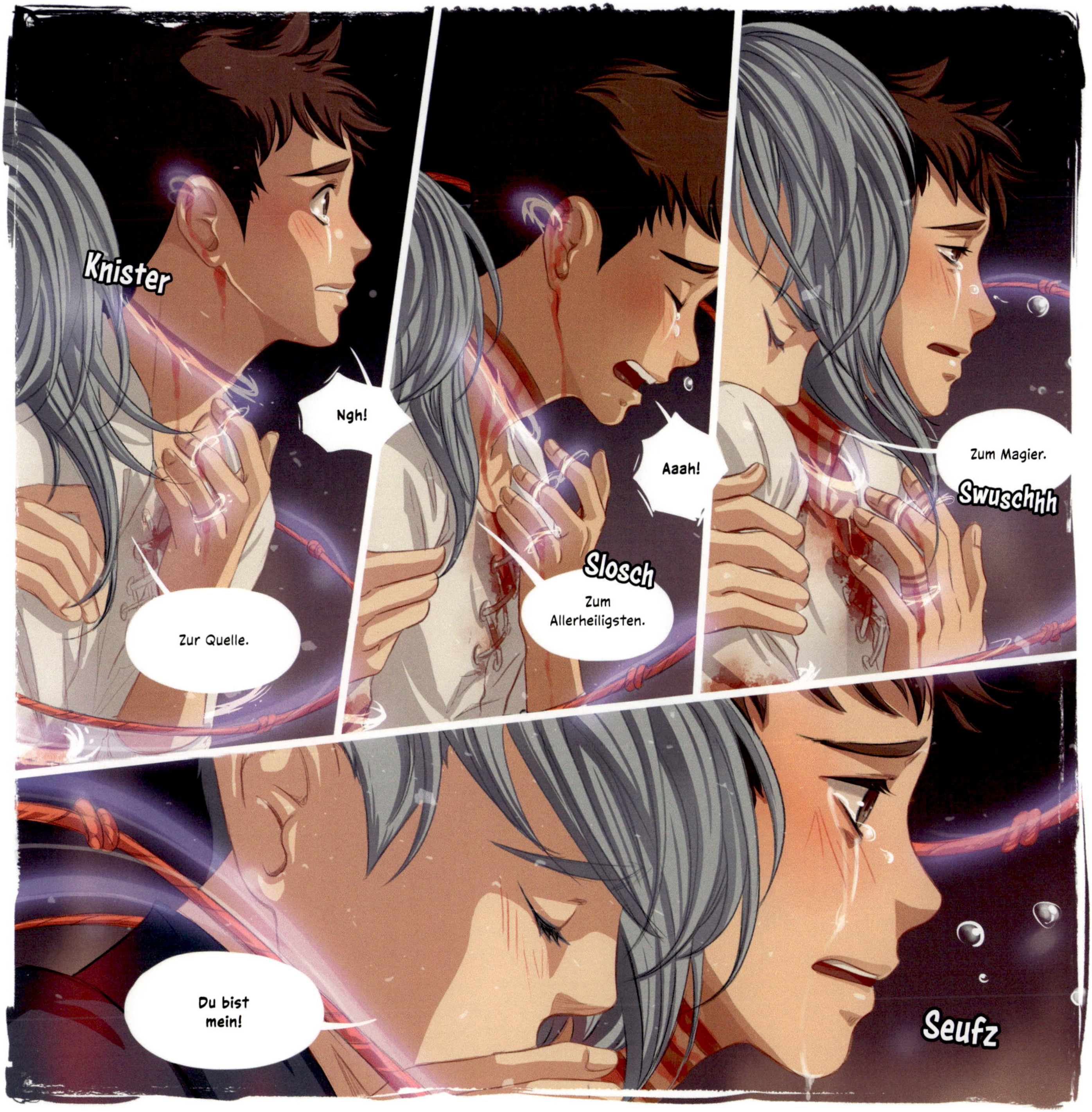
Knister
Ngh!
Zur Quelle.
Aaah!
Slosch
Zum Allerheiligsten.
Zum Magier.
Swuschhh
Du bist mein!
Seufz

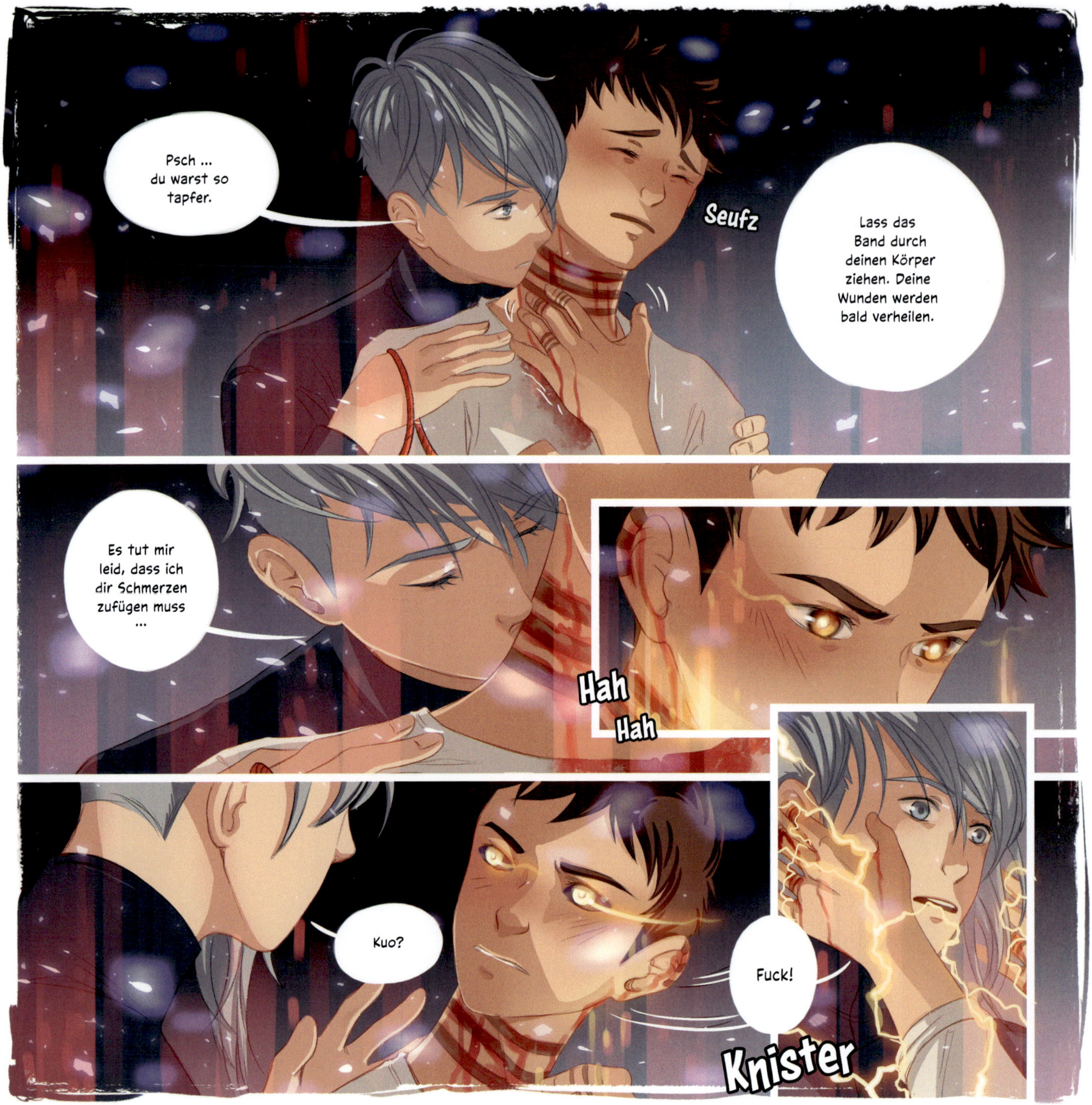
Psch ...
du warst so
tapfer.
Seufz
Lass das
Band durch
deinen Körper
ziehen. Deine
Wunden werden
bald verheilen.
Es tut mir
leid, dass ich
dir Schmerzen
zufügen muss
...
Hah
Hah
Kuo?
Fuck!
Knister

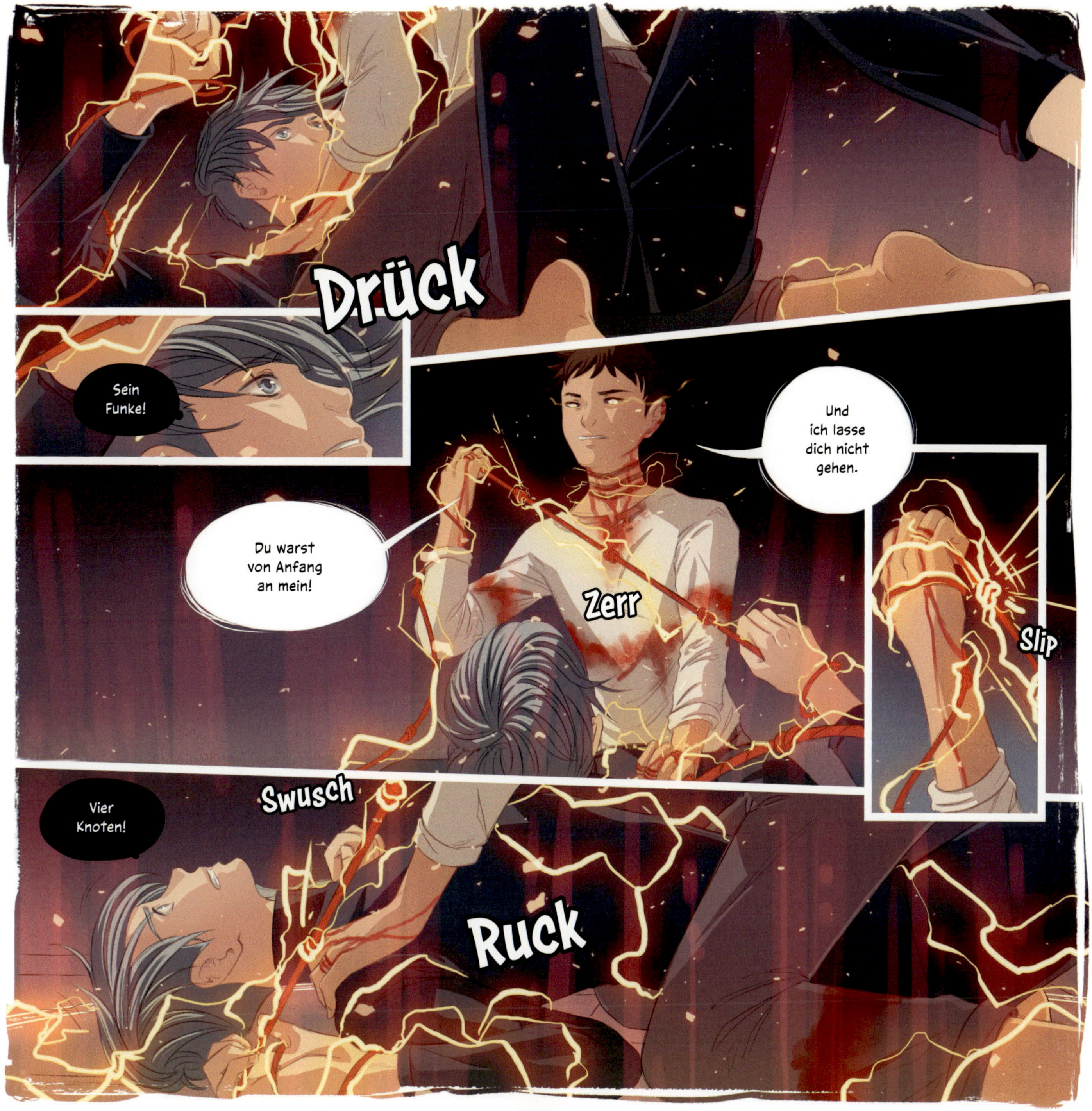
Drück
Sein Funke!
Und ich lasse dich nicht gehen.
Du warst von Anfang an mein!
Zerr
Slip
Swusch
Vier Knoten!
Ruck

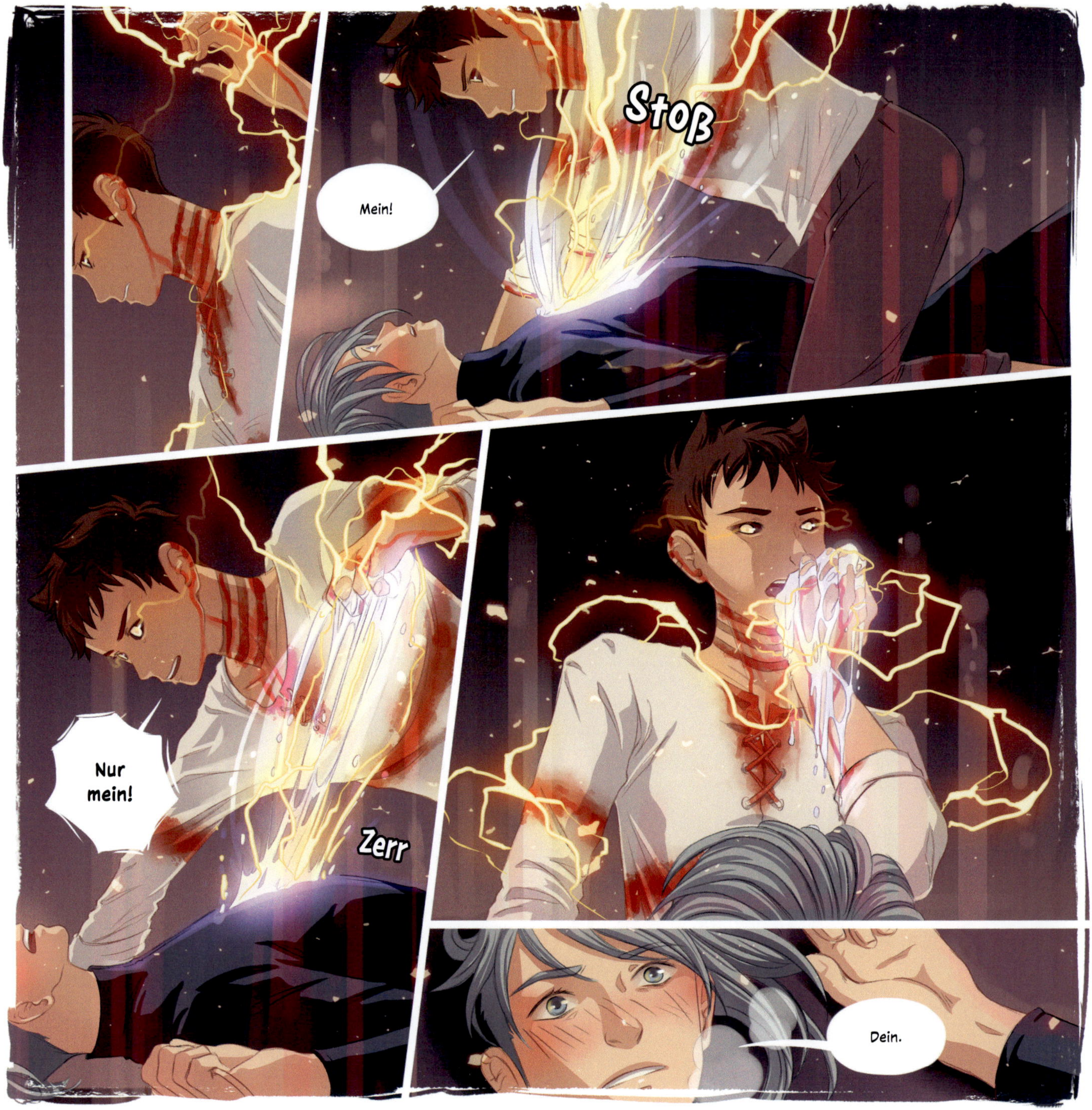
Stoß
Mein!
Nur mein!
Zerr
Dein.

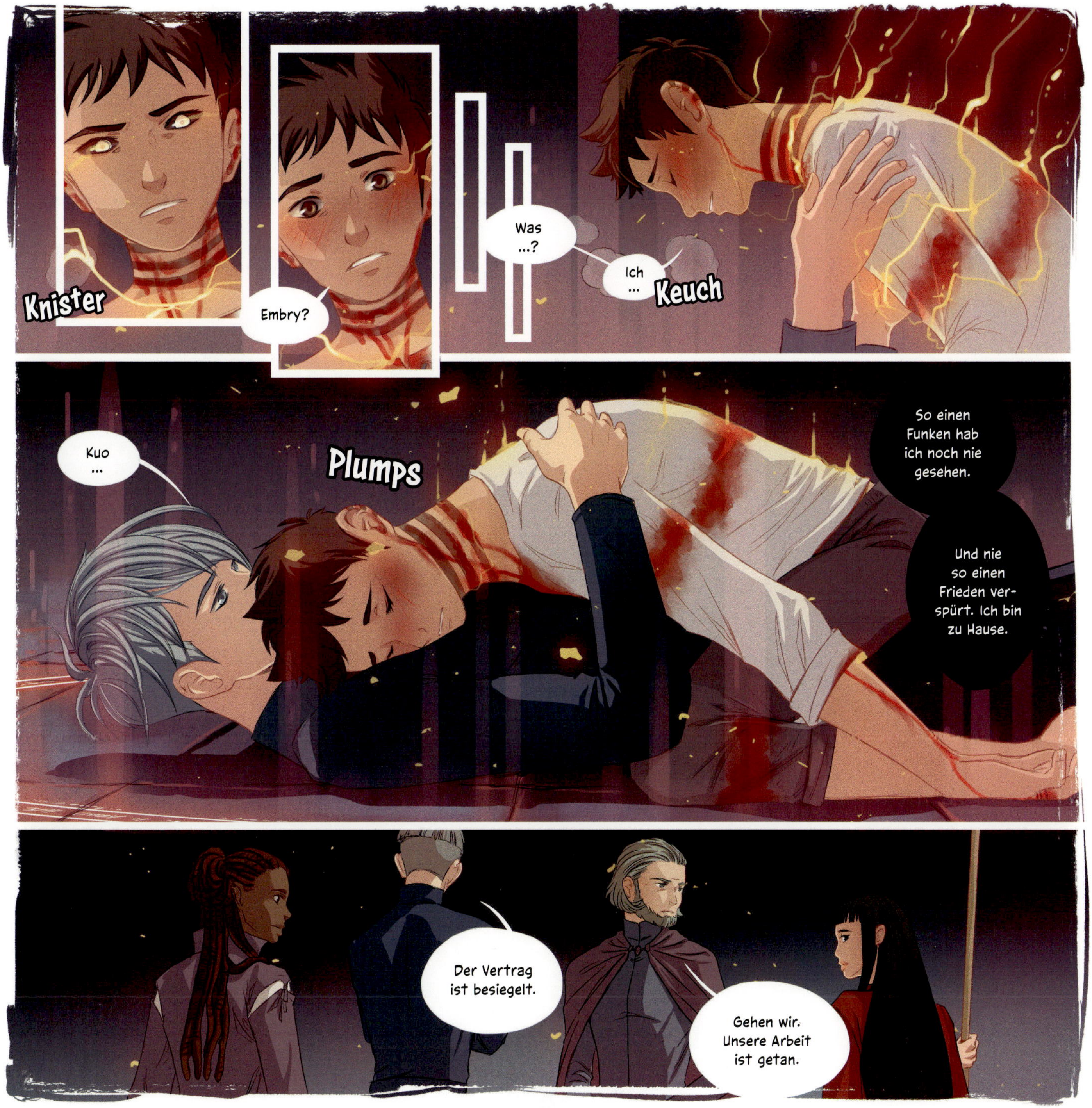
Knister
Embry?
Was ...?
Ich ...
Keuch
Kuo ...
Plumps
So einen Funken hab ich noch nie gesehen.
Und nie so einen Frieden verspürt. Ich bin zu Hause.
Der Vertrag ist besiegelt.
Gehen wir. Unsere Arbeit ist getan.

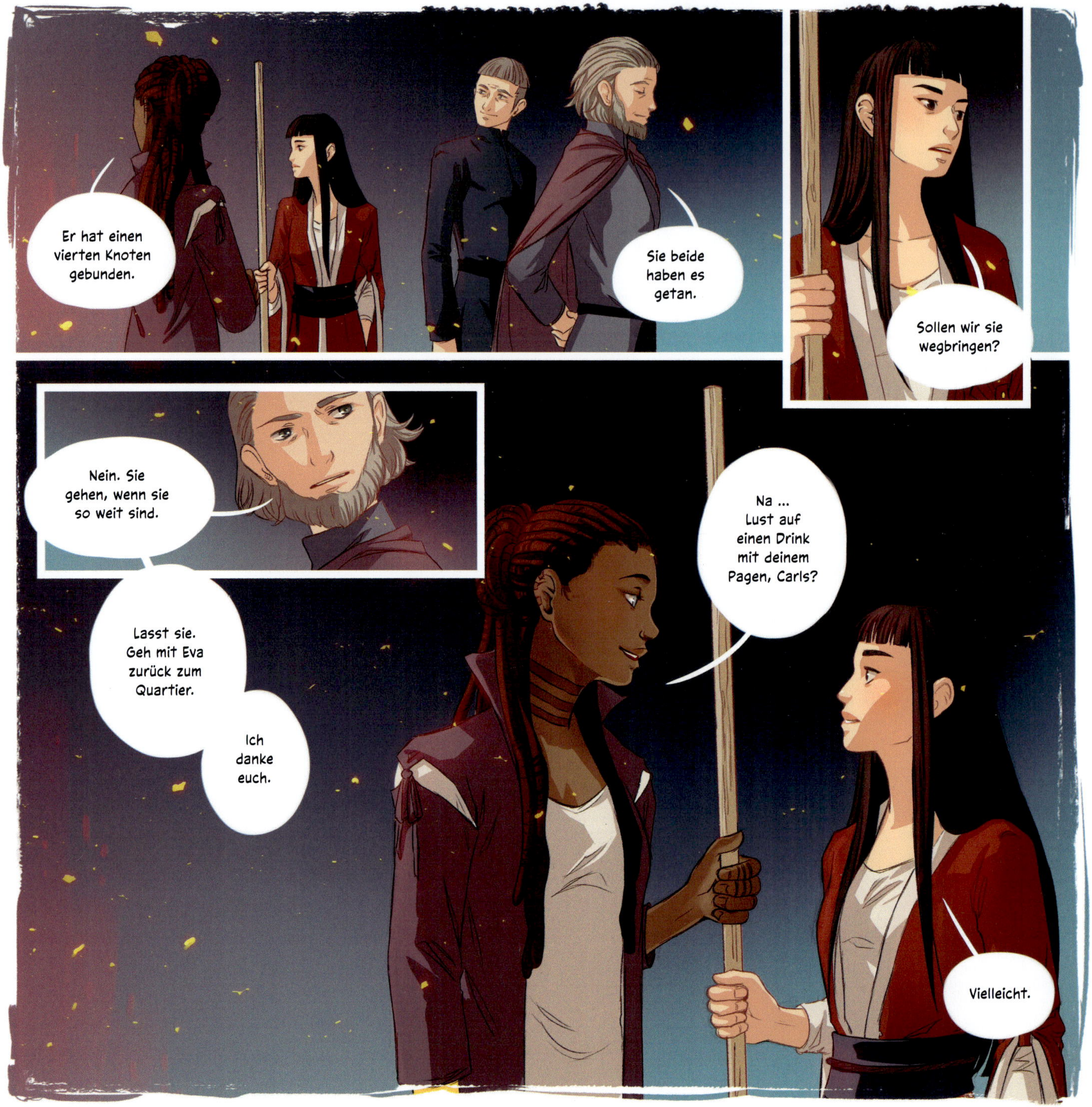
Er hat einen vierten Knoten gebunden.
Sie beide haben es getan.
Sollen wir sie wegbringen?
Nein. Sie gehen, wenn sie so weit sind.
Lasst sie. Geh mit Eva zurück zum Quartier.
Ich danke euch.
Na ... Lust auf einen Drink mit deinem Pagen, Carls?
Vielleicht.

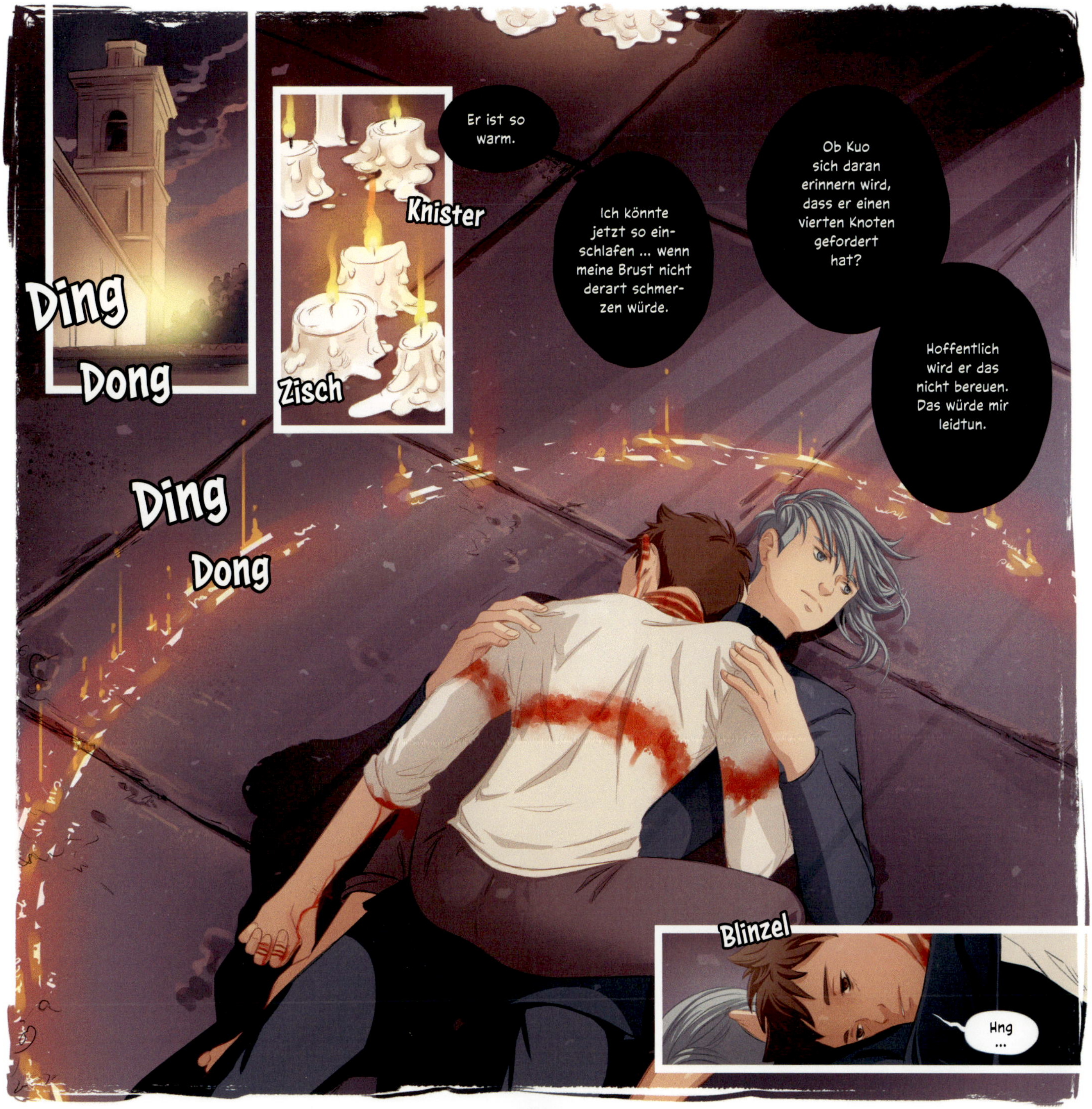
Ding
Dong
Knister
Zisch
Er ist so warm.
Ich könnte jetzt so einschlafen ... wenn meine Brust nicht derart schmerzen würde.
Ob Kuo sich daran erinnern wird, dass er einen vierten Knoten gefordert hat?
Hoffentlich wird er das nicht bereuen. Das würde mir leidtun.
Ding
Dong
Blinzel
Hng ...

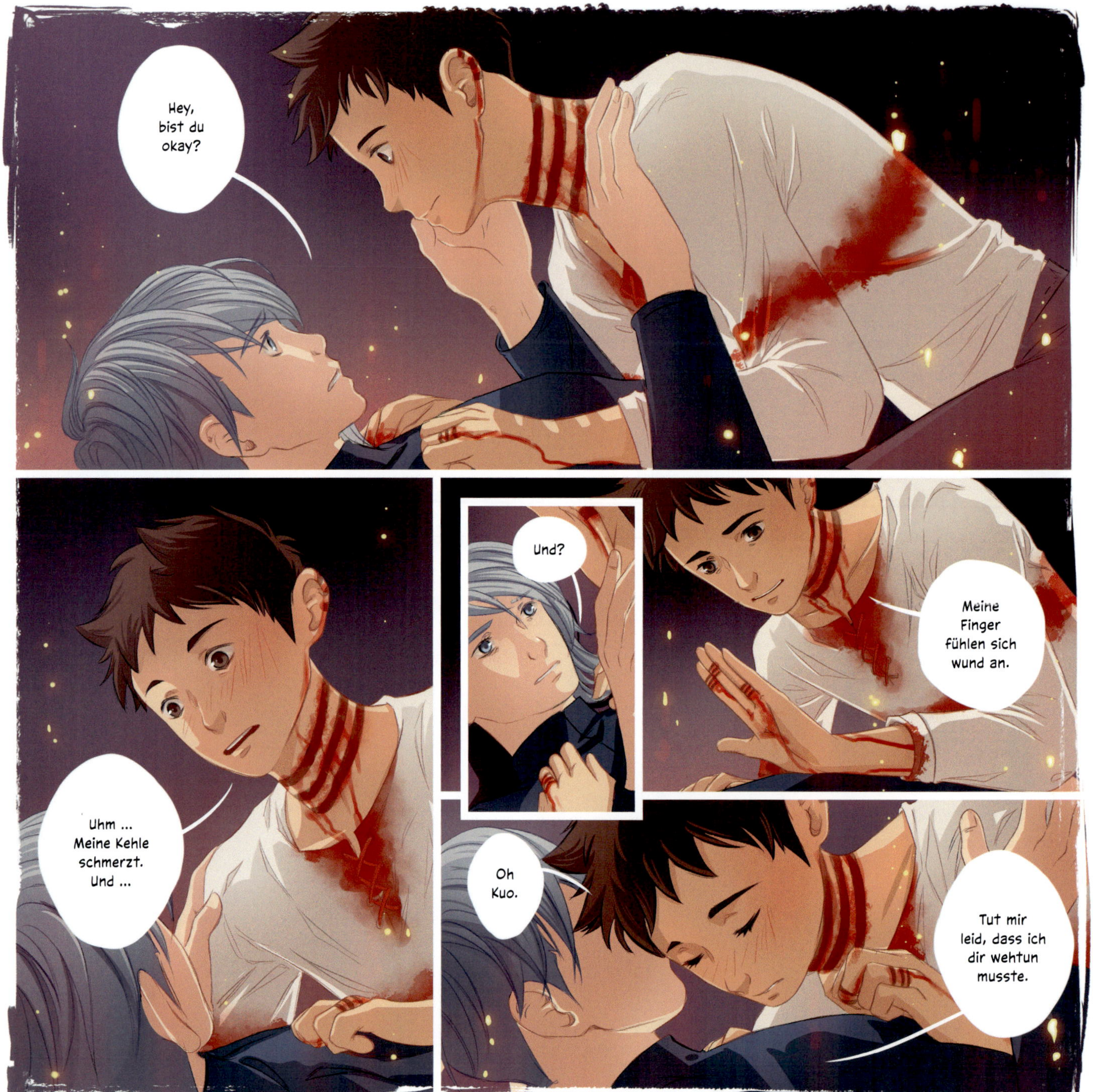
Hey, bist du okay?
Uhm ... Meine Kehle schmerzt. Und ...
Und?
Meine Finger fühlen sich wund an.
Oh Kuo.
Tut mir leid, dass ich dir wehtun musste.

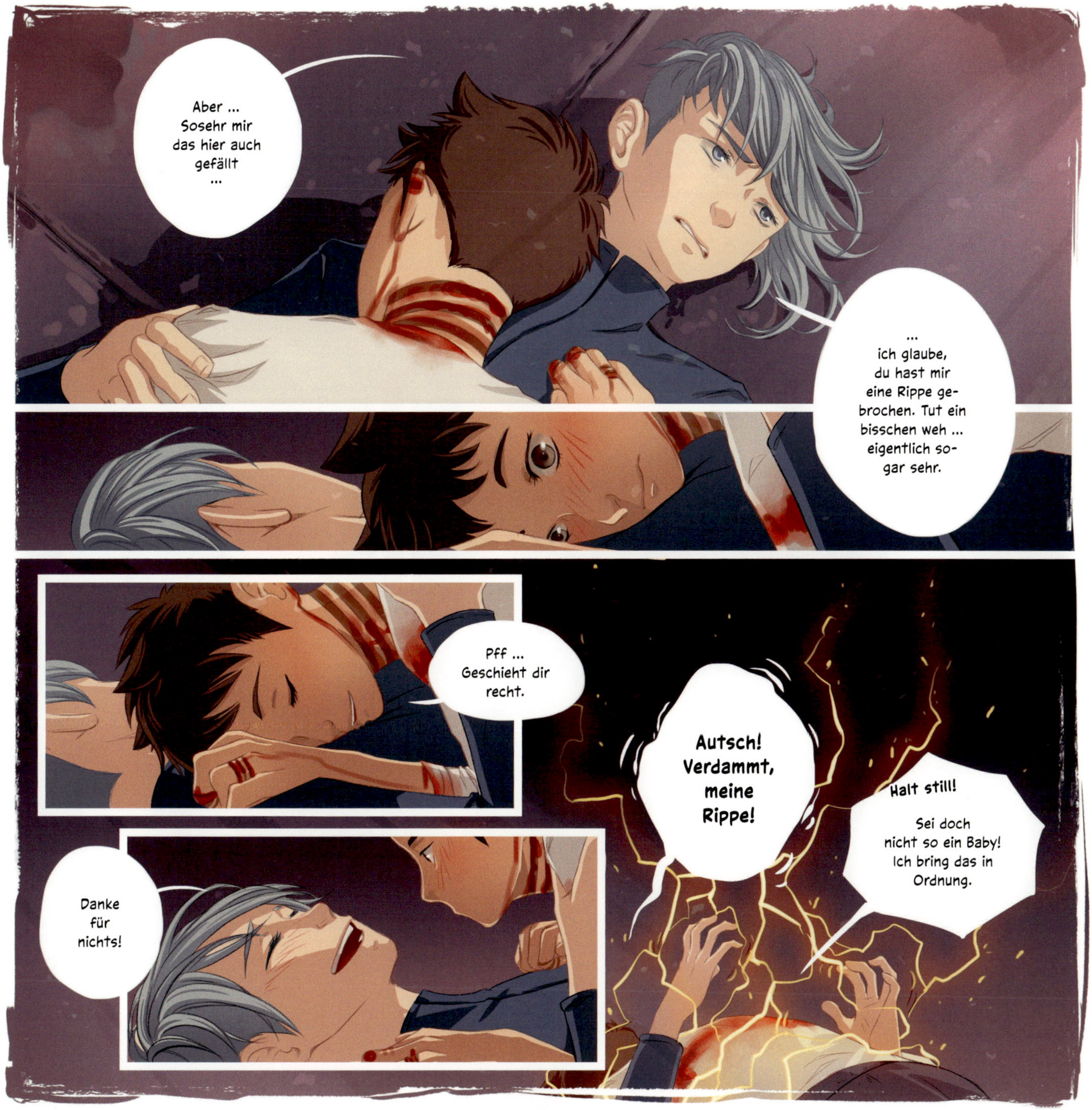
Aber ... Sosehr mir das hier auch gefällt ...
... ich glaube, du hast mir eine Rippe gebrochen. Tut ein bisschen weh ... eigentlich sogar sehr.
Pff ... Geschieht dir recht.
Autsch! Verdammt, meine Rippe!
Halt still!
Sei doch nicht so ein Baby! Ich bring das in Ordnung.
Danke für nichts!

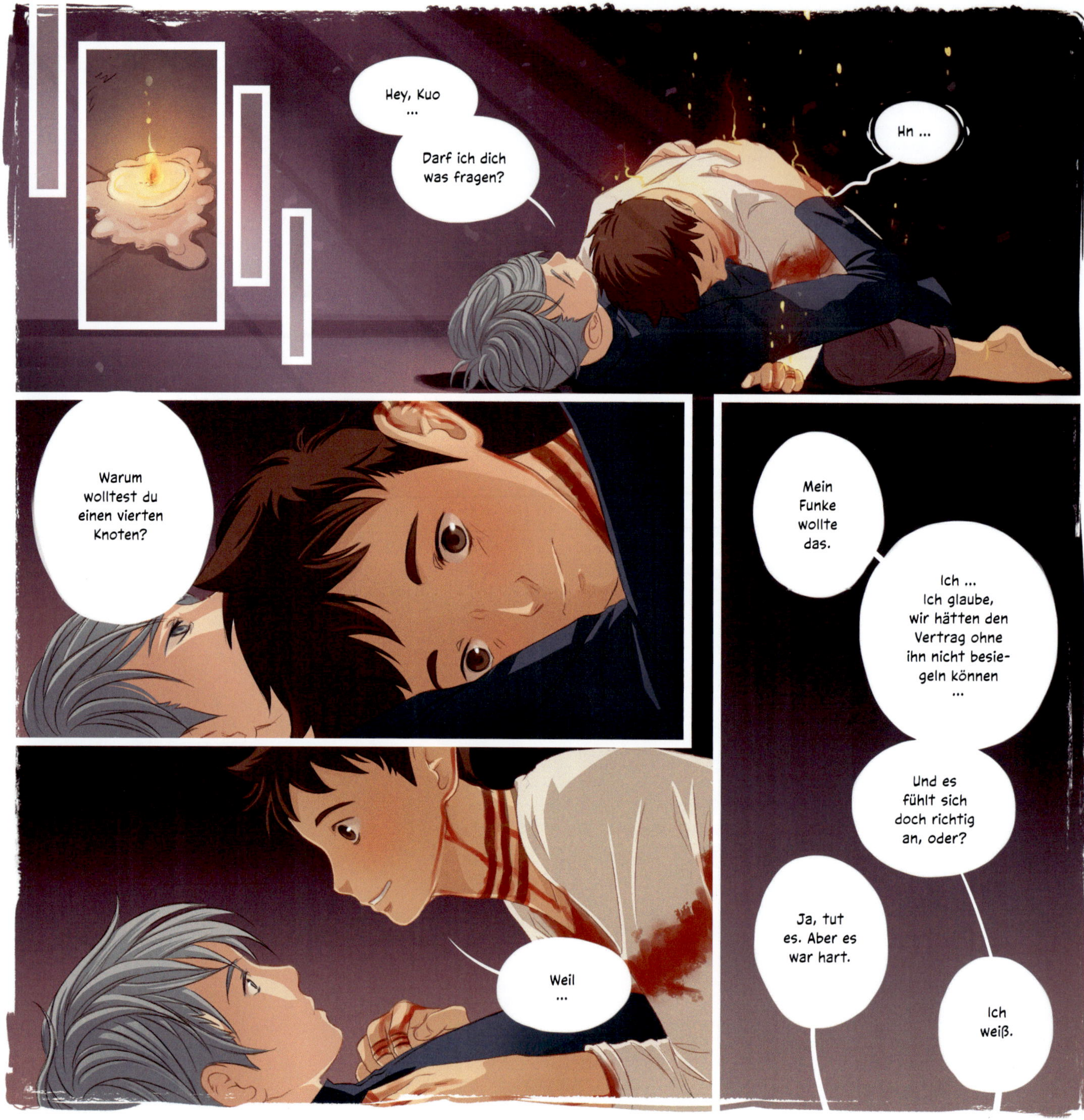
Hey, Kuo
...
Darf ich dich was fragen?
Hn ...
Warum wolltest du einen vierten Knoten?
Mein Funke wollte das.
Ich ... Ich glaube, wir hätten den Vertrag ohne ihn nicht besiegeln können
...
Und es fühlt sich doch richtig an, oder?
Weil
...
Ja, tut es. Aber es war hart.
Ich weiß.

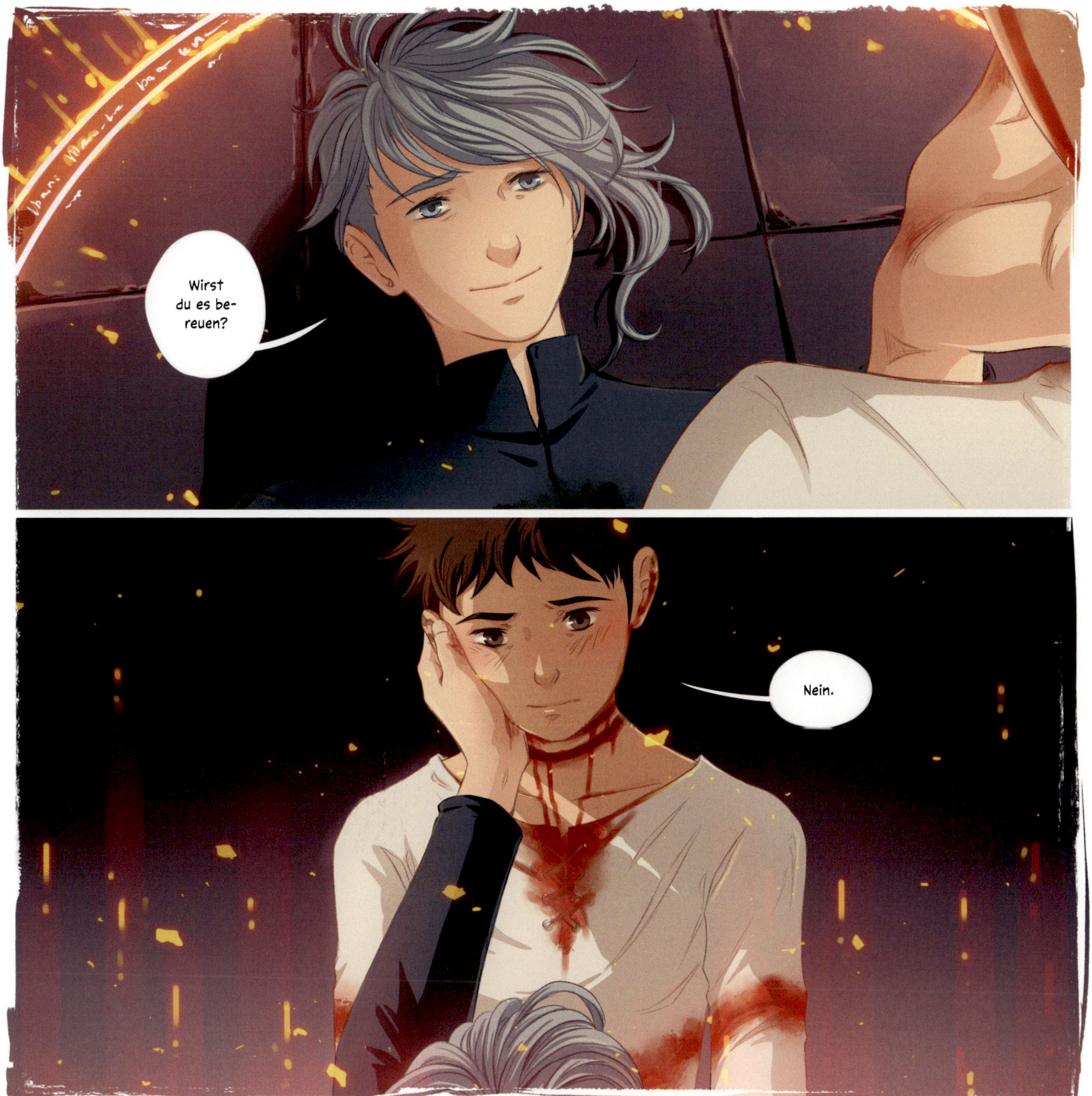
Wirst
du es be-
reuen?
Nein.

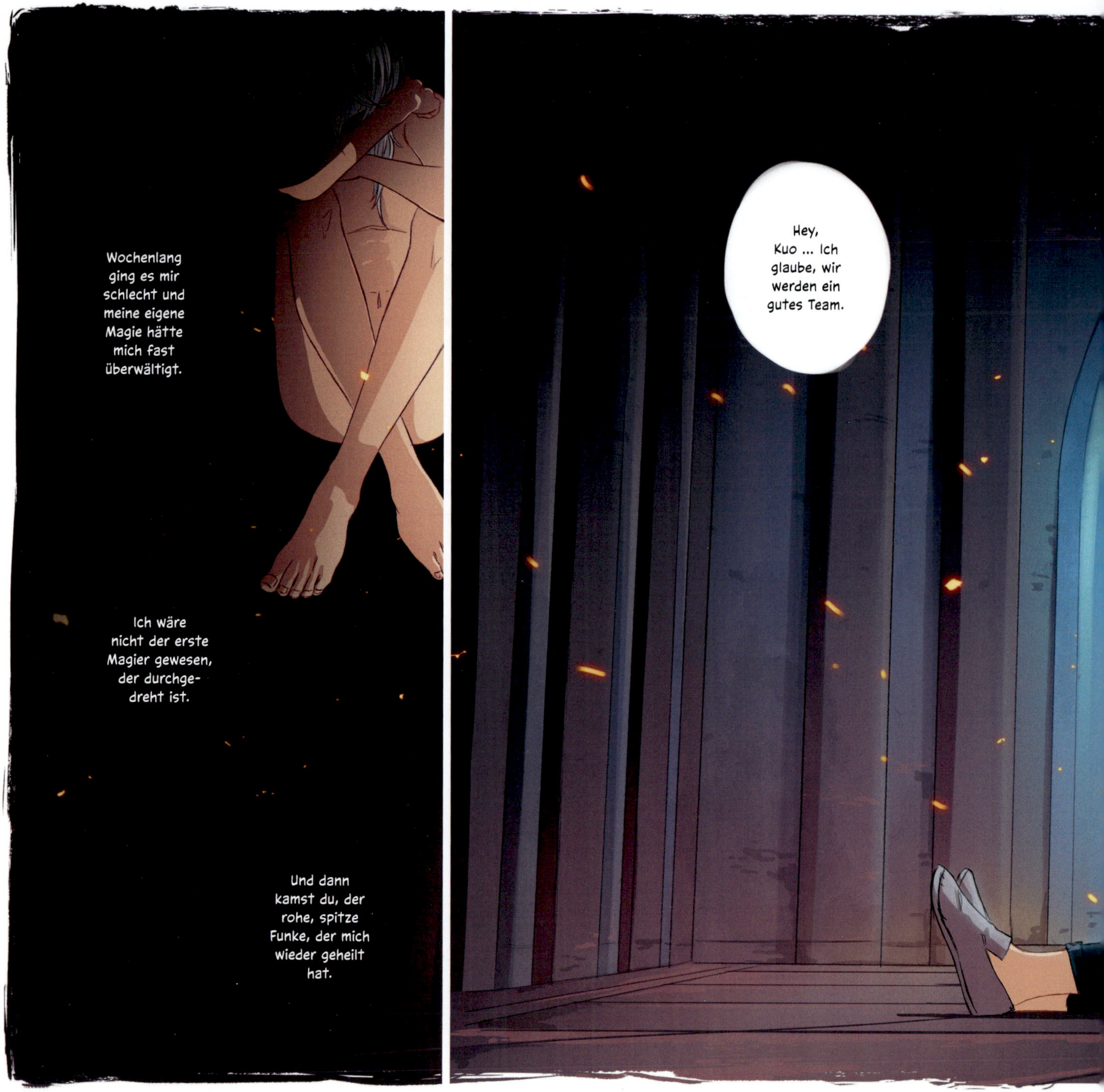
Wochenlang ging es mir schlecht und meine eigene Magie hätte mich fast überwältigt.
Ich wäre nicht der erste Magier gewesen, der durchgedreht ist.
Und dann kamst du, der rohe, spitze Funke, der mich wieder geheilt hat.
Hey, Kuo ... Ich glaube, wir werden ein gutes Team.

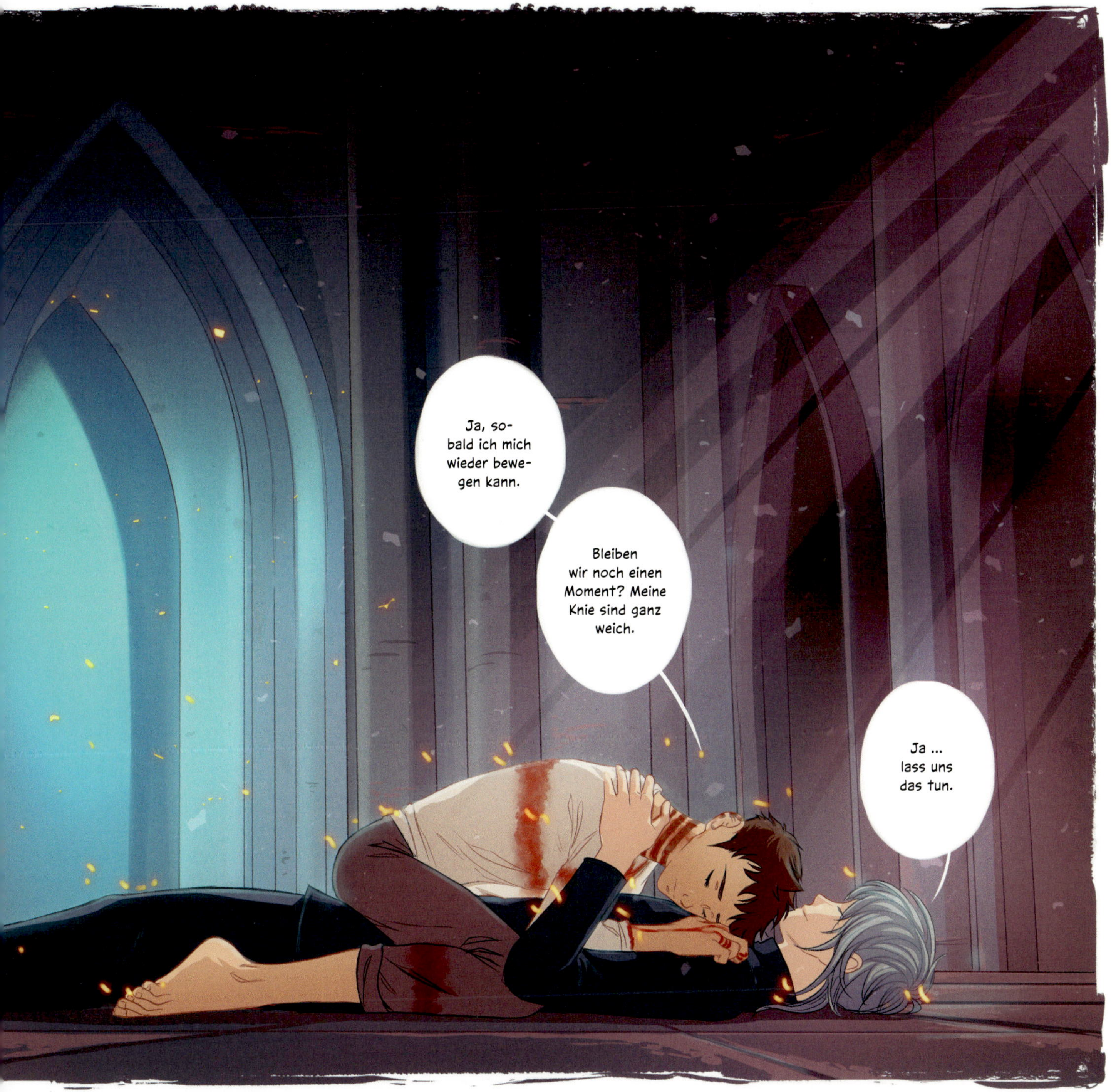
Ja, sobald ich mich wieder bewegen kann.
Bleiben wir noch einen Moment? Meine Knie sind ganz weich.
Ja … lass uns das tun.

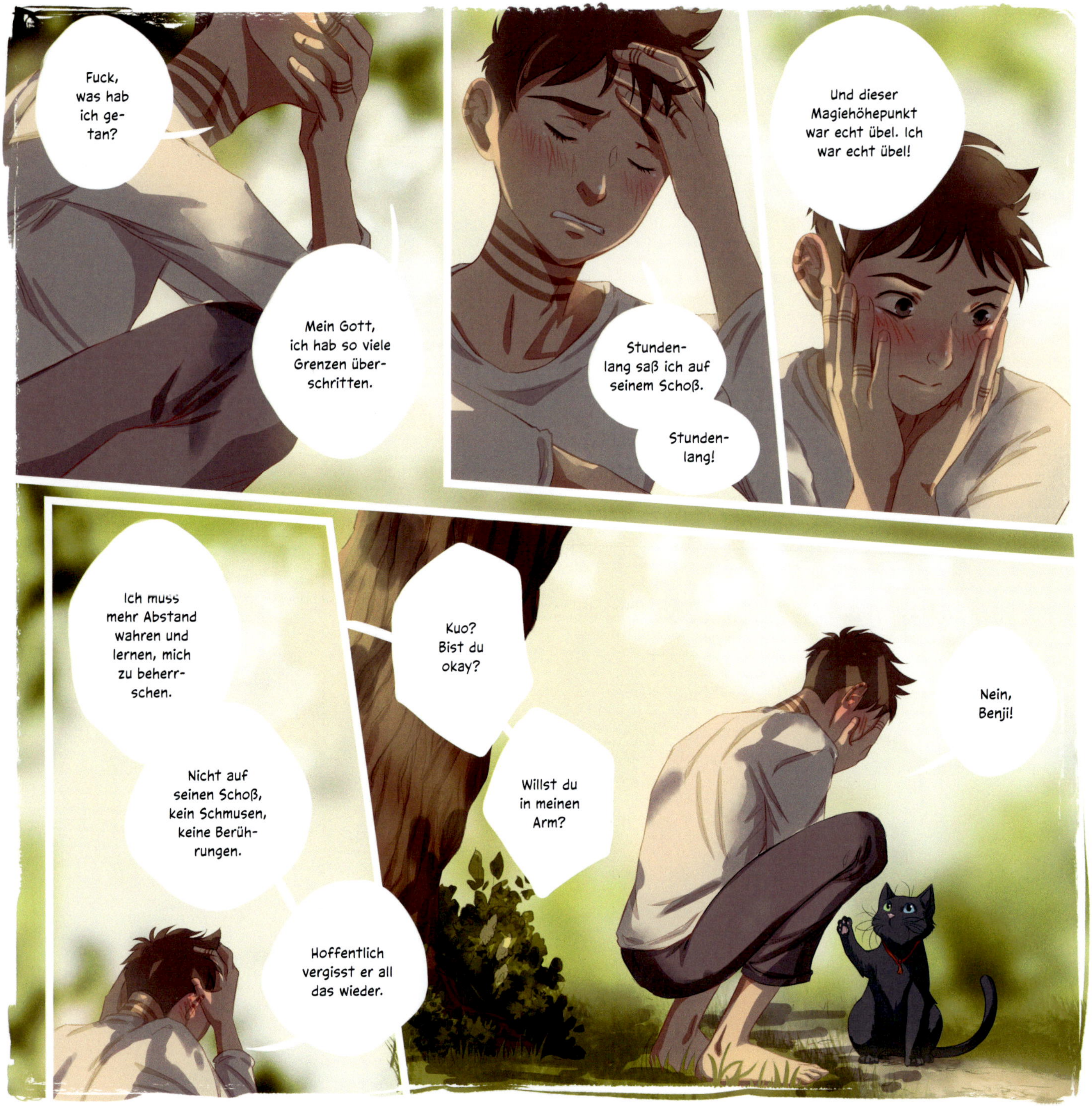

Fuck, was hab ich ge- tan?
Mein Gott, ich hab so viele Grenzen über- schritten.
Stunden- lang saß ich auf seinem Schoß.
Stunden- lang!
Und dieser Magiehöhepunkt war echt übel. Ich war echt übel!
Ich muss mehr Abstand wahren und lernen, mich zu beherr- schen.
Nicht auf seinen Schoß, kein Schmusen, keine Berüh- rungen.
Hoffentlich vergisst er all das wieder.
Kuo? Bist du okay?
Willst du in meinen Arm?
Nein, Benji!

BOUND

BONUS

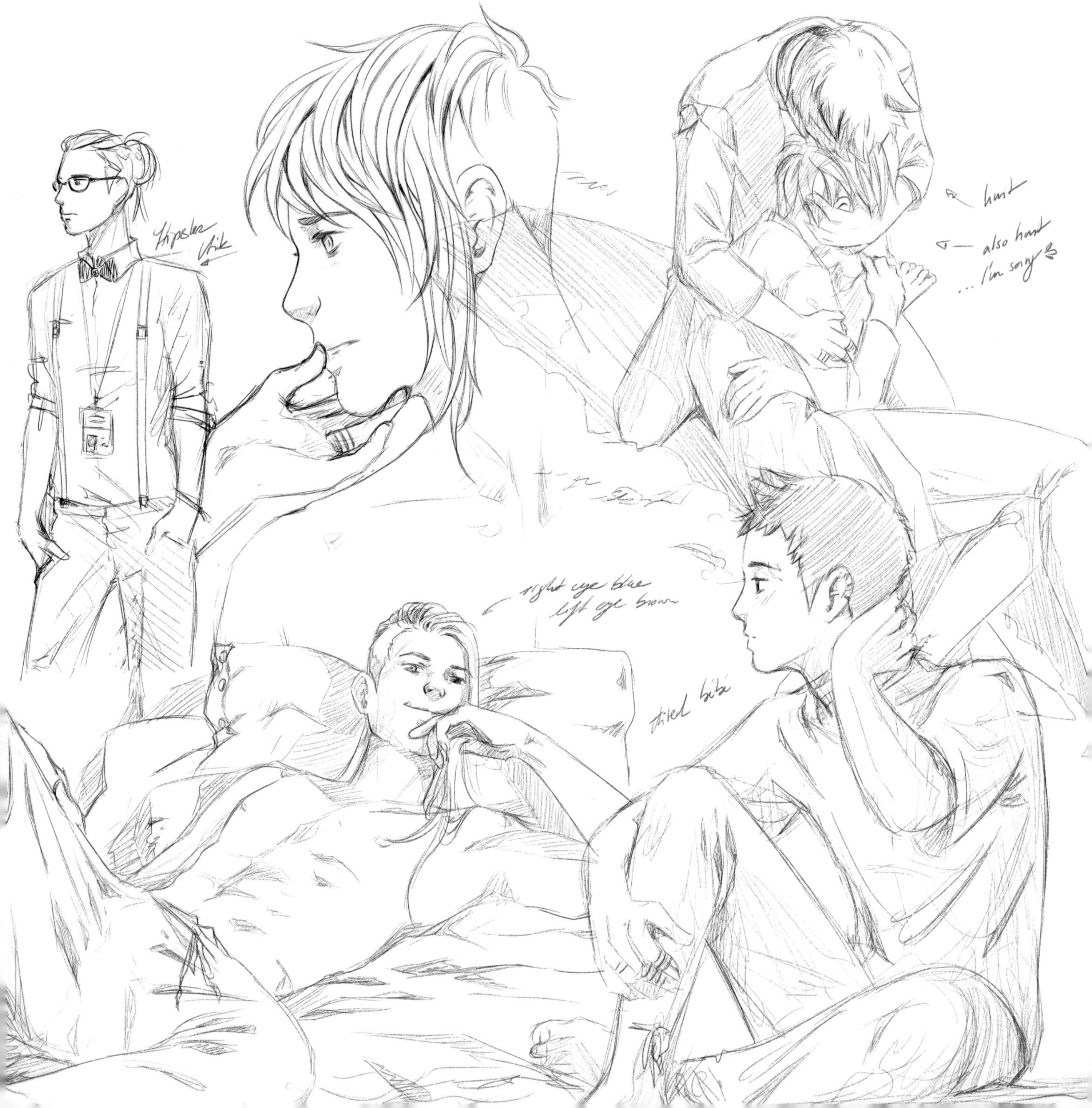
Hipster Erik
hurt
also hurt
... I'm sorry
right eye blue
left eye brown
tired bibi

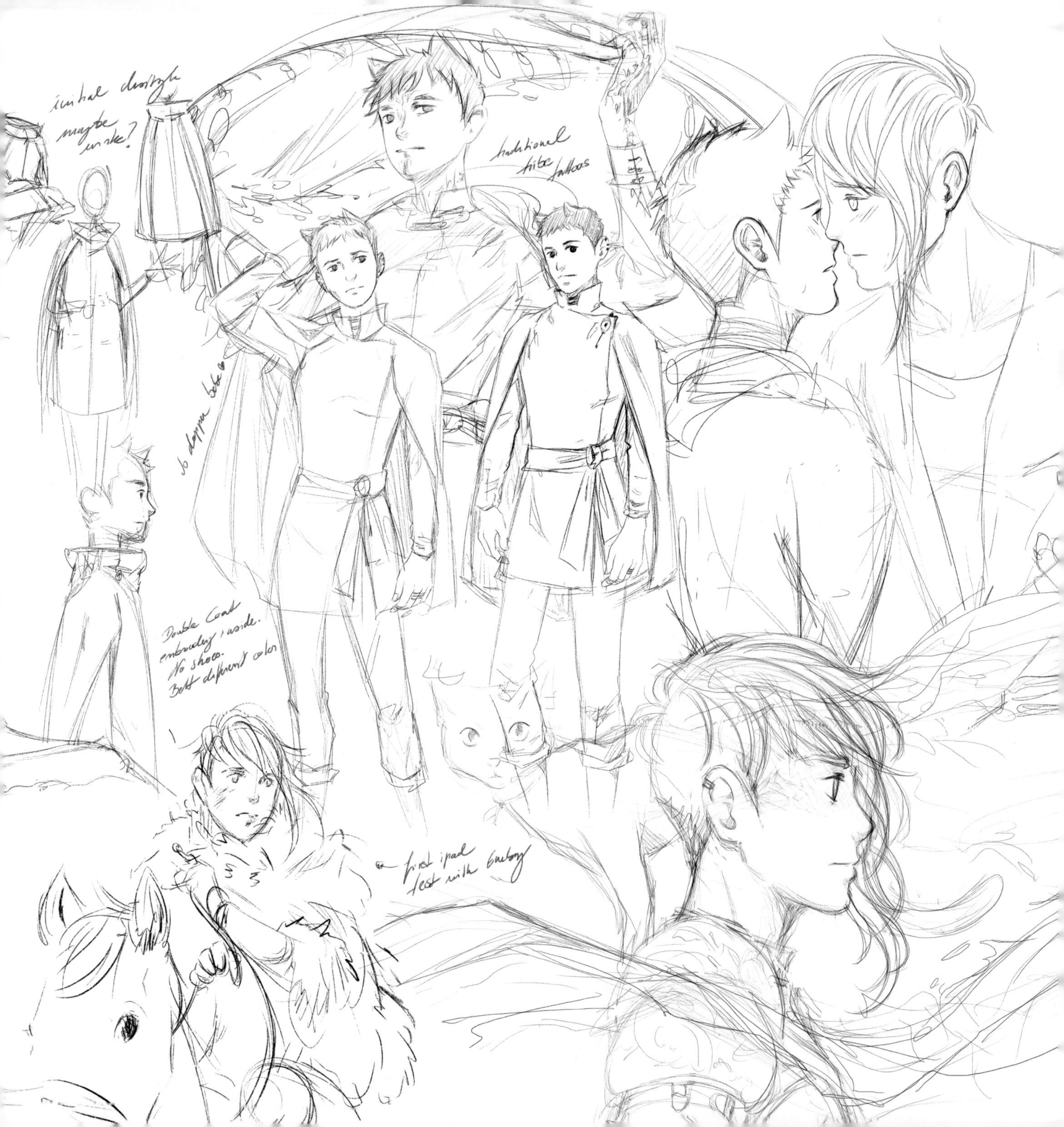
traditional tribe tattoos
Double Coat
No shoes.
Belt different color

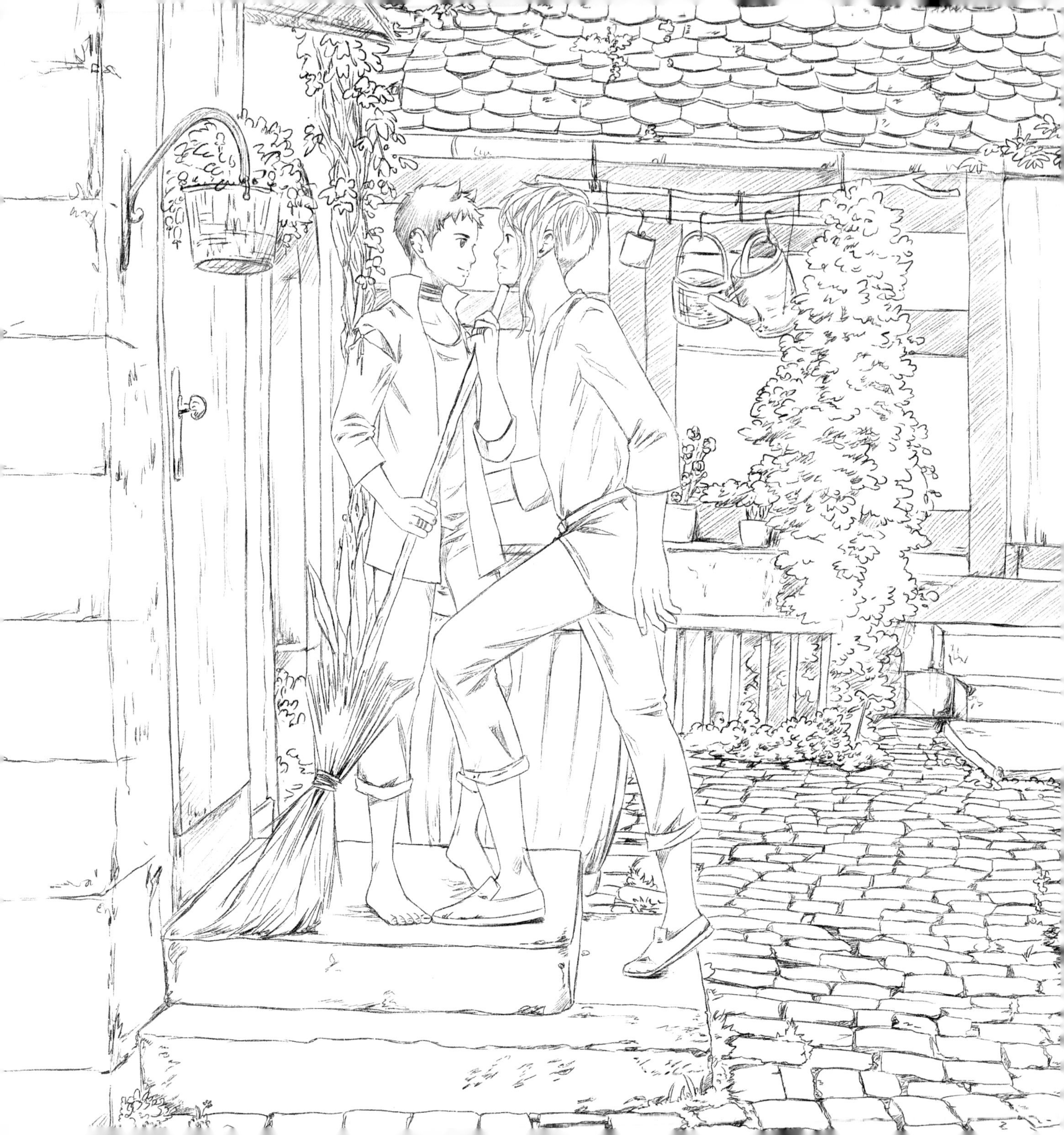

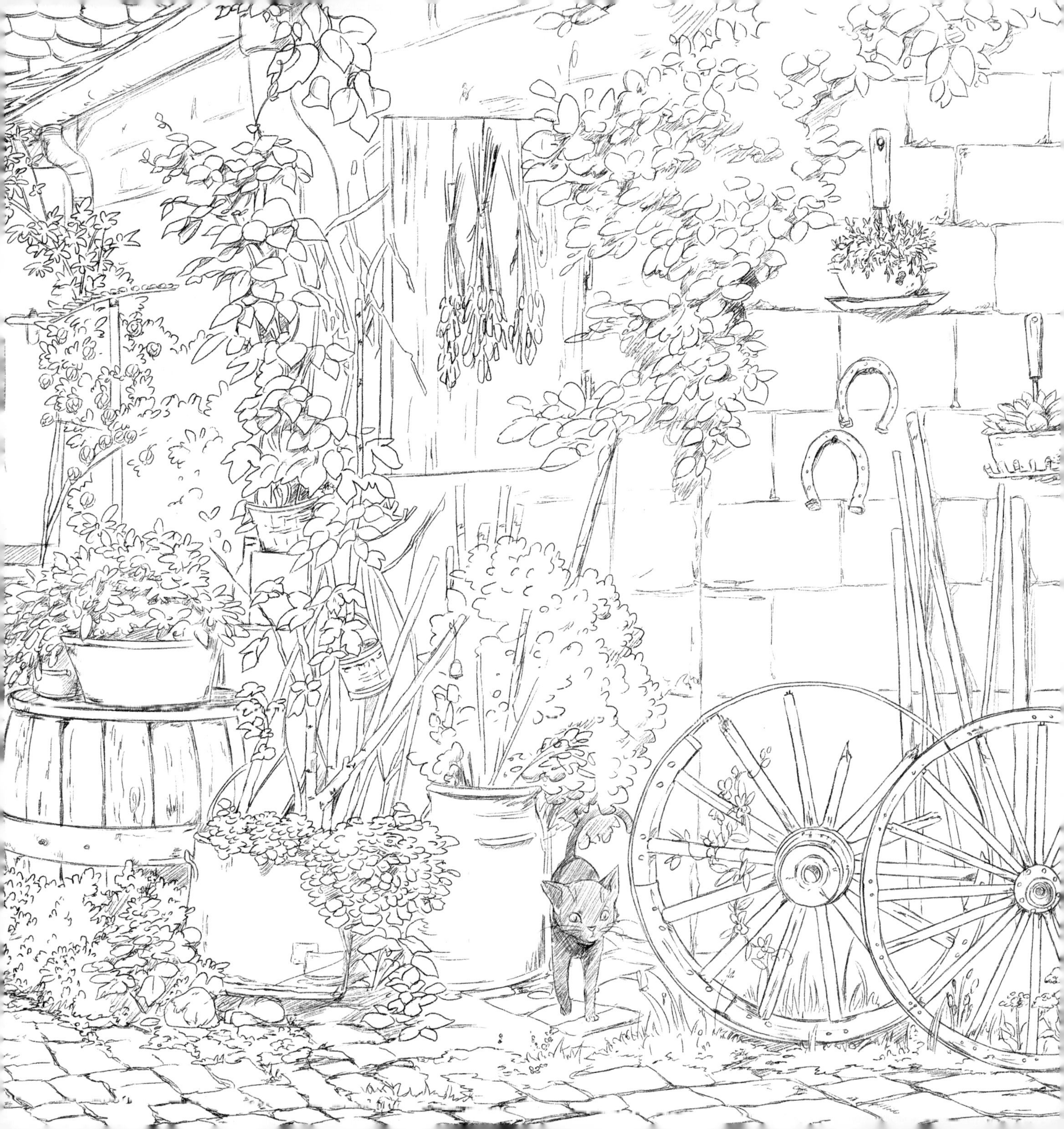

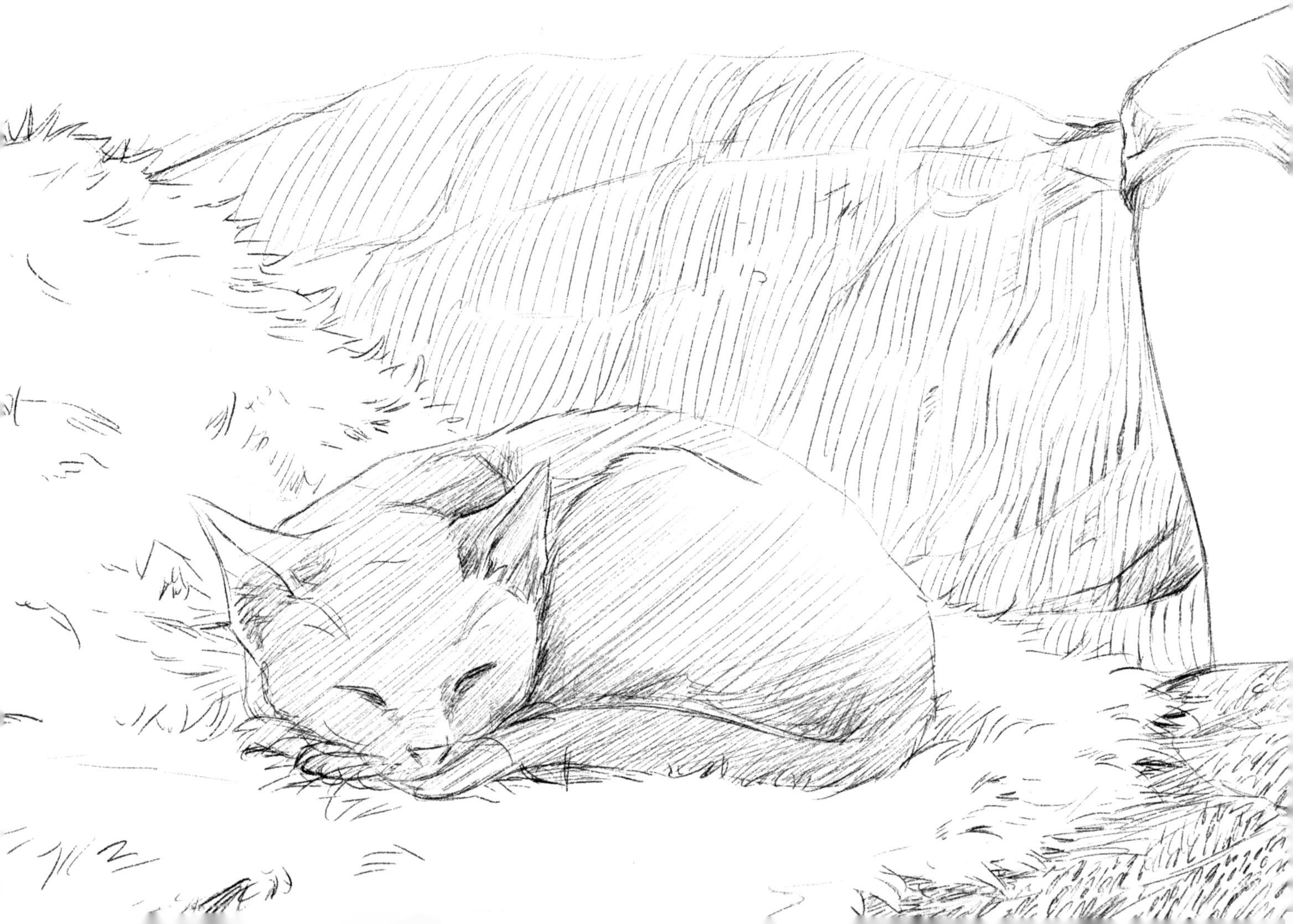

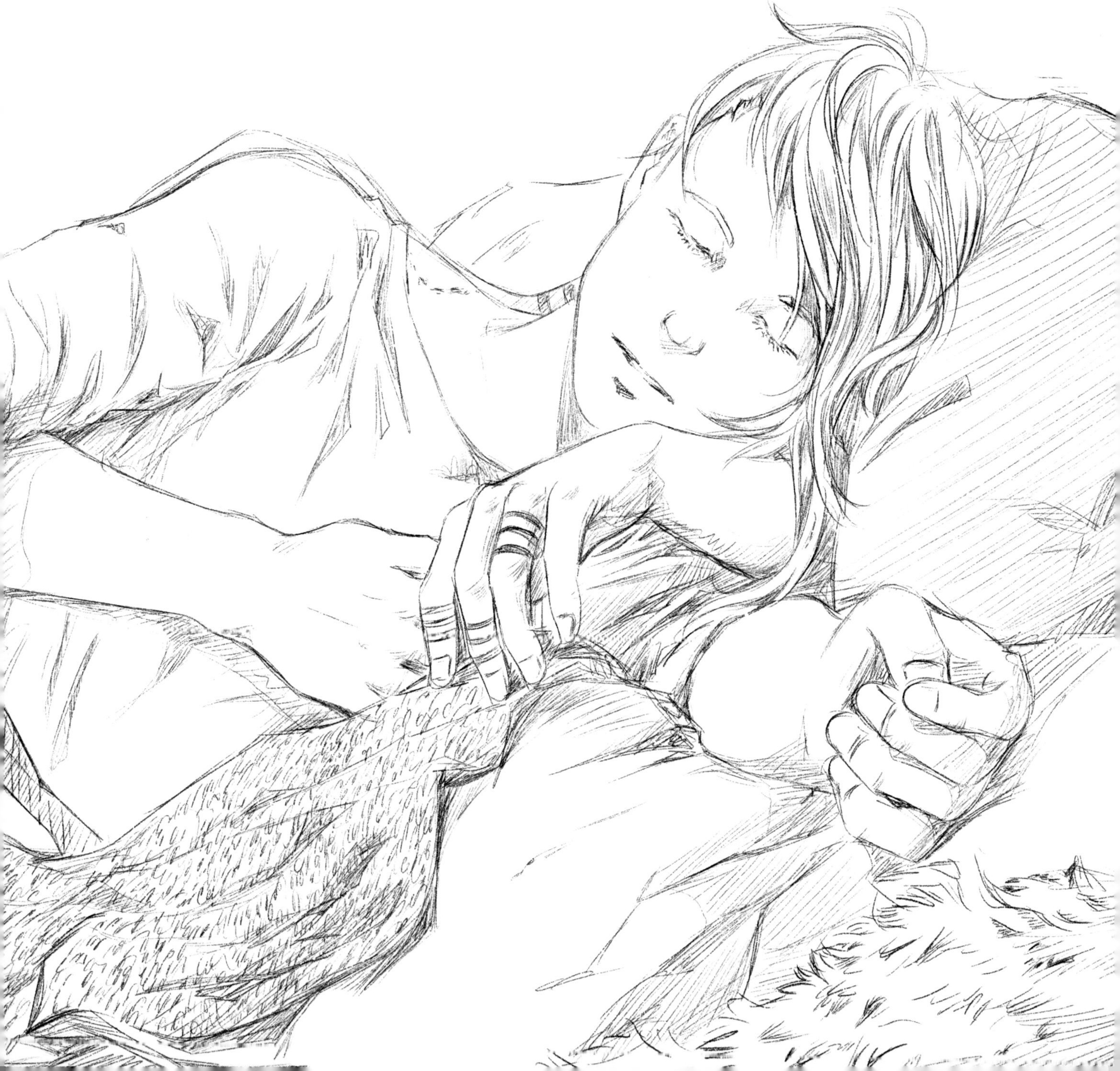

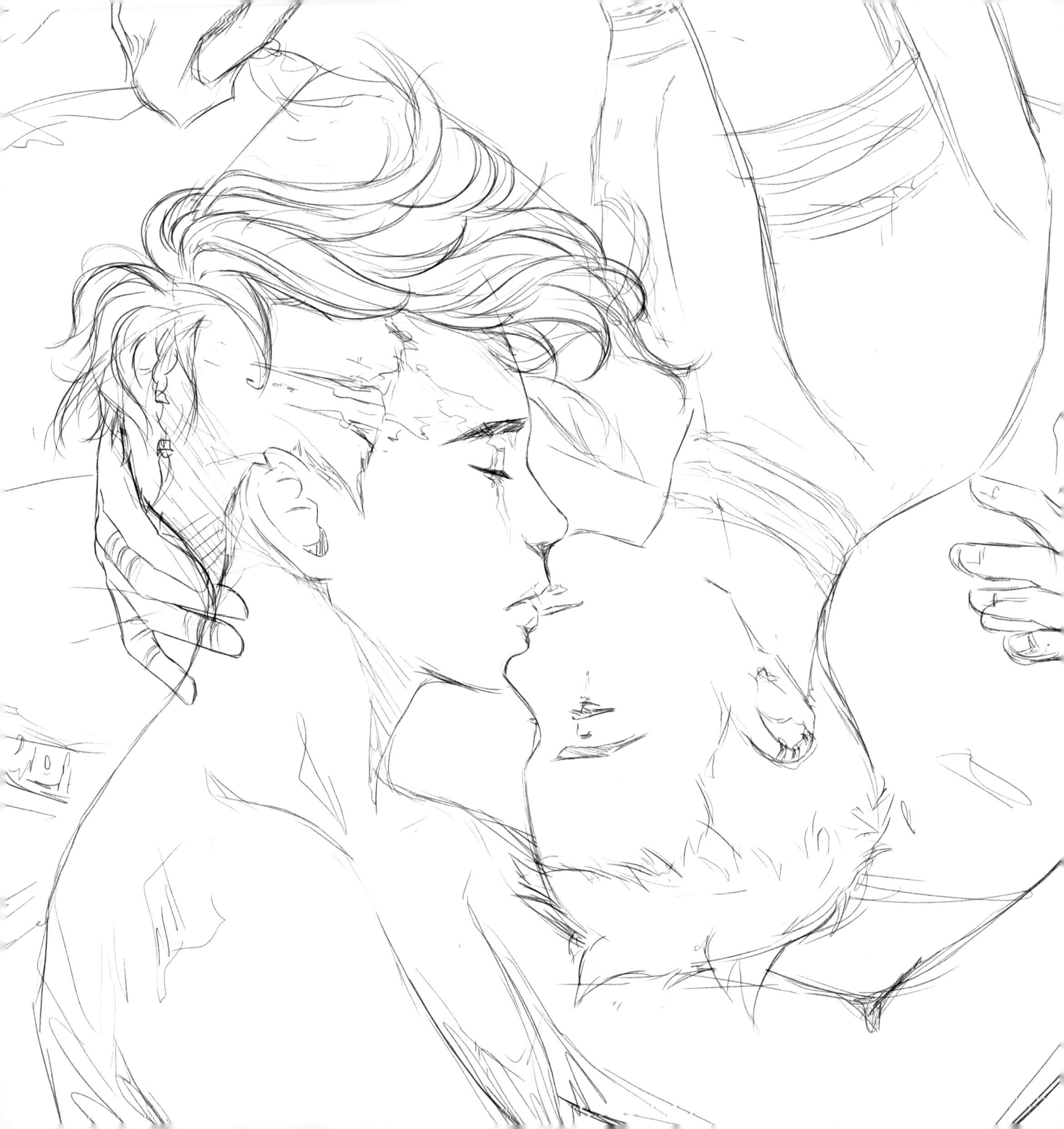

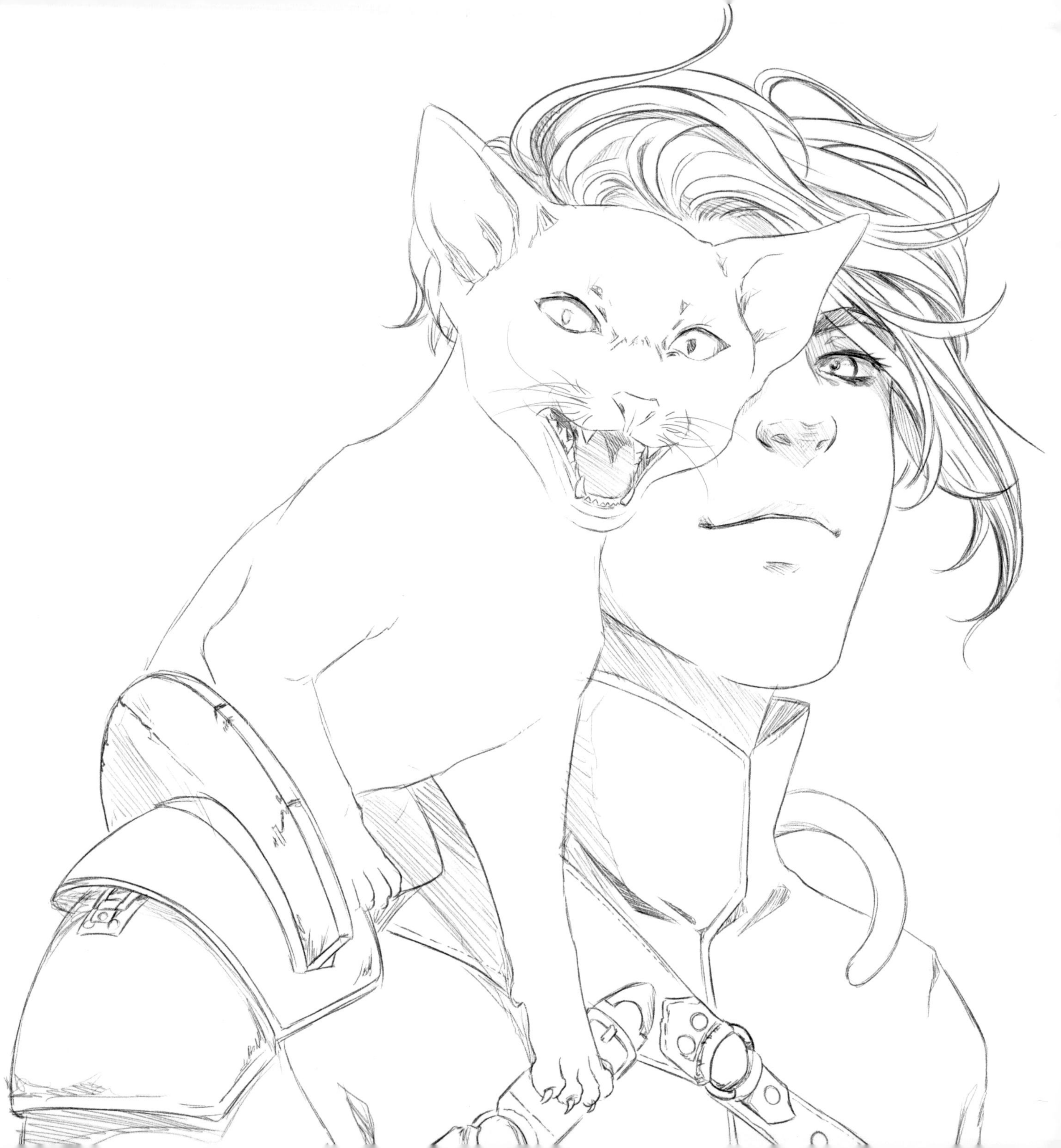

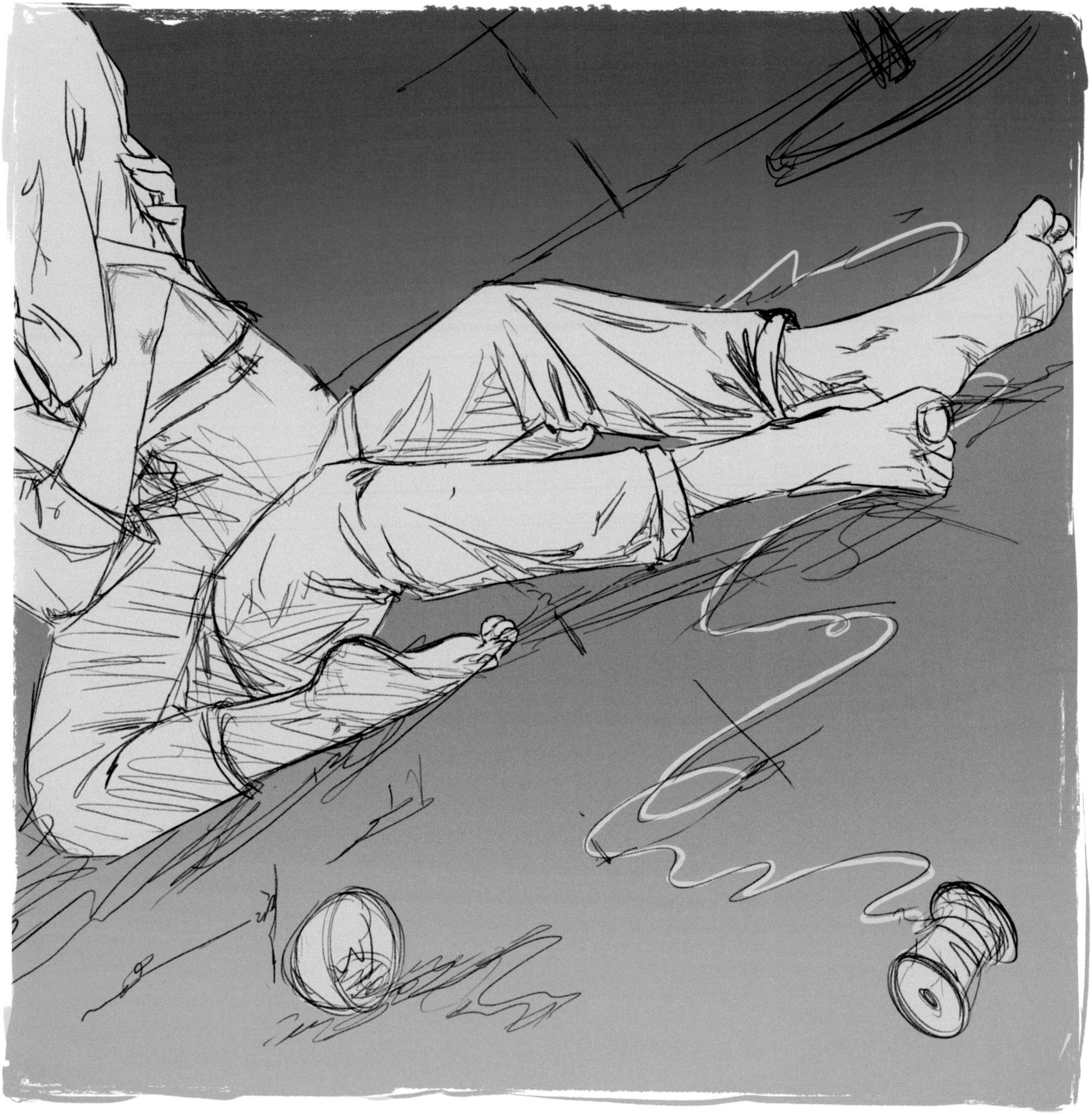

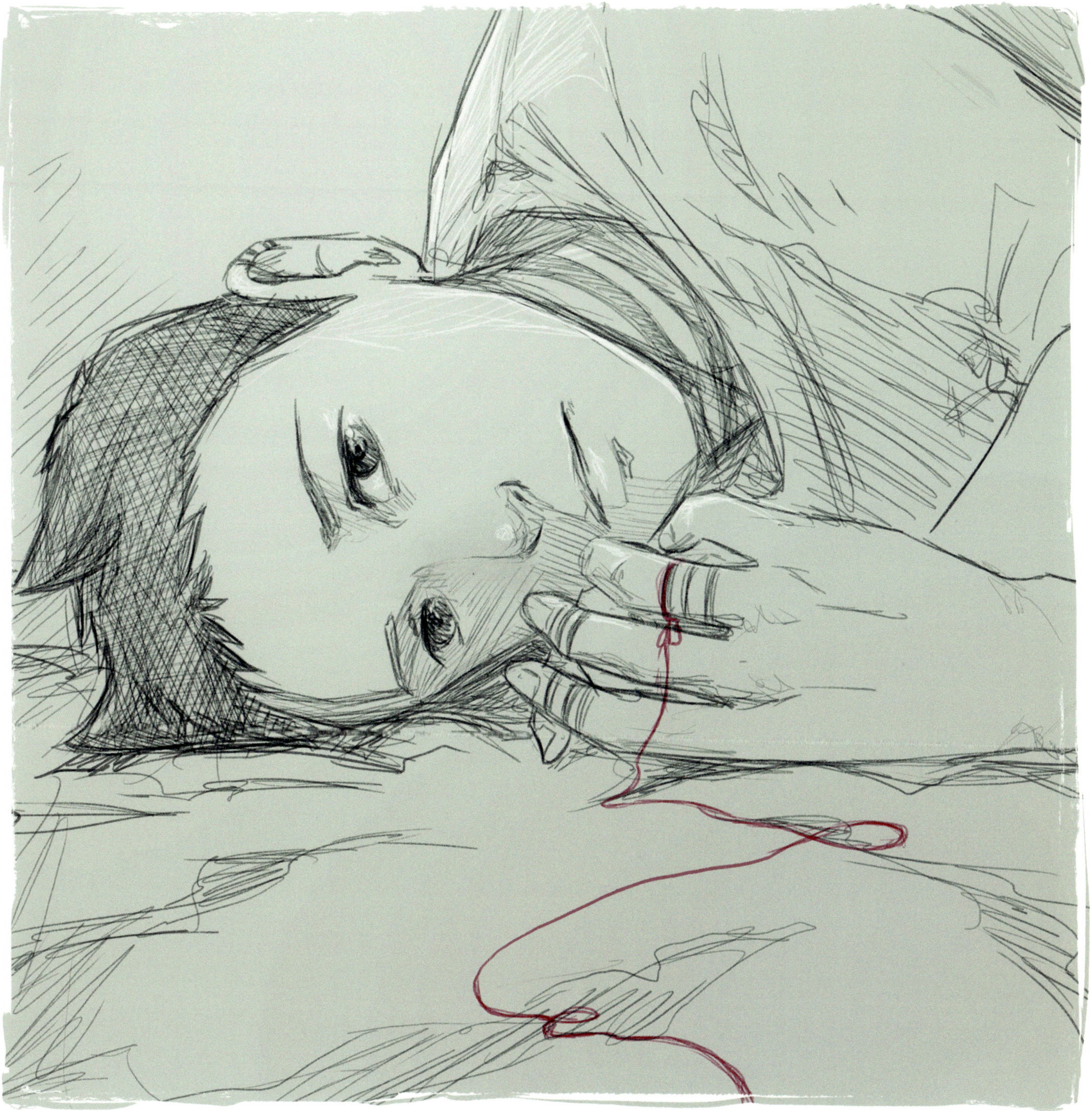

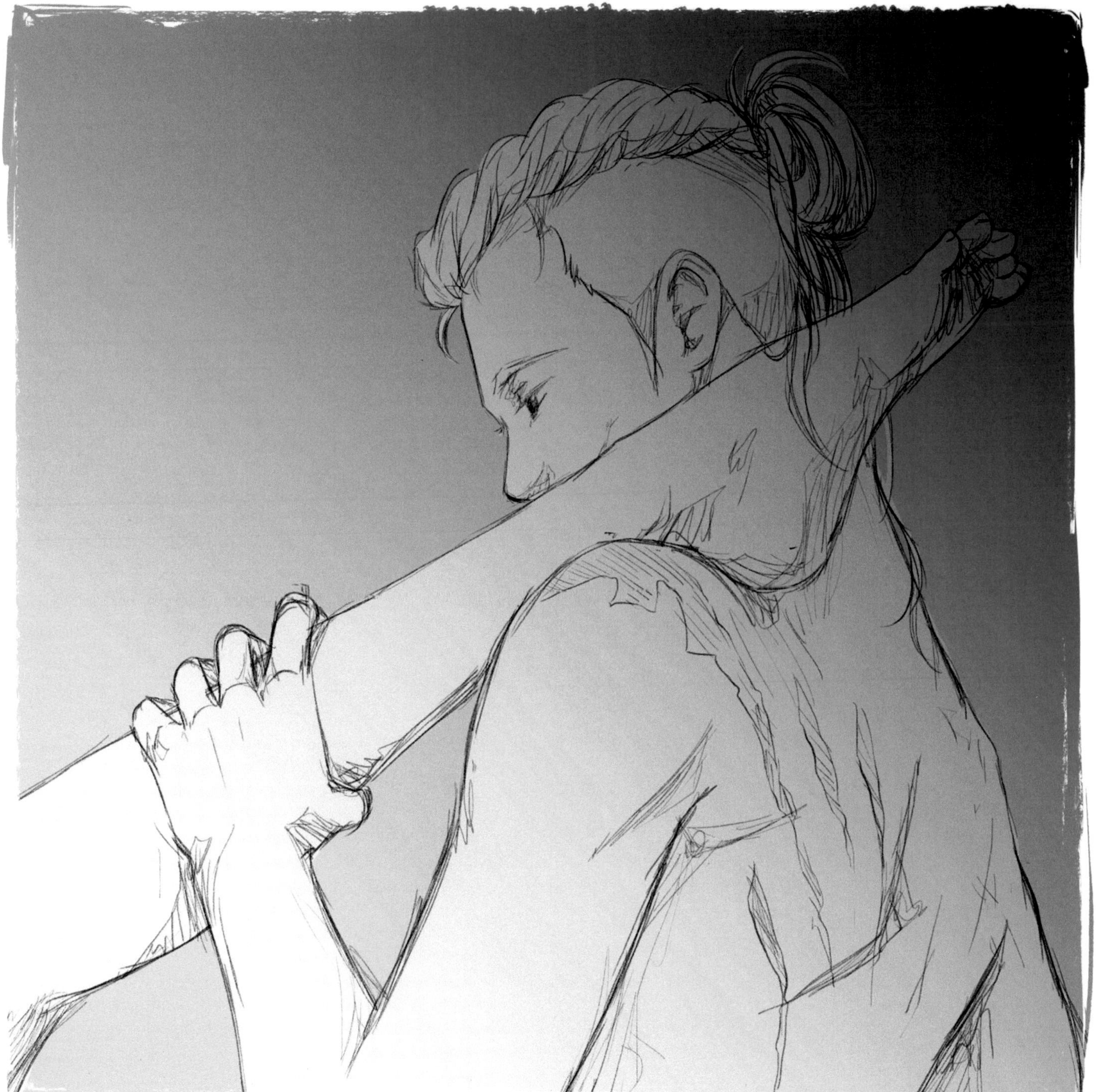

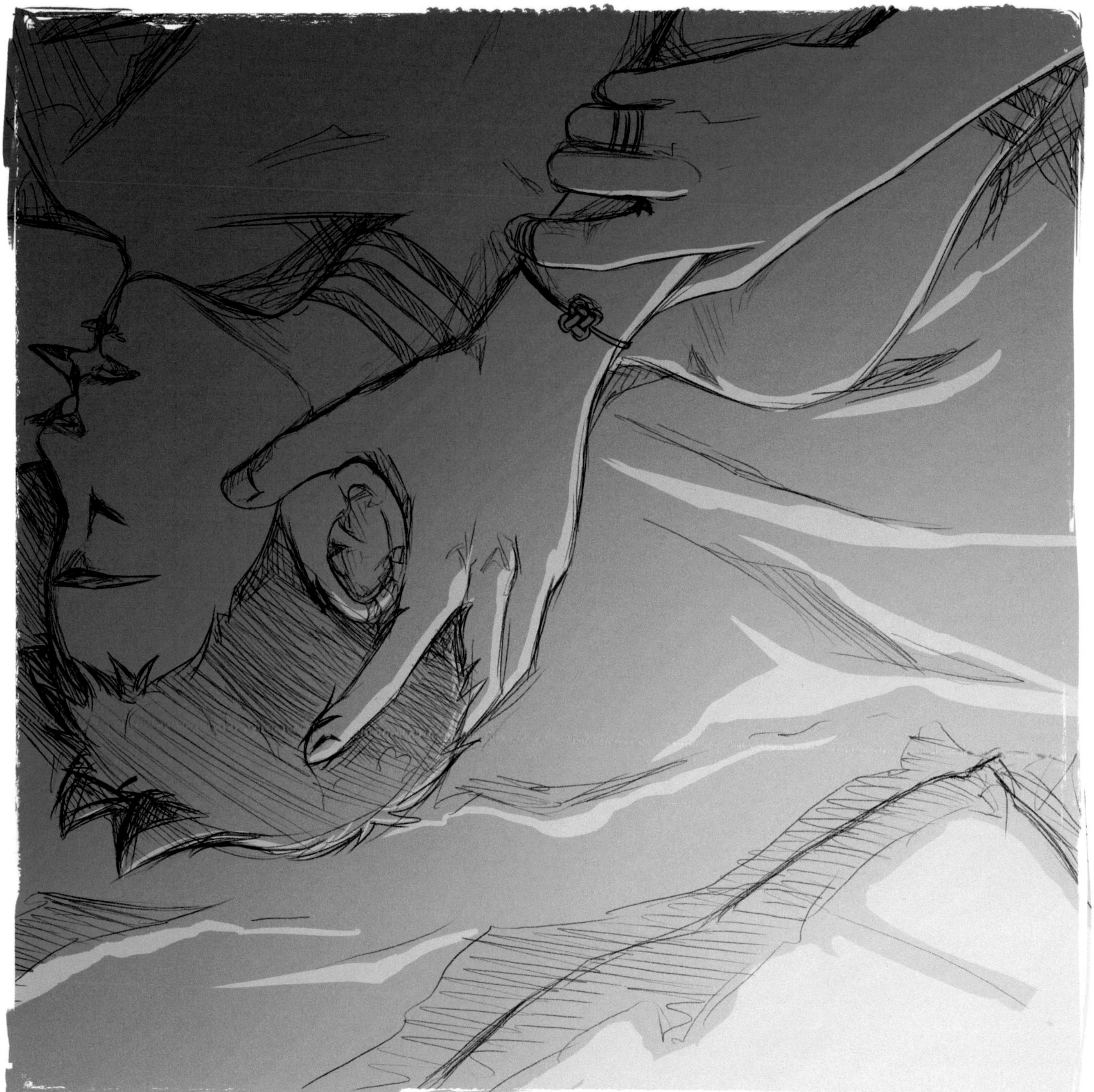

Originalausgabe
Altraverse GmbH – Hamburg 2021
Aus dem Englischen von Rolf Kah

BOUND 01

Redaktion: Joachim Kaps
Herstellung: Cathrin Hamester
Lettering: Vibrant Publishing Studio

Druck: Silber Druck, Lohfelden
Printed in Germany

ISBN 978-3-96358-271-4
2. Auflage 2021

www.altraverse.de